학생과 교사를 위한

수학 문제해결 전략 학습법

이종학 · 류성림 지음

KM 경문사

머리말

문제해결 전략이란 수학에서든 또는 일상에서든 우리가 매 순간 부딪히는 실제적인 문제들의 해결을 위한 아이디어를 발견하게 해주는 전형적인 규칙과 방법들이다. 따라서 우리는 해결해야 할 문제를 접하게 되면, 그 문제의 해결을 위해 문제에 주어진 정보나 조건을 면밀하게 분석한 후에 선정된 효율적이고 합리적인 문제해결 전략에 따라 해결의 실마리를 발견하고, 이에 따라 적절한 문제해결 방안을 수립하여 실제로 문제해결에 적용하게 된다.

문제해결을 위해 효율적이고 합리적인 전략을 선택하는 일은 목수가 어떤 일을 하기 위해 어떤 연장을 사용할 것인가를 결정하는 일에 비유할 수 있을 것이다. 즉, 목수가 못을 박기 위해 망치, 드라이버, 펜치, 송곳, … 등 여러 가지 건축 도구 중에서 가장 적절하고 효율적인 도구인 망치를 선택하는 일은 문제해결에서 적절한 전략을 선택하는 일에 비유할 수 있다.

더불어 목수가 못을 박기 위해 적절한 도구인 망치를 사용한다고 하여도 사용 방법에 익숙하지 않으면 잘못 내리쳐서 손을 다치게 할 수 있는 것처럼, 문제해결자는 문제해결 전략을 알고 능숙하게 적용할 수 있어야 한다. 다시 말해, 능숙한 목수가 손을 다치지 않고 정확하게 못을 박기 위해 망치 사용법에 익숙하듯이 훌륭한 문제해결자가 되기 위해서는 적절한 전략을 선택하는 능력과 함께 이를 적절히 활용하는 능숙함을 갖추고 있어야 한다.

성공적인 문제해결 능력을 갖추는 것은 현재와 앞으로 삶의 요구에 대처하는 준비이다. 이는 현재의 삶에서 성공적인 문제해결자가 되는 길이며, 앞으로 유능한 직업인과 합리적인 시민으로서 생활을 영위하는 데 필요한 이정표이다. 다시 말해 일상에서 발생했든 또는 수학적 상황에서 일어난 문제이든지 문제를 해결할 수 있는 사람만이 21세기 지식기반 사회에서 생산적이고 풍부한 삶을 영위하는 것이 가능할 수 있을 것이다.

이러한 시대적 요구에 발맞추어 미래 사회를 살아갈 학생들의 교실 수학교육을 위한 체계인 현재의 2009 개정 수학과 교육과정에서는 수학과의 교육 목표를

'바람직한 인성과 수준 높은 창의성을 갖춘 좋은 문제해결자'

를 육성하는 데 두고 있다.

2009 개정 수학과 교육과정의 교육 목표가 요구하는 바와 같이 학교현장에서 수학 학습의 초점이 포괄적으로 학습자의 문제해결력을 신장하는 것이라면, 이를 위한 교수·학습 활동의 주안점은 학생

들에게 문제를 해결하는 과정을 경험하게 하면서 이 과정에서 문제를 해결할 수 있는 다양한 전략을 탐구하고 이해하며 숙달할 수 있는 기회와 교육적 환경을 제공해 주는 일에 두어야 할 것이다.

지금까지 이루어진 문제해결에 대한 대다수의 연구들은 학교 수학에서 문제해결 전략의 지도를 제안하며, 또한 문제해결 전략과 관련된 선행 연구들은 교실 수업에서 전략을 지도함으로써 학생들이 문제를 해결하기 위한 적절한 계획을 수립하는 것을 도울 수 있으며, 이는 문제해결력의 신장으로 이어질 수 있다고 주장한다.

이에 본서는 학교현장에서 학생들에게 문제해결을 지도하거나 문제해결을 연구하는 일선 교사들이나 앞으로 학교현장에서 학생들을 지도할 예비 교사들이 문제해결에 대해서 알아야 할 일반적인 이론들을 제공하고, 더불어 문제해결력의 신장을 바라는 실제적인 문제해결자들의 요구를 반영하기 위해서 문제해결 지도의 이론적 측면 및 지도 방법, 문제에 따른 전략의 실제적인 경험 및 적용에 좀 더 중점을 두어 아래와 같이 내용을 전개하고 있다.

제 1장에서는 문제해결 전략지도를 위한 예비 단계로서 사칙 연산, 문장제, 암산, 어림셈, 간편셈 지도 방법에 대해서 다룬다.

제 2장에서는 기본 전략 10개의 특징 및 실제 예, 그리고 이 전략들을 지도할 때 참고할 사항들을 다룬다.

제 3장에서는 기본 전략을 확장하거나 문제해결에 적용이 가능한 기본전략 이외의 새로운 전략들에 대해서 살펴본다.

제 4장에서는 문제해결 과정의 수행 및 문제해결력의 신장을 위해서 실제적으로 요구되는 학습방법에 대해서 다룬다.

제 5장에서는 문제해결력을 신장시키기 위한 교수 활동에 대해 언급하고 있다.

또한, 각 장마다 제시한 내용과 관련된 실제적인 참고 자료와 읽을거리를 제시하여 이론적 측면과 함께 현장 활용적인 측면을 강조하였으며, 2장과 3장에서는 다루는 전략마다 연습 문제를 제시하여 문제에 따른 전략의 적용을 실제적으로 경험할 수 있도록 구성하였다.

끝으로 문제해결 전략의 실제적인 적용의 측면에서 최근의 문제해결 전략과 관련된 연구결과 및 이론들을 자세하고 세심하게 다루려고 노력하였지만 지면의 한정과 저자의 능력으로 인해 첨가하지 못한 내용이나 부족한 부분이 있을 수 있음을 양지하기 바란다. 그렇지만, 또한 본서를 통해서 문제해결에 관련되는 다양하고 실제적인 제 측면들을 살펴보고, 문제해결 전략을 탐구하며 적용하는 경험을 통해 문제해결을 이해하는 데 많은 도움이 되기를 바란다. 마지막으로, 본서를 출판하는 데 많은 도움을 주신 도서출판 경문사의 관계자 여러분들에게 심심한 감사의 말씀을 전하고자 한다.

2014년 상록 동산에서
저자 일동

차례

제1장
전략지도를 위한 예비 단계

1.1 사칙 연산 지도
1.2 문장제 지도
1.3 암산
1.4 어림셈 지도
1.5 간편셈 지도

'어떻게 하면 학생들이 수학공부에 재미를 느낄까? 그리고 자율적·적극적으로 수학학습에 참여하도록 할 수 있을까?' 하는 주제는 대다수 교사와 학부모들의 공통된 고민거리인 동시에 수학교육 전문가들이 해결해야 할 주요한 과제이다.

수학학습을 통해 학생들은 수학적 내용을 이해하고, 사고의 폭을 확장하며, 다양한 상황의 문제를 분석하고 적합한 전략을 선택하여 해결하는 방법을 알아야 한다. 문제해결을 위해 적절한 전략을 선택하는 일은 목수가 어떤 일을 하기 위해 어떤 연장을 사용할 것인가를 결정하는 일에 비유할 수 있다. 즉, 못을 박기 위해 망치, 드라이버, 펜치, 송곳, … 등 여러 가지 도구 중에서 가장 적절하고 효율적인 도구인 망치를 선택하는 일은 문제해결에서 전략을 선택하는 일에 비유할 수 있다. 또한 못을 박기 위해 망치를 사용한다고 하여도 사용 방법에 익숙하지 않으면 잘못 내리쳐서 손을 다치게 할 수도 있다. 손을 다치지 않고 정확하게 못을 박으려면 망치 사용법에 익숙해야 하듯이 학생들이 문제해결에 이용할 수 있는 전략을 알고 있다고 하여도 그 사용에 능숙하지 못하면 이를 효과적으로 적절하게 활용할 수 없을지도 모른다. 따라서 훌륭한 문제해결자가 되기 위해서는 적절한 전략을 선택하는 능력과 함께 이를 적절히 활용하는 능숙함도 갖추고 있어야 한다.

학생들에게 문제해결력을 길러주기 위한 단계는 준비, 적용, 확장으로 나누어 볼 수 있다. 이때, 준비 단계에서는 기본적인 수학적 능력과 함께 문제해결에 관련된 여러 가지 전략과 그 특성을 탐구하면서 문제를 해결하는 전략이 다양함을 인지하도록 해야 한다. 이에 준비 단계에서 학생들이 갖추어야 할 기본적인 능력은 다음과 같이 정리할 수 있다.

① 사칙 연산의 의미와 그 쓰임을 아는 능력
② 문제해결에 적절한 연산자를 선택하는 능력
③ 계산의 도구로서 지필, 계산기, 암산, 간편셈 중에서 어느 것을 이용하여 계산할 것인가를 결정하는 능력
④ 어림셈을 할 수 있는 능력
⑤ 필요한 정보나 자료를 선택하는 능력
⑥ 문제 장면을 단순화/시각화하고, 추론하는 능력
⑦ 계산기나 컴퓨터를 사용할 수 있는 능력

그리고 적용 단계에서는 주어진 문제해결을 위해 특정한 전략을 선택·적용하여 원하는 답을 구해보는 경험을 통하여 전략을 자기화할 수 있도록 해야 하며, 확장 단계에서는 연습 문제 이상의 것으로 특정 전략이 어떠한 문제해결에 유용한지를 판단하는 능력을 가질 수 있도록 해야 한다.

1.1 사칙 연산 지도

1.1.1 계산 교육의 방향

인류의 역사만큼이나 긴 역사를 지닌 수학에서 가장 먼저 발생한 영역은 일상에서 세고 셈하는 데 관련된 활동이었으며, 현재에도 인간이 실세계의 물리적 대상이나 현상을 접촉하면서 가장 먼저 인식하는 활동 역시 그 대상에 대해 세고 셈하는 활동, 즉 수와 연산에 관련된 활동일 것이다. 유아·유치원 시절에 어린이들은 의사소통을 위해 언어와 문자를 익히면서 거의 동시에 수를 세고, 숫자를 쓰며, 셈하는 수와 연산 활동을 수행한다. 또한 학교수학의 입문기인 초등학교 저학년에서 처음 접하는 수학학습의 대상도 역시 수와 연산 영역이다. 이와 같이 우리 아이들이 학교수학에서 또는 발달 단계에서 가장 먼저 다루는 수학의 한 영역인 수와 연산은 실생활에서 양을 표현하고 그들 사이의 관계를 다루는 도구인 동시에 수단이면서, 수학학습의 기초·기본인 동시에 수학의 토대로써 수학의 다른 영역들과 타교과의 학습을 위한 필수적이고 기본적인 내용이다.

계산기가 발명되기 전인 20세기 초까지는 수와 연산 영역에서 대체로 정확하고 신속한 계산을 하기 위하여 지필 알고리즘의 숙달을 강조하는 교육이 이루어졌다. 그렇지만 계산의 신속성이나 정확성에서 뛰어난 성능을 가진 계산기가 발명됨에 따라 최근 들어 지필 알고리즘에 대한 효용성과 활용도가 점차 줄어들고 있으며, 이는 학교수학의 교수 내용과 방법 면에서 큰 변화를 가져오고 있다. 이는 지필을 이용하여 알고리즘[1]의 반복 연습을 통한 신속성과 정확성에 초점을 두었던 이전까지의 계산 교육에서 벗어나 앞으로는 수와 연산 영역의 교육이 좀 더 다양한 방향에서 폭넓게 수행되어야 함을 의미한다고 할 수 있다. 그럼에도 초등학교에서 필수적으로 지도해야 할 계산 능력을 크게 2가지로 나누어 본다면, 첫째는 주어진 문제를 해결하기 위해 어떠한 연산자(+, −, ×, ÷)를 적용할 것인가를 선택·결정하는 능력과 둘째는 계산의 목적과 방법을 선택할 수 있는 능력을 함양하는 것이다.

이때, 계산의 목적과 계산을 수행하는 방법을 선택하는 능력과 관련된 학습에서 처음으로 고려해야 할 사항은 다음과 같은 2가지로 정리할 수 있다.

① 정확한 값을 구하는 경우와 어림값을 구하는 경우를 판단해야 한다.
② 계산 방법(도구)으로는 지필 계산, 암산, 계산기 중 어느 것을 선택·이용할 것인가를 결정해야 한다.

---

1) 알고리즘(algorithm)이란 유한한 단계를 거쳐 일련의 문제를 해결하기 위한 명확하고 체계적인 방법(Maurer, 1998)을 말한다.

또한, 계산 목적과 방법에 따라 계산 교육의 범주를 구성한다면 다음과 같이 6가지로 그 범주를 구분할 수 있다.

계산 방법 / 계산 목적	지필	암산	계산기
정확한 값 구하기	(정확한 값 - 지필)	(정확한 값 - 암산)	(정확한 값 - 계산기)
어림 값 구하기	(어림 값 - 지필)	(어림 값 - 암산)	(어림 값 - 계산기)

학교수학에서 계산 지도는 복잡한 계산을 효과적으로 수행하는 것보다 언제 어떤 계산을 해야 하는지를 알고, 당면한 문제 상황에 따라 위의 6가지의 범주에서 적절한 계산 절차를 선택하는 것을 깨닫게 하는 것이 중요하다.

끝으로, 계산 교육을 통해 학생들이 함양해야 할 계산 능력을 간단히 정리하면 다음과 같다.

① 사칙 계산의 기본 개념과 그 기능을 알고, 이를 적절하고 능숙하게 활용할 수 있어야 한다.
② 암산을 통해 효율적인 어림산을 할 수 있어야 한다.
③ 정확한 답이 필요하거나 어림값이 필요한 때를 결정할 수 있어야 한다.
④ 문제를 해결하기 위해 어떤 연산이 필요한지를 판단할 수 있어야 한다.
⑤ 계산기의 기능과 그 쓰임을 올바르게 알고, 자신감을 가지고 계산기를 사용할 수 있어야 한다.

1.1.2 연산지도 단계

연산이란 두 수가 하나의 짝을 이루어 일정한 법칙에 따라 또 다른 수를 만들어 내는 것이다. 초등학교에서는 4가지 기초적인 연산인 +, −, ×, ÷을 학습하는데, 이를 '사칙 연산'이라고 한다. 사칙연산에 대한 기본 개념을 이해하고 이를 활용하는 능력은 모든 단계의 수학학습의 필수적인 요소인 동시에 수량에 관련된 실생활의 문제를 해결하는 수단이다. 교실 수업에서 사칙 연산의 지도 과정을 네 단계로 구분하면 다음과 같다.

첫째, 생활 장면이나 물리적 현상을 통하여 사칙 연산이 이루어지는 경우를 살펴본다.

둘째, 구체물 조작이나 실험·실측 등을 통하여 일상의 생활 언어를 수학적 용어(합, 차, 곱, 몫)로 나타낸다.

셋째, 현실 세계에서 사칙 연산이 이루어지는 경우를 수학적 모델인 +, −, ×, ÷ 등의 기호로 나타내고, 수학적 기호의 개념 및 그 가치를 올바르게 이해하도록 한다. 예컨대, 수학적 '기호'의 가치는 사칙 연산이 이루어지는 물리적 현상에 대한 의미 및 수량에 관련된 정보를 신속하고, 정확하고, 명료하게 나타낼 수 있을 뿐만 아니라 기억하기가 용이함을 알게 한다.

넷째, 사칙 연산의 개념을 실제적인 장면으로 구체화시키기 위해, 즉 사칙 계산의 활용 능력을 터득·확장시키는 것이다. 이를 위해 실생활에서 수량에 관련된 물리적 현상이나 정보에 대한 다양한 해석과 문제 풀이, 원리에 대한 반복학습을 하게 되는 것이다. 또한 사칙 연산에 대한 이해와 기능을 확장하기 위한 문제 변형을 통한 반복적인 연습 문제 풀이와 문제 만들기 및 게임 활동을 적극 권장·제공한다.

끝으로 연산 지도에서 수량에 관련된 문제해결을 위해 어떤 연산자를 선택·적용할 것인가를 결정하는 활동은 계산 원리(알고리즘)를 적용하여 답을 구해 가는 과정 이상으로 중요하다.

1.1.3 사칙 연산 지도 방법

초등학교에 입학하여 처음으로 접하게 되는 학교수학의 내용은 대부분 수와 도형, 그리고 연산에 관한 것들이다. 그렇지만 대다수의 어린이들은 학교에서 형식적인 연산 개념을 학습하기 이전에 이미 손가락이나 구체물을 이용하여 직관적인 방법에 따라 가족이나 친구들로부터 모방과 연습을 통해 익힌, 비록 비형식적일지라도 간단한 사칙 연산을 이용하여 수량에 관련된 문제를 해결한 경험을 지니고 학교에 입학한다. 따라서 학교수학에서는 이러한 경험을 바탕으로 좀 더 확장하여 일상의 물리적 현상을 수학적 모델의 하나인 사칙 연산 기호와 관련지을 수 있도록 지도해야 한다.

다시 말해, 학생들이 길이, 넓이, 들이, 부피, 각도, 시간, 무게, 속도 등과 같은 연속량이 증가하거나 감소하는 상황을 시각적으로 인식하는 것에서 덧셈과 뺄셈의 의미를 느끼게 한 후, 분리량으로서 구체물의 조작(첨가, 합병, 구잔, 구차)을 통하여 실제적인 장면에서 덧셈과 뺄셈이 이루어지는 장면을 경험하게 해야 한다. 그리고 이러한 활동에서 이루어지는 현상을 일상용어인 '많아진다.', '작아진다.', '늘어난다.', '줄어든다.', '더 크다.', '더 작다.', '더 많다.', '더 적다.', … 등으로 말하고, 이 용어들을 '합, 차, 곱, 몫' 등의 수학적 용어로 표현하며, 다시 이를 수학적 기호 "+, −, ×, ÷"로 표현하는 것이 더 간편함을 알게 한 후, 기호로 표현하도록 한다. 또한 실생활에서 이루어지는 수량이 포함된 구체적인 장면의 문제를 제시하여 문제 상황을 그림이나 선분도 등을 이용하여 시각적으로 표현하고, 이를 "+, −, ×, ÷, =" 등 수학적 기호를 사용하여 방정식으로 나타내게 해야 한다. 예를 들어 미지수를 포함하고 있는 수학적 문장인 방정식은 대체로 다음과 같은 단계로 지도할 수 있다.

$3+5=\square$

→ $3+\square=5$

→ $\square+3=5$

→ 3+□=□

→ 3, 5, +, = 등을 이용한 문제 만들기

위의 예에서 3+□=□과 같은 유형의 문제를 탐구형 문제(open-ended problem)라고 하는데, 이와 같은 유형의 문제들은 사고의 확장을 꾀할 수 있는 열린 형태의 문제이다. 문제의 또 다른 분류 형태로, 모든 문제는 학생 개개인의 수준에 따라 정형적인 문제일 수 있으며, 비정형적인 문제일 수도 있다. 만약에 어떤 학생이 임의의 문제를 정형적인 문제로 생각할 경우, 이 학생은 그 문제를 계산 알고리즘을 적용하여 암산으로 답을 구할 수 있지만, 비정형적인 문제로 여길 경우에는 손가락이나 산가지 등 구체물을 이용하거나 적절한 전략을 활용하여 해결하고자 할 것이다.

일반적으로 사칙 연산 능력의 신장과 관련된 문제 장면에서 숫자와 대수적 기호(+, −, ×, ÷, = 등)로 구성된 방정식 유형으로 문제를 제시하는 것은 바람직하지 않다. 왜냐하면 이런 유형의 문제들은 알고리즘을 적용하여 기호를 조작하는 과정을 주된 문제해결 활동으로 요구하기 때문이다. 따라서 연산 능력을 신장시키기 위한 초기 단계에서의 문제 장면은 실생활과 관련된 흥미와 호기심을 자극할 수 있는 문장제로 제시되어야 한다. 다시 말해 문제 장면은 다음 [예 1]과 같은 형태의 문장제로 제시하는 것이 타당하다. 이때, 문장제를 해결하기 위한 과정은 Polya의 문제해결 4단계를 좀 더 상세화하여 다음과 같은 절차를 거치면서 해결하도록 할 수 있다.

[문제의 분석] → [문제의 시각화] → [식으로 나타내기] → [답 예상하기] →
[방정식 풀기] → [반성 및 검토] → [문제 확장하기]

위의 문제해결 절차를 활용하여 다음 [예 1]을 해결해 보자.

> **예 1** 진호는 어제 사과 2개를 먹었고, 오늘은 3개를 먹었다. 진호가 이틀 동안 먹은 사과는 모두 몇 개인가?

[풀이]

① [문제를 분석하기] 주어진 정보나 조건을 분석한다. 또한 이들 사이의 관계를 파악하기 위하여 다음과 같은 질문을 할 수 있다.

1. 진호는 무엇을 했는가? ________________
2. 진호가 어제 먹은 사과는 몇 개인가? ________________
3. 진호가 오늘 먹은 사과는 몇 개인가? ________________

② [문제를 시각화하기] 여러 가지 표현 방법을 이용하여 문제를 시각화한다.

• 어제 먹은 사과 수 : ○○
• 오늘 먹은 사과 수 : ○○
• 어제와 오늘 먹은
 사과 수의 합 : ?

[그림 1]

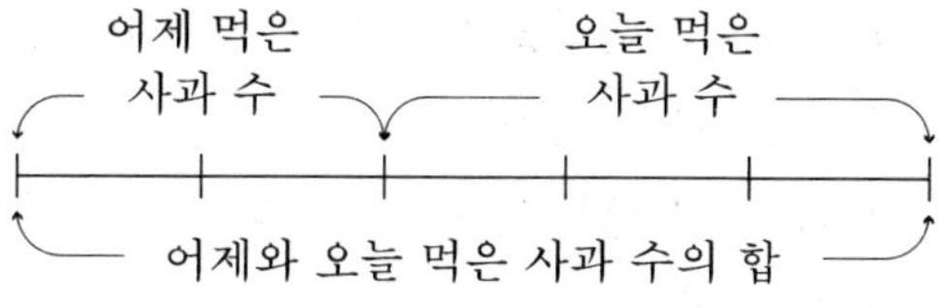

[그림 2]

③ [식으로 나타내기] 위 그림을 보고, 문제 장면을 식으로 나타낸다.

진호가 어제와 오늘 먹은 사과 수의 합을 □개라고 하고 진호가 먹은 사과 수를 구하는 식을 나타내어 보아라.

• 2+3=□

④ [답 예상하기] 위 방정식에서 □ 안에 들어 갈 수 있는 수, 즉 계산 결과가 얼마쯤인지 예상해 보게 한다.

⑤ [방정식 풀기] 식을 보고, 답이 얼마쯤인지를 예상해 본다. 그리고 다음의 여러 가지 방법을 이용하여 위 식에서 □ 안에 들어 갈 수는 얼마인지 알아보자.

• 손가락을 이용하여 알아보아라.
• 산가지나 바둑돌을 이용하여 알아보아라.
• 그림을 그려서 알아보아라.
• 암산으로 알아보아라.

⑥ [반성 및 검토] 구한 답을 예상한 답과 비교해 본다. 그리고 올바르게 계산하였는지 검산해 보고, 또 다른 풀이 방법에 대해서 생각해보자.

• 2+3=5 → (검산) 3+2=□

3+2는 얼마인지를 손가락, 산가지 등 구체물을 이용하거나 그림이나 암산으로 알아본다. 3+2=5이다. 따라서 정답은 5개이다.

⑦ [문제 확장 및 새로운 문제 만들기] 주어진 문제에서 수량이나 장면, 주어진 조건 변경 등을 통하여 변형된 문제를 해결해 보도록 하거나, 몇 가지의 정보를 제시하고 문제를 만들어 풀어보도록 한다.

1.1.4 계산의 원리 지도

이전과 같이 현재의 수학 교과서에서도 수학의 토대 역할을 하는 기본적인 산술 기능과 기하학적 지식에 대한 학습은 필수적인 요구 사항이다. 그렇지만 현재의 학교수학 교육에서 기본 기능과 지식의 학습은 문제에 단순하게 적용될 수 있는 정형적인 절차와 기술의 숙달만을 목표로 하는 것이 아니라, 유의미한 이해와 수학적 탐구에 기반을 둔 발견과 숙달을 동시에 요구하고 있다. 수학적 내용의 발견과 관련하여 Bruner(1966)는 발견학습의 과정에서 언어, 의사소통, 교수의 역할을 강조한다. 어린이들의 자발적인 활동이 개념적이고 상징적인 사고로 전이될 수 있다고 주장하는 Bruner에 의하면, 이 전이 과정에서 언어의 표현과 발달이 중요한 역할을 담당하므로 언어와 의사소통을 위한 교육이 필요하다. 또한, Bruner는 학생들의 표현력 발달의 일반적인 단계를 설명하는 EIS 이론을 주장한다. EIS 이론에 따르면 학생들의 언어와 의사 소통의 발달은 다음의 3가지 단계를 거치면서 발달한다.

① *enactive* : 집합을 일대일로 대응시키는 것과 같은 수학적 관계를 설명하기 위해서 실제의 도구를 어린이들이 조작할 수 있는 단계.

② *iconic* : 학생들이 관계를 나타내기 위해서 그림을 그리는 것이나 사진을 통해서 학습할 수 있는 단계.

③ *symbolic* : 수학적 관계를 설명하기 위해서 추상적인 기호를 이해할 수 있는 단계.

Bruner의 EIS 이론에 근거하여 [예 2]와 같은 사칙 연산 알고리즘의 지도과정을 개괄적으로 도식화하면 다음과 같다.

예 2 158+365를 계산하여라.

[지도 과정]

① 구체물을 이용한 계산

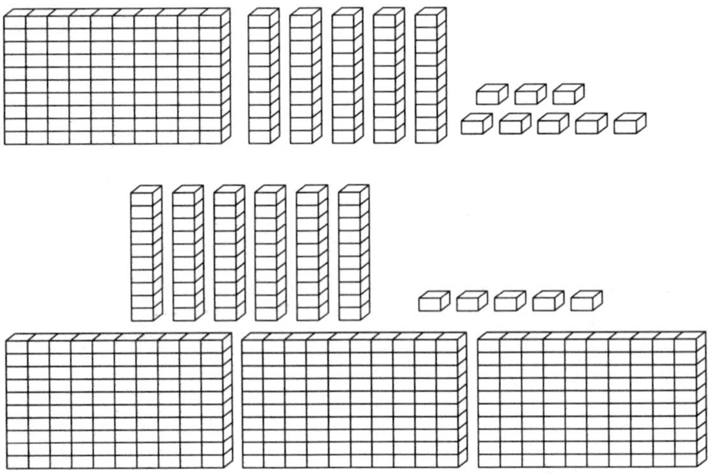

② 수도(數圖)를 이용한 계산

	100	10	1
158	•	•••••	••• •••••
+365	•••	• •••••	•••••
	••••	• ••••••••••	••• ••••••••••

③ 중간알고리즘 1

1	5	8	
+ 3	6	5	
	1	3	←일의 자리의 합
1	1	0	←십의 자리의 합
4	0	0	←백의 자리의 합
5	2	3	

④ 중간알고리즘 2

$$\begin{array}{rrr} 1 & 5 & 8 \\ +\,3 & 6 & 5 \\ \hline & 1 & 3 \\ 1 & 1 & \\ 4 & & \\ \hline 5 & 2 & 3 \end{array}$$

➜

⑤ 표준알고리즘 1

$$\begin{array}{rrr} {\scriptstyle 1} & {\scriptstyle 1} & \\ 1 & 5 & 8 \\ +\,3 & 6 & 5 \\ \hline 5 & 2 & 3 \end{array}$$

➜

⑥ 표준알고리즘 2

$$\begin{array}{rrr} 1 & 5 & 8 \\ +\,3 & 6 & 5 \\ \hline 5 & 2 & 3 \end{array}$$

계산 원리나 알고리즘을 다루는 전통적인 형태의 수업에서는 대체로 교사가 알고리즘이 수행되는 각 단계의 진행 방법을 자세히 설명하고, 학생들은 그 방법을 확실히 익힐 때까지 반복 연습하는 형태로 가르쳐진다. 그리고 이러한 수업에서 학생들에게 제시되는 문제의 유형도 학생들의 경험이나 그들이 살아가면서 부딪히게 되는 수량에 관련한 사건이나 상황이 아닌 숫자와 기호로 조합된 방정식 표현의 형태가 주를 이룬다. 그렇지만 학생이 스스로 원리를 고안하고 이를 활용해 본 경험이나 기회 또는 그러한 환경의 제공이 부족한 이러한 수업방식으로 인해, 학생들은 어떻게 계산하는지는 알지만, 왜 그렇게 해야 하는지는 이해하지 못하고 다만 교사가 안내하는 방법을 그대로 답습하는 경우가 대부분이다.

수학은 이해하면서 학습하고, 그리고 필요하다면 학습한 내용을 숙달하도록 연습하는 방법이 단순한 시행착오에 따른 암기와 기계적 연습으로 수학을 배우는 것보다 훨씬 더 유용하고 전이성이 높다는 연구 결과(Hiebert, 1999)에도 불구하고, 최근까지도 수학교과의 교수·학습은 행동주의적 관점에서 Thorndike의 학습원리에 기반하여 자극-반응 활동을 통해서 내용을 교육하거나 또는 교사가 학생이 발견해야 할 모든 것을 미리 다 알려주는 암죽식 방법으로 학습이 이루어지고 있다. 이로 인해 학교수학을 이수한 일반인들뿐만 아니라 많은 학생들도 수학은 암기와 연습 과목이라는 잘못된 인식을 지니고 있으며, 이 인식은 수학학습에 대한 불안감과 기피증으로 연결되어 수학으로부터 학생들을 이탈하게 만드는 단초가 되고 있다.

교과서에 소개되는 대다수의 계산 방법은 오랜 기간 동안 인간의 창조적인 노력에 의하여 가장 세련되게 다듬어진 전형이므로 이 알고리즘을 학생들에게 학습의 초기부터 일방적으로 강요하는 것은 바람직하지 않다. 비효율적인 단계인 것처럼 여겨질 수도 있지만, 다음의 [예 3]의 풀이 과정과 같이 학습에서 학생 각자가 가지고 있는 본인 나름대로의 계산 방법과 일반화된 방법의 비교를 통해 학생 스스로 어느 방법이 더 나은지 판단할 수 있는 기회를 제공하고, 이 기회를 통해 학생이 일반화된 방법이 지니는 신속성과 정확성의 측면을 인정하는 단계가 필요하다.

예 3 산가지 156개를 한 묶음에 4개씩 묶으면 모두 몇 묶음이나 되겠는가?

[풀이]

〈학생 A〉의 계산	〈학생 B〉의 계산	〈학생 C의 계산〉
156 ÷ 4 = 10 −40 25 116 ÷ 4 = 4 10 −16 + 4 100 ÷ 4 = 25 39 −100 0	156 − 40 ⋯ 10×4 116 − 40 ⋯ 10×4 76 − 40 ⋯ 10×4 36 − 36 ⋯ 9×4 0	1 2 3 4 20 20 20 20 5 5 5 5 10 10 10 10 1 1 1 1 1 1 1 1 1 1 1 1 1 1 1 1
학생 A는 4×10=40, 4×4=16, 그리고 4×25=100이라는 사실을 이용해서 156에서 100이 될 때까지 4씩 몇 묶음을 뺀 후, 4개씩 묶음의 수를 합하여 39묶음이라는 사실을 찾아냈음을 추측할 수 있다.	학생 B는 4의 배수에 대한 지식이 충분한 학생으로, 156에서 40씩 빼는 활동을 통해 156에는 4가 39번 들어 있다는 사실을 알아냈음을 추측할 수 있다.	학생 C는 먼저 4개의 열을 만든 후, 먼저 20개씩 분배한 후 남은 것을 5개, 10개 차례로 분배하고, 나머지가 없을 때까지 1개씩 분배하여 각 열에 분배된 개수의 합이 39라는 사실을 알아냈음을 추측할 수 있다.

[예 3]의 풀이에 제시된 세 학생 A, B, C의 계산 방법은 알고리즘적인 측면에서 효율적인 방법은 아니며, 계산 속도와 정확성이 지도의 목적이라면 좀 더 효율적이고 정형화된 방법을 연습하고 숙달해야 한다. 그럼에도 이 학생들은 모두 각자 나름대로 문제에 대한 의미 있는 이해를 제시하고 적절한 연산 방법을 구조화했으며, 이를 통해 학생들이 문제를 해결해 낼 수 있다는 자신감과 본인에 대한 믿음을 지니고 있는 것으로 볼 수 있다. 이러한 측면에서 현재의 교실 상황을 비판적으로 바라본다면, 우리는 학생이 스스로 문제를 해결해 보는 기회를 제공하는 데 인색하며, 나아가 불필요하다거나 귀찮다고 생각하면서 일반적이고 표준화된 방법을 학생들에게 주입하고 있는 현실이다. 또한 입시와 같은 사회 현상을 말하면서 표준화된 알고리즘을 주입하는 방법이 수학을 가르치는 가장 최적화되고 적절한 지도법인 것으로 위안을 삼지만, 이론적으로도 이 방법은 Ausbel의 선행조직자 원리, Skemp의 관계적 이해를 강조한 학습 지도, 구성주의자들이 말하는 학습지도 원리 등과는 어느 정도 거리가 있는 것이 사실이다. 따라서 '표준화된 알고리즘'을 지도할 경우에는 우선적으로 학생들 스스로 주어진 장면의 문제를 해결하기 위해 자신의 방법을 이용하여 해결해 볼 수 있는 기회와 환경을 제공한 후, 자신의 방법과 교과서나 참고서, 교사의 풀이 방법을 비교·검

토하도록 하여 어느 방법이 가장 효과적인지 판단하도록 하고, 추후에 표준화된 알고리즘을 숙달하고 활용하게 할 필요가 있다.

참고 자료 1 ·· 게임을 이용한 계산력 지도

게임은 학생들의 수학에 대한 흥미와 호기심을 자극함으로써 학습 동기를 부여할 수 있으며, 언어와 지필에 의존해 오던 수학학습방법에 대한 정신적 부담을 최소화할 수 있을 뿐만 아니라, 교사의 지시나 활동의 모방에서 벗어나 학습자 스스로 자신의 행동과 사고력을 조정할 수 있음으로써 학습의 능동성과 적극성을 보장받을 수 있다(Ashlock & Washbon, 1978). 따라서 학생들에게 학습 동기를 유발시킬 수 있는 방법의 하나로 게임을 생각할 수 있다.

인간은 태어날 때부터 생명을 유지하고 삶의 질을 개선하기 위해 움직이고 생각하려는 욕구와 능력을 본질적으로 갖고 태어난다. 게임은 이러한 인간의 본질적인 요소를 내포하고 있으며, 게임을 활용한 수학학습은 인간의 본질적인 요소를 적절히 자극·활용할 수 있음으로써 학습 효과를 높일 수 있다. 또한 승리를 위한 새로운 전략을 구상하고 이를 적용하는 과정에서 창의적인 사고력과 문제해결력 및 학습에 대한 집중력과 지구력을 동시에 기를 수 있다고 볼 때, 게임의 교육적 가치와 역할은 강력하다. 따라서 계산 지도에서 게임은 단조롭고 반복되는 계산 연습을 동기가 부여되는 경쟁적인 상황으로 변화시킬 수 있다. 학습 지도에서 연습은 기본적 원리·법칙의 적용을 숙련시키고 보강하는 데 중요한 역할을 하지만, 이미 알고 있는 기능에 대해 지나치게 많은 기계적 반복 연습 및 정확성과 신속성에 대한 강요는 학습 그 자체를 지루하거나 싫증을 느끼게 할뿐이며, 부정적인 강화재가 첨가될 경우 학습에 대한 불안감 및 학습 기피증을 야기할 수도 있다. 그렇지만 게임을 통한 연습은 학습자의 자율적인 조정의 과정을 가능하게 하고, 스스로의 경험을 통해 획득한 학습 결과에 대해 희열을 느끼도록 할 수 있다. 또한 게임은 아이들에게 다소 어려운 내용일지라도 배우겠다는 욕구를 불러일으키며 학습 장면에서의 긴장을 풀어 주기도 하며, 아이들은 활동이 단순 반복되더라도 그것이 놀이의 일부라면 지루해 하지 않고 적극적으로 참여한다(Kaye, 1987). 따라서 교사가 교육적으로 수학적으로 적절한 게임을 제공해 준다면, 학생들은 수학적 게임에 몰두하면서 초등학교 수학의 내용들의 대부분을 이해하고 숙달할 수 있다.

수학적 게임을 분류해 보면 먼저 계산력을 함양하기 위한 게임의 일종인 계산 게임(computation game)은 전통적인 수학학습방법의 하나로 이미 학습된 내용이나 기능을 기억하고 익숙하게, 그리고 정확·신속하게 처리하는 능력을 기르기 위하여 반복 연습(drill)을 필요로 한다. 이 계산 게임은 학생들에게 반복의 필요성을 제공하며, 놀이와 연관되어 학습하는 상황에서 규칙으로 제기된 수학적 기술을 익힐 수 있다(Kohl, 1974). 계산 게임은 어린이들에게 기본적인 계산지식을 익히고 기억하는 데 도움을 줄 수 있으므로 초등학교 수학에서 어느 정도 중요한 역할을 담당한다. 계산 게임을 사용할 경우는 다음과 같은 사항을 지켜야 한다(Ashlock & Washbon, 1978).

① 게임 규칙이 어린이들의 행동과 그들이 사용하는 자료를 규정지어야 한다.
② 게임이 갖는 우연성은 학생들에게 게임에 대한 동기를 부여한다.
③ 소기의 목적을 달성하는 데 따른 보상이 있어야 한다.
④ 시간제한이 있어야 한다.
⑤ 경기자의 반응에 따라 피드백이 제공될 수 있어야 한다.
⑥ 실수로 인한 벌칙은 최소화되어야 한다.
⑦ 게임과 관련된 기본 계산 지식은 무작위로 배열되어야 한다.
⑧ 경기자들에게 이길 수 있는 기회를 동등하게 주어야 한다.

계산 게임의 주요한 목적은 게임에 참가한 어린이들에게 계산 기술을 익히도록 하는 데 있다. 그렇지만 계산 게임에는 계산 이외에 참가자들이 사용하는 전략의 선택이나 의사 결정의 기회와 같은 고차적인 사고 활동이 제공되지 않을 뿐만 아니라, 게임의 목적인 계산 기술의 함양 또한 게임의 결과보다는 게임의 횟수와 관련이 깊기 때문에 어린이들이 성장함에 따라 계산 게임을 싫증 낼 수 있다(Kohl, 1974). 이와 같은 상황에서는 이들에게 계산 게임보다는 목적에 적합한 전략 게임을 도입하고 활동하는 것이 타당하다. 다음은 초등학교 3학년 수준에 적합한 계산 게임인 일명 '카드 가져가기'의 방법과 규칙 등에 대한 내용이다.

계산 게임

학년	3학년	게임명	카드 가져가기
영역	수와 연산	관련단원	3 - 나 2. 곱셈
인원	4명	시간	20분
목표	주사위를 통해 사칙 연산을 재미있게 할 수 있다.		
자료	1~18까지 표시된 숫자 카드 한 벌, 주사위 3개, 초시계		

• 방법
① 4명이 경기를 한다.
② 주사위 3개와 1~18까지 적힌 숫자카드 한 벌을 준비한다.
③ 순서를 정해 먼저 주사위 3개를 동시에 던진다.
④ 나온 숫자를 사칙 연산을 이용해 계산하여 1~18 사이의 숫자가 나오면 숫자카드를 가져간다. 예를 들어 1, 2, 3이 나왔다면 1, 2를 먼저 계산하고(1+2), 다음 3과 곱해 9를 얻었으면 숫자카드 9를 가져간다.
⑤ 계산했을 때 해당되는 숫자가 없으면 다음 사람에게 그냥 넘긴다.

⑥ 18개의 숫자카드를 모두 가져갔을 때, 게임은 끝나게 되며 숫자카드를 가장 많이 가지는 사람이 승리하게 된다.

1	2	3	4	5
6	7	8	9	10
11	12	13	14	15
16	17	18		

[숫자 카드]

• 규칙

① 사칙 연산(+, −, ×, ÷)을 이용하여 1~18 사이의 수를 만들면 숫자카드를 가지고, 그렇지 않으면 다음 사람에게 넘긴다.

② 사칙 연산의 시간은 15초로 제한한다.

③ 세 수를 한 번씩 모두 사용한다.

• 게임의 예

① 갑, 을, 병, 정 네 사람이 게임을 시작한다.(가위, 바위, 보를 통해 순서를 정한다.)

② 갑이 먼저 주사위 3개를 동시에 던진다. 2, 3, 5라는 수가 나왔다. 갑은 $2+3+5=10$이라는 수를 얻어서 숫자카드 10을 가져간다.

③ 을은 주사위를 던져 1, 3, 6이라는 숫자를 얻었다. 을은 $6-1+3=8$이라는 숫자를 얻어서 숫자카드 8을 가져간다.

④ 병은 주사위를 던져 5, 4, 5라는 숫자를 얻었다. 병은 $5\times4-5=15$라는 숫자를 얻어서 숫자카드 15를 가져간다.

⑤ 정은 주사위를 던져 2, 3, 4라는 숫자를 얻었다. 정은 $2\times3-4=2$라는 숫자를 얻어서 숫자카드 2를 가져간다.

⑥ 앞의 방법으로 한 결과 갑은 6장, 을은 5장, 병은 4장, 정은 3장의 숫자카드를 가져가 갑이 승리하였다.

• 유의 사항 및 게임의 응용

① 숫자를 계산할 때 반드시 암산으로 해야 하며 어떻게 그 답이 나왔는지를 주위 친구들에게 말하게 한다. 만약 본인의 계산이 틀리면 자신이 가진 카드를 다시 내어놓게 한다.

② 덧셈, 뺄셈, 곱셈, 나눗셈의 계산순서를 명확히 알아야 한다.
③ 자신이 가진 숫자카드를 주사위 굴리기를 해서 큰 숫자를 만든 사람이 상대의 카드를 한 장 씩 가져간다.

참고 자료 2 ·· 계산기를 이용한 계산 지도

수업에서 주어진 계산 문제를 선택하여 학생 스스로 지필 계산을 해 보고, 계산기를 활용하여 다시 그 문제를 계산기에 입력하여 나타난 결과를 대조해 보는 활동을 수행할 수 있다. 이러한 활동을 통해 계산 결과가 다를 경우 즉각적인 피드백을 제공하고 지필 계산 과정에서 수반되는 알고리즘 적용에서의 오류를 즉시 파악하여 교정할 수 있다. 이와 같은 과정에서 학생들은 자기가 어떤 계산을 어떻게 수행하였는지를 인식할 수 있고, 자기가 수행한 계산에 대해서 스스로 반성하여 평가해 보는 자기반성의 기회를 가짐으로써 계산력 신장과 자율적인 학습 태도 형성에 도움을 줄 수 있다. 예컨대, 다음 [예 4]와 같은 문제를 학생들에게 제시하여 지필 계산으로 해결하게 하고, 계산기를 활용해 점검해 보도록 할 수 있다.

예 4 다음을 계산한 후, 계산기를 이용하여 답이 맞는지 알아보아라.

① $89\times0.8=$______, $43\times0.52=$______, $3.9\times70.8=$______,
② $7804\times2.46=$______, $34992\div729=$______, $235\times743\div425=$______

[풀이]
풀이는 각자 생각해보자.

교사는 위의 과정에서 일정한 시간을 제시하고 제한된 시간 동안 문제를 해결하게 한 후, 그 답이 맞는지를 먼저 어림셈으로 알아보게 한 다음 계산기를 이용하여 정답 여부를 확인하게 할 수 있다. 물론 계산력이 우수한 학생은 많은 문제를 풀지만 지필 계산이나 계산기 활용이 뒤진 학생은 해결한 문제 수가 적을 수 있다. 그렇지만 본인이 수행한 알고리즘에 대해 회상하고 점검해 보는 기회를 제공하는 계산기의 활용은 계산한 문제 개수에 상관없이 다양한 수준에서 학생들의 계산력 신장에 긍정적인 영향을 미칠 수 있다. 또한 이 과정에서 짝과 함께 계산하면서 걸리는 시간과 문제 수를 정하여 누가 정확하고 빠르게 계산하는지를 '게임'하는 방법도 고려해 봄으로써 지필 계산 활동과 계산기 활용에 대한 적극성을 이끌어 낼 수도 있다.

참고 자료 3 ·· 연산자의 선택

문장제 문제에서 '사칙 계산 중 어떤 연산자를 선택할 것인가?'를 결정하기 위해서 문제 장면에 사용된 용어를 분석하는 방법이 있다. 물론 문제 장면에서 사용된 용어로 연산자를 결정하는 것이 일반적인 방법은 아니지만, 이 방법은 다음과 같이 요약할 수 있다.

① 어떤 양을 몇 개의 부분으로 나누는 장면이 있을 경우: '똑같이 나누어 보자.'라는 말이나 의미가 있으면 '나눗셈'을, '똑같지 않게 나누어 보자.'는 말이나 '양의 차이나 비교'의 의미가 있으면 '뺄셈'을 하는 경우가 많다.

② 두 개나 그 이상의 양을 더하여 하나의 양으로 만드는 장면이 있을 경우: '어떤 양을 똑같이 더하라'는 말이나 의미가 있으면 '곱셈'을, '똑같지 않게 더하라'는 말이나 의미가 있으면 '덧셈'을 하는 경우가 많다.

③ 둘이나 그 이상의 양을 비교하는 장면이 있을 경우: '차이나 비교'를 구하는 말이나 의미가 있으면 '뺄셈'을, '비율'을 구하는 말이나 의미가 있으면 '나눗셈'을 하는 경우가 많다.

1.2 문장제 지도

학교수학에서 문제를 제시하는 방법으로 수식, 그림, 설화, 도표 등의 여러 가지 표현 방법이 쓰이는데, 문장제는 문제가 문장으로 제시될 때를 말한다. 암묵적으로 이 말은 문장 형태의 문제가 곧 사실 문제이고 현실을 해결하는 응용 문제라는 생각에 기반을 한다. 그렇지만 현재 말하는 문장제의 주요한 특징은 생활에서 일어났거나 혹은 일어날 것이라고 예상되는 장면의 문제이다. 따라서 문장제를 학습자 또는 문제해결자의 입장에서 정의한다면 다음과 같이 말할 수 있다.

첫째, 본인의 현실에서 일어났거나 일어날 것이라고 예상되는 상황에서 만들어 질 수 있는 문제이다.

둘째, 구성한 것을 수학적 사실을 활용하여 해결할 수 있는 문제이다.

다시 말해, 문장제는 위의 두 가지 특징을 내포하면서 현실에서의 수량적 문제를 문장으로 나타낸 것으로 볼 수 있다. 그리고 문장제 해결을 지도한다는 것은 생활에 있어서의 수량적인 사상을 수학적으로 처리할 수 있는 능력을 함양하도록 하는 것이라고 할 수 있다. 일반적으로 문장제의 해결 과정은 다음과 같은 단계를 따른다.

① 주어진 정보 분석하기 →
② 주어진 정보 사이의 관계 파악을 위해 그림, 선분도 등으로 시각화하기 →
③ 시각화된 자료를 근거로 하여 식 세우기 →
④ 알고리즘에 따라 식 풀이하기 →
⑤ 답이 맞는지를 검토하고 주어진 조건에 따라 해석하기 →
⑥ 또 다른 해결 방안 모색하기 →
⑦ 새로운 소재를 이용하여 문제 만들기의 과정 제시하기

또한 문장제의 해결 과정의 각 단계에서 나타나는 주요한 활동들을 정리하면 다음과 같다.

해결 과정	주요 활동	구체적 활동
1. 문제의 이해	• 국어적인 해석 • 수학적 용어의 이해	문제 장면의 이해를 위해 전체의 문맥 중에서 낱말이나 수학적 용어의 뜻을 파악하기
↓		
2. 주어진 정보 사이의 관계 파악	• 전체의 통찰(직관적 통찰) - 그림 이용	문제에 제시된 사실과 자신의 경험을 연결시켜 이미지를 형성하고, 자신의 관점에서 재해석한 문장으로 번안한다. 이는 하나의 관점에서 문제 내용의 파악이 가능하게 된다.
↓		
3. 문제를 시각화하기	• 그림(선분도, 면적도, … 등의 활용) • 미지수 결정하기	문제 장면을 그림, 표, 가상적 장면 등으로 나타내고, 주어진 요소 사이에 작용하는 연산자를 선택하고, 미지수를 결정한다.
↓		
4. 식 세우기	• 부분적으로 문자나 식 활용	문제 해결에 필요한 조건을 모두 포함하고 있는 문장을 수학적 모델과 연결시켜 수학적 표현, 즉 방정식으로 나타낸다.
↓		
5. 정답 예상하기	• 암산을 통하여 어림으로 정답 예상하기	식을 계산하기에 앞서서 답이 대략 얼마쯤 될 것인지를 예상·어림해 본다.
↓		
6. 방정식 풀이	• 등식의 성질 이용, 역연산, 이항 방식 이용	계산 원리, 즉 알고리즘을 적용하여 정확히 계산한다.
↓		
7. 검산	• 방정식에 대입 (좌변)=(우변)	계산 과정을 검토하여 구한 답을 잠정적인 답으로 결정한다.
↓		
8. 답의 확인·결정	• 문장제의 문맥에 대입·해석	구한 답이 문제의 요구 조건을 만족하는지 주어진 문제 장면과 연결하여 해석해 본 다음 적합성 여부를 판단하여 답으로 결정한다.
↓		
9. 문제 확장	• 문제 변형을 통하여 문제 만들기 및 문제 풀기	

학교수학에서 문제 해결은 주로 교사의 발문을 통해 진행된다. 문장제 해결 과정에서 이루어지는 교사의 발문은 주로 다단계의 발문에서 시작하지만, 학년이 낮거나 문제해결력이 낮은 학생일수록 그 단계를 지속적으로 축소하도록 하여 최종적으로는 학생 본인이 스스로 해결할 수 있도록 문제만 제시하는 단계에 이르도록 해야 한다. 다음 [예 1]과 같은 문제해결 과정에서 가능한 다단계 발문들을 살펴보자.

예 1 350원짜리 빵을 몇 개 사다가 400원씩에 팔아서 300원의 이익을 보았다. 빵을 몇 개 팔았는가?

[풀이]

풀이는 각자 생각해보자. 다음은 [발문]의 예이다.

① 빵 1개에 얼마주고 사 왔는가?
② 빵 1개를 얼마에 팔았는가?
③ 빵 1개를 팔아서 얼마의 이익을 보았는가?
④ 이익은 모두 얼마인가?
⑤ 구하려는 것이 무엇인가?
⑥ 문제 장면을 '선분 그림'으로 나타내 보자.
⑦ 문제를 해결하려면 어떤 계산을 해야 하는가?
⑨ 위 그림을 이용하여 팔린 빵의 개수를 구하는 식을 세워라.
⑩ 식을 계산하여 답을 구하여라.
⑪ 구한 답이 맞는지 확인하여라.
⑫ 다른 방법으로 해결할 수 있는지 알아보아라.

참고 자료 1 ·· 초기 단계의 문장제 지도

문제의 이해에 해당하는 문장제 해결의 첫 단계는 학생들에게 상황을 주고 명시된 조건을 질문하는 것에서 시작한다. 이때, 제시된 질문들을 칠판에 나열하는 것은 좋은 방법이다. 칠판에 나열할 때는 학생들에게 한 개 또는 더 많은 질문들을 선택적으로 쓰게 하고, 그 질문들을 읽게 할 수도 있다. 일반적으로 문장제 문제의 해결에서 문제 이해는 필수적이고, 문제 이해는 질문들이 주어진 문제 상황에 적합하게 나열되었는지에 따라 결정될 수 있다. 따라서 교사는 다양한 수준에서 만들어진 질문들을 사용해 학생들이 문제를 이해할 수 있도록 지도해야 한다.

물론 초등학교 중·고학년의 경우에는 문제 장면의 시각화와 식 세우기 전략 등을 활용해 문제 이해를 이룰 수 있다. 또한, 문제 이해를 위해서 [예 2]와 같은 방법을 활용할 수 있다.

예 2 다음 문장을 읽고, 아래 칸 (1), (2), (3)에서 서로 관련이 있는 내용끼리 번호를 짝지어라.

> 4학년에 3개 반이 있고, 각 반의 학생 수는 36명이다.① 5학년에는 4개 반이 있고 각 반의 학생 수는 40명이다.②

(1)

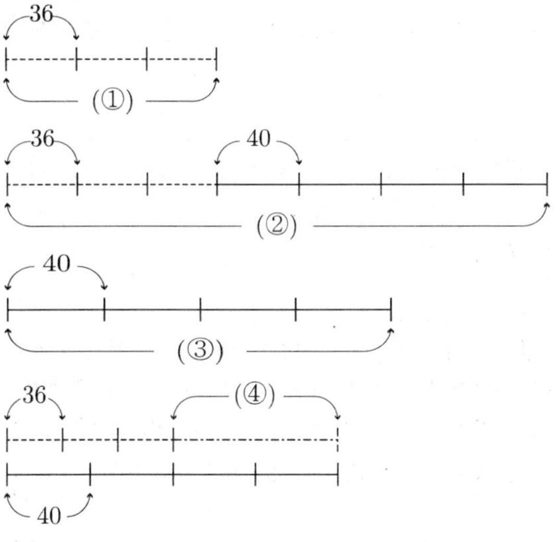

(2)

① 36×3 ② 40×4

③ 40−36 ④ 40+36

⑤ 36×3+40×4 ⑥ 40×4−36×3

(3)

① 4학년의 전체 학생 수

② 5학년의 전체 학생 수

③ 5학년 전체 학생 수와 4학년 전체 학생 수의 합

④ 5학년 전체 학생 수와 4학년 전체 학생 수의 차

[풀이]

풀이는 각자 생각해보자.

참고 자료 2 ·· 문제 변형하기

문제 변형 측면에서 좋은 문제란 겉으로는 단순해 보이지만, 다양한 장면으로 확장시킬 수 있는 문제를 말한다. 이때, 문제 변형은 새로우면서 이전 문제와 서로 연관된 문제 장면을 경험하기 위해 문제 진술을 수정하는 것이다. 문장제 해결에서 문제 변형은 직전에 해결한 문제를 수정하고 확장하여 제시함으로써 문제 상황을 일반화하는 바에 도움을 줄 수 있다. 일반적으로 문제 변형은 다음과 같은 단계와 방법을 사용한다.

[문제 변형하기 1]

단계	변형 방법	문제 내용
원문제	처음 주어진 문제	8명의 탁구 선수가 토너먼트 방식으로 경기를 하여 우승자를 뽑기로 하였다. 모두 몇 경기를 치루어야 하는가?
변형 1	소재를 바꾸어라.	8명의 씨름 선수가 토너먼트 방식으로 경기를 하여 우승자를 뽑기로 하였다. 모두 몇 경기를 치루어야 하는가?
변형 2	수치를 바꾸어라.	12명의 탁구 선수가 토너먼트 방식으로 경기를 하여 우승자를 뽑기로 하였다. 모두 몇 경기를 치루어야 하는가?
변형 3	장면을 바꾸어라.	8명의 씨름 선수가 토너먼트 방식으로 경기를 하여 우승자를 뽑기로 하였다. 각 선수는 질 때까지 계속 경기를 하며 진 사람은 더 이상의 경기는 가지지 않는다. 경기를 몇 번 해야 하는가?
변형 4	주어진 조건과 구하는 것을 바꾸어라.	토너먼트 방식으로 모두 66회의 씨름 경기가 치루어졌다. 만약 한 명이 다른 모든 선수와 한 번씩 경기를 가졌다면 몇 명이 경기에 참여했을까?
변형 5	이질적인 정보를 제공하라.	8명의 탁구 선수가 토너먼트 방식으로 경기를 하여 우승자를 뽑기로 하였다. 모든 경기는 토요일과 일요일에 실시하며 경기장 입장료는 한 사람당 15000원이다. 우승자를 뽑기 위해서 모두 몇 경기를 치루어야 하는가?
변형 6	장면, 수치, 조건, 주어진 정보의 변화를 결합하라.	12명의 자전거 클럽 회원 중 7명은 소년이고 5명은 소녀이다. 이들은 2인용 자전거를 타기로 하였다. 만약 각각의 소년이 다른 모든 소녀와 한 번씩 자전거를 타려면 자전거를 몇 번 타야 하는가?

[문제 변형하기 2]

방법	원래 문제	확장된 문제
• 결과 바꾸기	우리 반 학생은 32명이다. 이들에게 연필을 2자루씩 나누어 주려면 연필이 몇 자루가 필요한가?	우리 반에는 32명이다. 색종이 64장을 똑같이 나누어 주려면 한 사람에게 몇 장씩 나누어 주어야 할까?
• 숫자 바꾸기	5보다 4 작은 수는 얼마인가?	9보다 2작은 수는 얼마인가?
• 구조는 그대로 두고 장면만 바꾸기	진호와 인호는 함께 밤을 주어서 할아버지에게 12개를, 할머니에게 6개를 드리고 12개는 바구니에 담아두었다. 18개는 두 사람이 나누어 먹었다. 그들이 주은 밤은 모두 몇 개인가?	민수와 경희는 인형을 샀다. 민수가 4개를 갖고, 경희는 8개를 가졌다. 그리고 7개는 친구들에게 나누어 주었다. 민수와 경희가 산 인형은 모두 몇 개인가?
• 해결 절차를 더 많이 주기	진호는 3450원짜리 음악 CD를 2개 샀다. 진호가 산 CD값은 얼마인가?	진호는 3450원짜리 음악 CD를 6%할인하여 2개 샀다. 진호가 산 CD값은 얼마인가? 또, CD값으로 10000원을 지불하였다면 거스름돈은 얼마를 받아야 하는가?
• 장면을 더 복잡하게 만들기	종호는 정수보다 구슬을 더 많이 가지고 있다. 경민이는 정수보다 구슬을 더 적게 가지고 있다. 누가 가장 많이 가지고 있는가?	종호, 정수, 경민이는 같은 수의 구슬을 가지고 있다. 형수는 종호보다 구슬을 더 적게 가지고 있다. 민호는 형수보다 많고 경민이보다도 많이 가지고 있다. 누가 가장 많이 가지고 있는가?
• 장면을 더 제한적으로 만들기	50보다 작은 수 중에서 각 자리에 있는 숫자의 합이 8인 수는 얼마인가?	50보다 작은 짝수 중에서 각 자리의 숫자의 합이 8과 같은 수는?

참고 자료 3 ·· 문장제 지도의 일반적인 방법

일반적인 문장제 지도의 방법은 다음과 같다.

① 문제 장면으로부터 수학학습을 도입하도록 한다(도입에서 문장제의 활용).
② 한 문제씩이 아닌 여러 문제를 동시에 제시한다(교과서 문제의 변형).
③ 모든 학생들이 동시에 모든 문제를 해결할 것을 기대하지 않아야 한다(개인차를 인정).
④ 순회 지도는 가급적 차례를 지키도록 한다(안정감의 제공).
⑤ 생각하고 있는 학생에게 질문이나 조언을 하지 않아야 한다(사고의 방해 금지).
⑥ 학생 스스로 해결 과정의 오류를 찾아 수정하도록 한다(사고력 신장).
⑦ 식이나 계산 과정이 틀린 것보다 잘못된 생각을 하는 학생에게 관심을 갖는다.
⑧ 문제를 시각화하고, 행동할 기회를 제공해야 한다.

⑨ 문제의 핵심 단어를 찾기보다는 상황을 분석하는 데 중점을 두어야 한다.

⑩ '모두, 총, 합계, 다같이, 얼마나 많이'와 같은 연산자(사칙 계산)를 가리키는 핵심 단어의 목록을 수집하게 할 수 있다.

참고 자료 4 ·· 문장제 지도에서 교사의 역할

문장제의 해결력 신장을 위한 교수·학습 활동에서 이루어지는 교사의 역할은 다음과 같이 정리할 수 있다.

① 하나 이상의 문장제 문제를 순차적이거나 연속적으로 제시한다.

② 개별 또는 모둠에서 의미 있는 전략을 사용하여 문제를 적극적으로 해결하도록 요구한다.

③ 학생들이 그들 자신이 선택한 방법으로 다양한 문제를 해결한 다음, 그들이 구한 답과 사용한 전략을 공유하는 측면에서 의사소통을 하도록 하며, 그들이 인식한 연산의 개념과 문장을 소개할 수 있도록 한다.

④ 수학 기호나 숫자, 문제 진술과 질문을 표현하기 위해 □와 같은 기호를 사용하여 결과가 미지수인 수학 문장(방정식)으로 나타내는 방법을 알 수 있도록 지도한다.

⑤ 학생들이 문제를 해결한 후 답과 함께 그들이 그 문제를 풀기 위하여 어떻게 생각했는지 설명하도록 요구한다.

⑥ 문제를 해결한 후, 그들의 이해와 기능을 확장하기 위한 문제 변형을 통한 연습 문제와 문제 만들기 활동을 적극 권장·제공한다.

1.3 암산

계산기, 컴퓨터와 같은 공학적 도구가 널리 보급됨에 따라 일상에서 계산을 필요로 하는 범위와 함께 계산을 하는 방식도 바뀌고 있다. 그 결과, 계산기로 얻어진 결과의 합당성 여부를 확인하기 위해서 답을 어림하는 능력의 발달에 대한 요구가 증대되고 있으며, 또한 어림에 대한 요구가 증대됨에 따라 암산의 필요성이 점차 강조되고 있다. 어림셈과 암산은 '빠르게 계산한다.'는 측면에서는 공통점을 갖지만, 어림셈은 '대략'의 답(근삿값)을 산출한다면 암산은 '정확한 답'과 '근삿값' 모두를 산출하는 데 이용된다는 차이가 있다.

흔히 '속셈'이라고도 하는 암산(mental calculation)은 계산기, 주산, 지필 등과 같은 어떠한 도구도 활용하지 않고 머릿속으로 계산하는 것을 말한다. 일반적으로 암산은 시암산(視暗算)과 청암산(聽暗算)으로 나눌 수 있는데, 청암산은 다른 사람이 읽어주는 수를 귀로 들으면서 답을 구하는 계산이고, 시암산은 제시된 수를 시각적으로 파악하여 답을 구하는 계산이다. 현대에 들어 교육적 가치를 인정받고 있는 암산은 기존의 관습적인 계산 방식과는 다른 형태의 알고리즘, 사고의 융통성, 분석력 등을 요구한다. 이에 따라 암산 지도는 학생들에게 수에 대한 사고의 융통성을 갖게 하며, 수에 대한 감각을 풍부히 하고, 기억력을 향상시킬 수 있으며, 지필 계산이나 어림과 같은 다른 형태의 계산 능력 향상에도 도움을 준다. 대표적인 암산 방법들을 제시하면 다음과 같다.

(1) 높은 자리부터 계산하기

덧셈, 뺄셈, 곱셈에서 자릿값이 높은 자리에서부터 낮은 자리의 순서로 계산하는 전략이다. 이 전략이 어떻게 활용되는지 아래와 같은 예를 통해 알아보자.

① 덧셈의 사례

- $40+58=n \Rightarrow 40+(50+8)=(40+50)+8=90+8=98$
- $34+57=n \Rightarrow (30+4)+(50+7) \rightarrow (30+50)=80,\ (4+7)=11 \rightarrow 80+11=91$

  $\Rightarrow 34+(50+7)=(34+50)+7=84+7=91$

  $\Rightarrow 34+(50+7)=(34+50)+7=84+7=84+(6+1)$

  $=(84+6)+1=90+1=91$

  $\Rightarrow (30+4)+57=(30+57)+4=87+4=91$

  $\Rightarrow (30+4)+57=(30+57)+4=87+(3+1)=(87+3)+1=90+1=91$
- $67-54=n \Rightarrow (60-50)=10,\ 7-4=3,\ 10+3=13$

  $\Rightarrow (67-50)=17,\ 17-4=13$

- $400+342=n \Rightarrow 400+(300+42)=(400+300)+42=700+42=742$

② 뺄셈의 사례

- $500-150=n \Rightarrow 500-(100+50)=(500-100)-50=400-50=350$

③ 곱셈의 사례

- $3\times 53=n \Rightarrow 3\times 50=150,\ 3\times 3=9,\ 150+9=159$
- $70\times 34=n \Rightarrow 70\times 30=2100,\ 70\times 4=280,\ 2100+280=2380$
- $400\times 61=n \Rightarrow 400\times 60=24000,\ 400\times 1=400,\ 24000+400=24400$

(2) 어울리는 수끼리 짝지어 계산하기

어울리는 수끼리 짝지어 해결하는 전략은 암산하기 쉬운 수로 변환하기 위해 주어진 수에 같은 수를 더하거나 빼거나 곱하거나 나누는 방식으로 조정하여 계산하는 방법이다. 이 전략이 어떻게 활용되는지 아래와 같은 예를 통해 알아보자.

① 덧셈의 사례

가수나 피가수에 같은 수를 더하거나 빼서 계산하기 간편한 수로 고친 후 계산한다.

예) $49+21=49+1-1+21=(49+1)+(21-1)=50+20=70$

② 뺄셈의 사례

감수나 피감수에 같은 수를 더하거나 빼서 계산하기 간편한 수로 고친 후 계산한다.

예) $84-19=84+1-1-19=(84+1)-(1+19)=85-20=65$

③ 곱셈의 사례

승수나 피승수에 같은 수를 곱하거나 나누어 계산하기 간편한 수로 고친 후 계산한다.

예) $25\times 56=25\times 4\times 56\div 4=(25\times 4)\times(56\div 4)=100\times 14=1400$

④ 나눗셈의 사례

승수나 피승수에 같은 수를 곱하여 계산하기 간편한 수로 고친 후 계산한다.

예) $2250\div 50=(2250\times 2)\div(50\times 2)=4500\div 100=45$

⑤ 한 수를 계산하기 간편한 동치인 다른 수로 고친 후 계산하기

예) $25\times 36=\frac{100}{4}\times 36=\frac{3600}{4}=900$

(3) 수를 분할하여 계산하기

수를 분할하여 계산하는 방법은 '친숙한 수끼리 계산하기' 전략이라고도 불린다. 이 방법은 암산하기 쉬운 수로 변환하기 위해 한 수를 다른 수의 합, 차, 곱, 몫으로 나타내어 계산하는 전략이다. 예컨대 어떤 수를 10의 거듭제곱 꼴이나 배수, 또는 5의 배수나 나누어떨어지는 수로 고쳐서 계산하면 간단하게 암산을 수행할 수 있다. 이 전략이 어떻게 이용되는지 알아보자.

① 덧셈의 사례

- $25+26=25+(25+1)=(25+25)+1=50+1=51$
- $125+55=125+(50+5)=(125+50)+5=175+5=180$
- $536+199=536+(200-1)=(536+200)-1=736-1=735$
- $46+7=46+(4+3)=(46+4)+3=50+3=53$
- $65+75+36=65+75+(35+1)=(65+35)+(75+1)=100+76=176$

② 뺄셈의 사례

- $314-177=(300+14)-(200-23)=(300-200)+(14+23)$

  $=100+(14+20)+3=134+3=137$

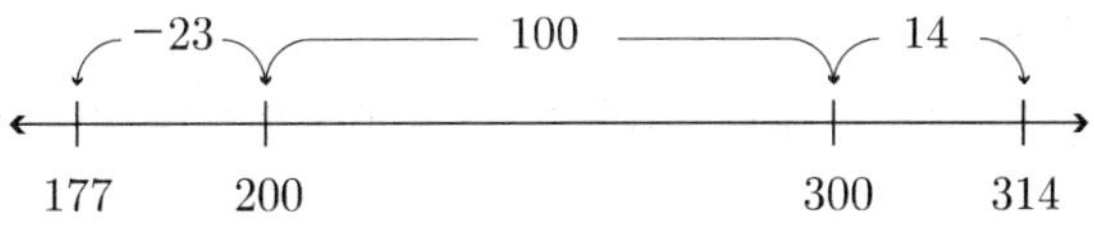

③ 곱셈의 사례

- $25\times41=25\times(40+1)=(25\times40)+(25\times1)=1000+25=1025$
- $42\times125=(40+2)\times125=(40\times125)+(2\times125)=40\times(100+25)+(2\times125)$

  $=(40\times100)+(40\times25)+(2\times125)=4000+1000+250=5000+250=5250$

④ 나눗셈의 사례

- $3644\div4=(3600+44)\div4=(3600\div4)+(44\div4)=900+11=911$

(4) 연산 법칙을 활용하여 계산하기

이 전략에서 연산 법칙인 교환법칙, 결합법칙, 분배법칙은 계산을 단순화하는 데 중요한 역할을 한다. 다음 (1)~(6)에서 연산 법칙이 얼마나 유용하게 계산에 활용되었는지 살펴보자.

(1) $15+(27+25)=(27+25)+15=27+(25+15)=27+40=67$: 교환법칙, 결합법칙

(2) $21\times17-13\times21=21\times(17-13)=21\times4=84$: 교환법칙, 분배법칙

(3) $(8\times7)\times25=(7\times8)\times25=7\times(8\times25)=7\times200=1400$: 교환법칙, 결합법칙

(4) $98+59=98+(2+57)=(98+2)+57=157$: 결합법칙

(5) $87+29=80+20+7+9=100+16=116$: 결합법칙, 교환법칙

(6) $168\div3=(150\div3)+(18\div3)=50+6=56$: 나눗셈의 덧셈에 대한 오른쪽 분배법칙
[$(a+b)\div c=(a\div c)+(b\div c)$, 단, 몫이 정수]

참고 자료 1 ·· 암산과 지필 계산의 차이점

암산과 지필 계산의 차이점을 간단히 정리하면 다음과 같다.

① 지필 계산은 자릿값이 낮은 자리에서 높은 자리의 순서로 계산하지만 암산은 주산처럼 자릿값이 높은 자리에서 낮은 자리의 순서로 계산한다.

② 받아 올림이나 내림이 있는 지필 계산을 할 경우 초기 단계에서는 받아 올림 내림한 수를 기억하기 위해 [그림 1]처럼 표시하지만 계산 기능이 일정한 수준에 도달했을 경우는 [그림 2]처럼 받아 올림 내림한 수를 기억해서 계산을 수행한다. 수를 기억하는 것은 바로 지필 계산에서 암산을 하는 것으로 생각할 수 있다.

$$\begin{array}{r} \boxed{1} \\ 24 \\ +\,38 \\ \hline \end{array} \qquad\qquad \begin{array}{r} 24 \\ +\,38 \\ \hline \end{array}$$

[그림 1] **[그림 2]**

③ 지필 계산의 과정은 일정한 형식과 원리(알고리즘)가 있으나 암산은 개개인에 따라 다양한 방식을 이용한다.

④ 암산은 다른 도구가 필요 없이 머릿속으로 계산하지만, 지필 계산은 종이, 연필과 같은 도구, 시각이나 촉각과 같은 감각 기관과 함께 암산을 사용해야 한다.

⑤ 지필 계산은 동적(動的)인 작용과 정적(靜的)인 작용이 동시에 이루어져야 하지만 일반적으로 암산은 정적(靜的)인 작용이 주로 이루어진다.

참고 자료 2 ·· 암산지도의 유의점

암산 지도에서 유의할 점은 다음과 같다.

① 암산은 지필 계산처럼 일정한 알고리즘에 따라 계산하는 순차적 사고 작용을 거쳐서 답을 구하는 것이 아니라 학습자 개인별로 독특한 절차에 따라 계산하여 답을 구하기 때문에 교사가 학생의 사고 과정을 교정해 주는 것이 수월하지 않다.

② 암산은 학습자가 친구나 어른들의 계산 방법을 모방하면서 본인 스스로 자신의 암산 방법을 터득한다. 따라서 암산 지도에서 교사는 학생의 주의를 집중시키거나 학생 자신의 암산 방법

과 과정을 소개하는 활동, 학생들이 생각하는 암산 방법에 대해 조언해 주는 활동, 학생 각자가 행하는 암산 방법을 다른 학생들에게 소개할 수 있는 기회 제공 등을 통해 암산에 대한 아이디어를 서로 공유하도록 돕는 교수 활동을 수행할 수 있다.

③ 지필 계산과 비교해서 암산은 계산의 의미, 과정, 방법 등의 측면에서 알고리즘의 개별성이 강하므로 일반화시키거나 왜 그런 방법이 적용될 수 있는지에 대해 논리적 추론을 전개하는 것이 어려운 측면이 있으므로 어느 한 방법을 강조하거나 강요하는 것은 바람직하지 못하다.

④ 논리적인 모순이 없는 다양한 암산 기법의 개발과 계산에서의 적용은 학생의 창의력과 응용력을 함양할 수 있다는 긍정적인 측면이 있으나, 수학적 의미나 이해가 담겨있지 않은 암산은 한낱 계산기의 매개체 역할밖에 되지 않으므로 신중을 기해야 한다.

1.4 어림셈 지도

일상생활에서는 정확한 답을 구하는 것도 중요하지만 어림한 답을 알아보는 것도 역시 필요하다. 최근에 들어서서 계산기의 보급이 확대되고, 계산의 도구로 계산기의 활용이 보편화됨에 따라 암산과 어림셈을 학습할 필요성이 더욱 증대되고 있으며, 또 실제 생활 장면에서는 정확한 답을 알아야 할 경우보다 어림한 답을 이용하는 경우가 더 자주 있다.

어림셈(estimation)이란 문제 장면에서 계산을 해야 할 경우 정확한 답이 아닌 정답에 가까운 대략적인 답을 구하는 계산이다. 즉 '참값'이 아닌 '근삿값'을 구하는 계산을 어림셈이라고 한다. 어림셈을 하기 위해서는 우선 양의 크기를 어림수로 나타내야 하며, 이때 양의 크기는 '약' 또는 '대략 ~이다'라고 표현한다. 어림셈의 교육적 가치를 크게 3가지로 요약하면 다음과 같다.

① 암산 능력과 수 감각을 길러 줄 수 있다.
② 계산이 바르게 수행되고 있는지의 여부를 판단하게 해 준다.
③ 정답에 대한 타당성을 결정할 때 도움을 준다. 즉, 어림한 값은 암산, 지필 계산, 계산기를 이용하여 정확한 답을 구하기 전에 이들 계산으로부터 얻어진 정답의 타당성을 결정하는 데 도움을 준다.

어림을 지도하기 위해서는 어림수로 나타낼 수밖에 없는 장면을 제시하고 어림수로 나타내는 것이 더 실용적이라는 인식부터 심어 주어야 한다. 어떤 양을 어림수로 나타내는 장면을 살펴보면 다음과 같다.

① **측정값을 나타낼 경우** : 측정 도구를 이용하여 측정한 길이, 넓이, 들이, 부피, 시간, 온도, 각도, 무게 등의 모든 값은 어림수로 나타낼 수 있다.
② **양이 너무 많거나 적어서 세는 것이 어려운 경우** : 예를 들어 하늘에 있는 별의 수, 산에 자라는 나무의 수, 논에 심은 벼의 포기 수, 쌀 한 톨의 무게 등은 대체로 어림수로 나타낸다.
③ **미래에 발생할 양의 크기를 나타낼 경우** : 예를 들어 내일의 기온, 한 달 후 나의 몸무게, 100년 후 우리나라 인구 수 등은 어림수로 나타낸다.
④ **직접 경험하거나 취급하지 않은 양을 나타낼 경우** : 예를 들어 친구 아버지의 몸무게, 아버지가 받은 봉급, 친구 누나의 나이 등은 어림수로 나타낸다.
⑤ **시간의 흐름에 따라 변하는 양을 나타낼 경우** : 예를 들어 주사위를 3번 던졌을 때 '1'의 눈이 나오는 횟수, 교문을 출입한 사람의 수, 택시 기사가 하루 동안 태운 승객의 수 등은 어림수로 나타낸다.

⑥ **안정성의 한계를 나타낼 경우 :** 예를 들어 시장에 물건을 사러갈 때는 사야할 물건 어림값보다 많은 돈을 가져가야 하며, 엘리베이터를 탈 경우에는 한계 무게보다 대체로 가볍거나 정원보다 적어야 가능하다.

어림셈을 하는 방법에 대해서 알아보자. 지필 계산은 일반화된 형식으로 알고리즘적인 방법을 강조하고 이에 따라 하나의 정답이 산출되지만, 어림셈은 전략이 매우 다양하면서 비알고리즘적이고 산출되는 답도 일정하지 않다. Reys는 어림셈을 하는 전략을 다음과 같이 다섯 가지로 제시한다.

(1) 자릿값이 높은 자리부터 계산하기

일반적으로 지필 계산은 자릿값이 낮은 수부터 높은 수의 차례로 계산하지만 어림산이나 암산, 주산, 구체물 조작, 계산기 등은 그 반대로 자릿값이 높은 수부터 낮은 수의 차례로 계산한다. 그 이유는 답에 가장 큰 영향을 주는 것은 낮은 자리의 수보다 높은 자리의 수이기 때문이다. Front-end 전략이라고도 불리는 자릿값이 높은 자리부터 계산하는 전략은 다음과 같이 3가지 유형이 있다.

① 범위 어림하기

계산 상황에서 종종 구간이나 범위, 즉 최솟값과 최댓값을 알면 충분한 경우가 있는데, 대체로 이 범위 안에 계산한 참값이 포함되어 있다. 다음 [예 1]을 살펴보자.

예 1 다음 문제에서 첫째 자릿수만을 사용해 범위를 구하여라.

(1) 257+576 (2) 294×53

[풀이]

(1)

합		최솟값		최댓값
257	➡	200		300
+ 576		+ 500		+ 600
?		700		900

참값의 범위는 700에서 900까지이다. 최솟값을 구하기 위해서는 가장 큰 자릿값을 가진 수(2+5=7, 또는 700)만을 사용해야 하며, 최댓값을 구하기 위해서는 가장 큰 자릿값을 가진 수의 각 숫자를 1씩 증가시켜 어림한다(3+6=9, 또는 900).

(2)

곱		최솟값		최댓값
294	➡	200		300
× 53		× 50		× 60
?		10,000		18,000

이 방법은 곱셈의 성질로 인해 10,000에서 18,000까지로 범위가 너무 커지는 단점이 있다.

② 첫째 자리/둘째 자리의 차례로 계산하기

이 방법은 자릿값이 가장 큰 자리만 계산하는 방법으로 $498+251$을 계산하면 $400+200=600$으로 어림할 수 있다. 이 방법으로 계산한 수는 범위 어림하기의 최솟값에 해당하는 값으로, 덧셈과 곱셈에서 항상 최솟값만을 구할 수 있다. 이 방법은 첫째 자리만 어림하므로 $376+53+417$의 경우에 53은 백의 자리수가 없으므로 $300+400=700$이 된다.

둘째 자리까지 계산하는 방법으로도 덧셈과 곱셈에서 어림값을 구할 수 있으며, 첫째 자리만 어림했을 때 얻어진 값보다 참값에 더 가까운 값을 구할 수 있다. 예를 들어, $372+53+417$의 경우 둘째 자리까지 어림하면 $370+50+410=830$이므로 첫째 자리만 계산한 700보다 참값인 842에 더 가깝다. 이 전략은 [예 2]와 같이 정수, 분수, 소수의 사칙 연산에서도 활용할 수 있다.

예 2 $1\frac{4}{5}+2\frac{1}{8}+4\frac{1}{2}+\frac{5}{6}$을 어림하여라.

[풀이]

$(1+2+4)=7$이고, $\left(\frac{4}{5}+\frac{1}{8}+\frac{1}{2}+\frac{5}{6}\right)$은 약 2이다. 따라서 답은 약 9이다.

또한, 다음 [예 3]과 같이 여러 단계를 거치면서 어림할 수 있다.

예 3 (87.23+34.18+72.31+26.91)은 얼마인지 어림셈으로 알아보아라.

[풀이]

```
  ① ② ③
  8 7 . 2 3
  3 4 . 1 8
  7 2 . 3 1
+ 2 6 . 9 1
```

[제 1단계] 각 수에서 자리의 수와 자릿값 조사하기

주어진 수에서 자릿값이 가장 높은 자리의 수를 조사한다. 87.23, 34.18, 72.31, 26.91에서 자릿값이 가장 높은 자리의 수는 80, 30, 70, 20이다.

[제 2단계] 자릿값이 가장 높은 자리의 수끼리 합하기

$(80+30+70+20)=(80+20)+(70+30)=100+100=200$보다 크다.

[제 3단계] 어림수의 조절하기

어림한 값이 좀 더 정답에 가깝도록 하기 위하여 자릿값이 낮은 자리의 수를 차례로 계산한다. 주어진 수에서 자릿값이 두 번째 높은 자리의 수를 조사한다. 87.23, 34.18, 72.31, 26.91에서 자릿값이 두 번째 높은 자리의 수를 7, 4, 2, 6이다.

[제 4단계] 조절한 수의 합 구하기

자릿값이 두 번째 높은 자리의 수는 7, 4, 2, 6이며, 이들의 합은 $(7+2)$은 약 10이고, $(4+6)$은 약 10이므로 $(10+10)$은 약 20이다.

[제 5단계] 자릿값이 높은 자리의 수와 조절한 수와의 합 구하기

자릿값이 가장 높은 자리의 수와 조절한 수와의 합을 구한다. 즉 $200+20$은 약 220이다.

③ 조정하여 자릿값이 높은 자리부터 계산하기

조정하여 자릿값이 높은 자리부터 계산하는 방법은 위의 방법 ②를 좀 더 강화한 것으로, 예를 들어 $498+251$의 계산에서 $400+200=600$, $98+51 \fallingdotseq 100+50=150$으로 계산하여 어림값은 $600+150=750$이 되는 것이다. 이 방법은 방법 ②와는 달리 어림값의 최솟값과 최댓값에 모두 적용할 수 있다.

(2) 묶어서 어림하기

묶어서 어림하는 전략은 주어진 양 전체를 몇 개의 묶음으로 적절하게 나누고, 묶음 하나의 대푯값을 정해 이 대푯값의 몇 배로 어림하는 방법이다. 이 전략은 다음 [예 4]와 같이 활용될 수 있다.

예 4 친구 5명의 몸무게를 재보았더니 48.4kg, 51.3kg, 42.5kg, 54.3kg, 60.4kg이었다. 이들 5명의 몸무게의 합을 알아보아라.

[풀이]

대푯값을 50으로 정하여 $50\times5=250(\text{kg})$으로 어림할 수 있다.

(3) 어림수로 나타내어 계산하기

어림수로 나타내어 계산하는 전략은 주어진 수를 올림이나 버림, 또는 반올림한 어림수를 이용하여 다시 어림값을 구하는 방법이다. 이 방법은 사칙 연산 모두에 활용될 수 있으나 특히 두 수의 곱셈에서 유용하다. 곱셈에서 이 전략은 다음 쪽 표와 같이 모두 9가지 경우를 생각할 수 있다. 또한 이 전략의 적용은 앞에서 언급한 '자릿값이 높은 자리부터 계산하기'와 같이 여러 단계를 거치면서 어림값을 구할 수 있다. 다음 [예 5]에서 이 전략이 어떻게 이용되는지 알아보자.

피승수×승수	피승수×승수
반올림×반올림	올림×올림
반올림×올림	올림×버림
반올림×버림	버림×올림
올림×반올림	버림×버림
버림×반올림	

예 5 '23×78'을 올림이나 버림, 또는 반올림한 어림수를 이용하여 어림값을 구하여라.

[풀이]

① 승수나 피승수를 일의 자리에서 반올림한 어림수로 어림값 구하기: $23\times78 \rightarrow 20\times80=1600$. 따라서 (23×78)의 어림값은 약 1600이다.

② 승수나 피승수를 일의 자리에서 올림한 어림수로 어림값 구하기: $23\times78 \rightarrow 30\times80=2400$. 따라서 (23×78)의 어림값은 약 2400이다.

③ 승수나 피승수를 일의 자리에서 버림한 어림수로 어림값 구하기: $23\times78 \rightarrow 20\times70=1400$. 따라서 (23×78)의 어림값은 약 1400이다.

④ 승수만 일의 자리에서 버림한 어림수로 어림값 구하기: $23\times78 \rightarrow 23\times70=1410$. 따라서 (23×78)의 어림값은 약 1410이다.

(4) 적당한 수를 찾아 어림하기

적당한 수를 찾아 어림하는 전략은 암산으로 덧셈이나 나눗셈을 할 경우에 특히 유용하다. 다음 [예 6]과 [예 7]에서 이 전략이 어떻게 이용되는지 알아보자.

예 6 '27+49+38+65+56+81'의 합을 어림셈으로 구하여라.

$$27+49+38+65+56+81$$

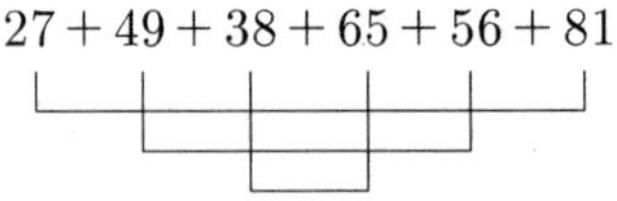

[풀이]

왼쪽에서 두 수씩의 합은 약 100이므로, 구하려는 답은 약 300이다.

예 7 3388÷7의 몫은 얼마인가 구하여라.

[풀이]

$3388 \div 7$을 $3500 \div 7$ 또는 $3200 \div 8$ 또는 $4000 \div 8$로 고쳐서 계산하면 간편하다.
피제수가 제수로 나누어떨어질 수 있도록 주어진 피제수와 제수를 가까운 수를 찾아서 계산한다.

(5) 특별한 수를 찾아 어림하기

특별한 수를 찾아 어림하는 전략은 주어진 수를 그 수와 가까운 특별한 수로 변환해서 어림셈을 하는 방법이다. 다음 [예 8]에서 이 전략이 어떻게 이용되는지 알아보자.

예 8 다음 문제를 어림하여라.

(1) $\frac{8}{7}+\frac{12}{13}$ (2) 720의 $\frac{23}{45}$ (3) 816의 9.84%
(4) 436.2÷0.98 (5) 103.96×14.8

[풀이]

(1) $\frac{8}{7}$은 약 1이고, $\frac{12}{13}$은 약 1이므로, $1+1=2$이다.
(2) $\frac{23}{45}$은 약 $\frac{1}{2}$이므로, $720 \times \frac{1}{2}=360$이다.
(3) 9.84는 약 10이므로, $816 \times 0.1=81.6$이다.
(4) 0.98은 약 1이므로, $436 \div 1=436$이다.
(5) 103.96은 약 100이고, 14.8은 약 15이므로, $100 \times 15=1500$이다.

참고 자료 1 ·· 반올림의 쓰임

반올림은 근삿값 계산에서 가장 많이 사용되며, 유용하고 융통성 있는 어림 방법이다. 실생활에서 반올림을 하는 이유는 대체로 복잡한 수를 간단한 수로 대치하여 상황에 부합하도록 나타내기 위해서이다. 따라서 반올림은 문제 상황에 따라 효과적인 방법이 존재한다. 예를 들어 시장에 갈 때는 예상 금액보다 더 많은 비용이 들 수 있으므로 물건 값을 올림해서 계산해야 하며, 승용차의 기름이 1L밖에 남지 않았을 때 갈 수 있는 거리는 버림을 해야 합리적인 반올림을 하는 것이다.

마찬가지로 문제 상황에서 반올림하는 이유는 정답을 얻는 과정에서 계산을 단순화하기 위해서이다. 이때, 정보를 쉽게 전달하기 위해 반올림이 사용된다는 것을 이해하는 것이 필요하다.

참고 자료 2 ·· 수 감각 발달시키기

암산과 어림셈의 효과적인 수행을 위해서는 수 감각이 뒷받침되어야 한다. 또한 수 감각을 발달시키기 위해서는 다음과 같은 활동이 필요하다.

① 작은 수를 이용하여 여러 전략의 기초적인 방법을 익힌 후에, 크고 복잡한 수로 전략을 확장하도록 한다.
② 자릿값의 개념을 명확히 이해하도록 한다.
③ 정수의 덧셈과 곱셈에서 이루어지는 기초적인 성질을 파악하도록 한다.
④ 암산을 통해 어림셈하는 습관을 기른다.
⑤ 일상생활에서 가능하다면 자주 암산을 수행한다.
⑥ 답을 근삿값으로 처리하는 문제 장면을 적극적으로 활용한다.
⑦ 정확한 계산을 하기 전에 어림한다.
⑧ 암산과 어림의 다양한 방법을 알고 자신의 방법을 사용하도록 해서 근삿값 계산 방법과 구하고자 하는 참값에 대한 융통성을 가지도록 한다.

1.5 간편셈 지도

수학 문제를 해결하기 위한 계산뿐만 아니라 일상생활에서도 양을 계산하기 위하여 덧셈, 뺄셈, 곱셈, 나눗셈과 그들의 혼합 계산을 자주 수행한다. 수가 작거나 계산식이 간단한 경우에는 대체로 암산이나 지필 계산을 이용하여 쉽게 답을 구할 수 있다. 그렇지만 수가 크거나 계산식이 복잡한 경우는 답을 구하기 위해 많은 시간과 노력을 들여야 하며, 때로는 계산하는 데 싫증을 느끼기도 하고, 중간에 계산을 포기하기도 한다.

덧셈, 뺄셈, 곱셈, 나눗셈의 계산 문제는 계산 규칙이 있는데, 그 규칙을 활용하면 어느 정도는 계산을 빠르고 정확하며 간편하게 수행할 수 있다. 그렇지만 간편셈을 수행하기 위해서는 수 감각이 풍부해야 하며, 사칙 계산에서 수 사이의 관계를 파악하는 능력이 필요하다. 계산의 규칙과 성질을 이용한 여러 가지 간편셈에 대해서 알아보면 다음과 같다.

(1) 덧셈의 간편셈

덧셈인 경우는 어떤 두 수의 합이 10, 100, 1000, … 등 10의 배수가 되도록 두 수를 짝지어서 계산하면 간편하다. 이 방법이 어떻게 활용되는지 [예 1]에서 알아보자.

예 1 다음을 계산하여라.

① $66+47+34+53$ ② $352+174+248$

[풀이]

① 66과 34, 47과 53을 짝지으면 각각 그 합이 100이고, 전체의 합은 200이다.

② 248과 352를 짝지으면 그 합이 600이고, 174를 더한 전체의 합은 774이다.

(2) 곱셈이나 나눗셈의 간편셈

곱셈의 경우는 한 수를 두 수 또는 세 수의 곱으로 나타낸 후, 그 중에서 어느 두 수의 곱이 10, 100, 1000, … 등 10의 배수가 되도록 짝지어 계산하면 간편하다. 이 방법이 어떻게 활용되는지 알아보자. 위와 같이 어떤 수가 가진 성질 사이의 관계를 잘 파악하여 한 수를 다른 몇 개의 수로 분해 또는 합성하여 사칙 계산에서 수 사이의 관계를 잘 이용하여 계산하게 되면 간편하고 빠르게 계산할 수 있다. 이 방법이 어떻게 활용되는지 [예 2]에서 알아보자.

예 2 다음을 계산하여라.

① $25 \times 32 \times 125$ ② $35000 \div 25$

[풀이]

① 두 수 4와 25, 즉 $4 \times 25 = 100$, 8과 125의 곱, 즉 $8 \times 125 = 1000$이다. 이것을 이용하여 32를 4와 8의 곱으로 분해한 후 계산해 보자.

$25 \times 32 \times 125 \Rightarrow 25 \times (4 \times 8) \times 125 = (25 \times 4) \times (8 \times 125) = 100 \times 1000 = 100000$

② $35000 \div 25$에서 35000을 350과 100의 곱으로 분해하여 계산해 보자.

$35000 \div 25 = 350 \times 100 \div 25 \Rightarrow 350 \times (100 \div 25) = 350 \times 4 = 1400$

위의 [예 2]에서 살펴본 10, 100, 1000, …으로 고쳐서 계산하는 것이 모든 계산에서 간편한 것은 아니다. 다음 [예 3]과 같은 계산 문제는 10의 거듭제곱으로 고쳐서 계산하는 방법이 오히려 더 불편할 수 있다. 따라서 빠르고 정확한 계산을 위해서는 계산식의 특징을 파악하여 적절한 계산 방법을 찾는 것이 필요하다.

예 3 식 $1326 \div 39$를 계산하여라.

[풀이]

$1326 \div 39$를 계산할 때 10, 100, 1000, …의 형태로 변환하면 오히려 계산이 불편하게 된다. 따라서 $1326 \div 39 = 1326 \div (13 \times 3) = 1326 \div 13 \div 3 = 102 \div 3 = 34$로 계산할 수 있다.

(3) 크기가 서로 비슷한 수들의 합을 구하는 간편셈

이 방법은 어떤 수들의 평균값을 구하는 데 자주 이용되는데, 비슷한 수들 중에서 어느 한 수를 대푯값으로 정하고, 다른 수들을 대푯값과의 합과 차로 나타낸 후에 {(대푯값×더하는 수의 개수)+(대푯값과의 합과 차)}로 계산하면 간편하고 빠른 계산을 수행할 수 있다. 이 방법이 어떻게 활용되는지 [예 4]에서 알아보자.

예 4 $1986 + 1998 + 1990 + 1992 + 1994$를 계산하여라.

[풀이]

주어진 5개 수의 크기는 비슷하다. 이런 경우 어떤 한 수를 대푯값(기준수)으로 정하고, 다른 수들을 대푯값의 합과 차로 나타낸 후, (대푯값×더하는 수의 개수)+(대푯값과의 합과 차)로 하면 계산이 간편하고 빠르다. $1986+1998+1990+1992+1994$에서 1990을 대푯값으로 정하고 다른 수를 대푯값의 합과 차로 나타내면 $1986=1990-4$, $1998=1990-2$, $1992=1990+2$, $1994=1990+4$이다. 따라서

$$\begin{aligned}(1986+1998+1990+1992+1994) &= (1990-4)+(1990-2)+1990+(1990+2)+(1990+4)\\ &= 5\times 1990+(4+2-2-4)=5\times 1990=9950\end{aligned}$$

이다.

(4) 보수관계가 있는 수들의 덧셈

우선 수들을 자세히 관찰하여 서로 보수관계인 수가 있는지를 살펴본다. 즉 어느 두 수의 합이 100, 1000, 10000, … 등의 10의 배수가 되는 두 수를 찾는다. 보수끼리 덧셈을 하면 간편하고 신속하다. 이 방법이 어떻게 활용되는지 [예 5]에서 알아보자.

예 5 다음을 계산하여라.

$$27+49+18+82+51+73+36$$

[풀이]

다음 두 수끼리의 합은 100이므로 $100+100+100+36=336$이다.

$$27+49+18+82+51+73+36$$

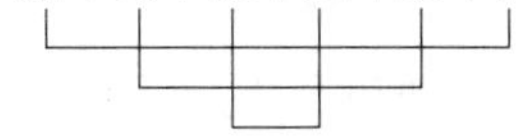

(5) 보수 관계가 없는 수들의 덧셈

어떤 두 수가 보수가 아닌 경우는 다음 계산과 같이 한 수를 두 수로 분해하여 주어진 어떤 수의 보수를 만들어 계산하면 간편하다. 이 방법이 어떻게 활용되는지 [예 6]에서 알아보자.

예 6 다음을 계산하여라.

① $65+75+36$ ② $9998+3+99+998+3+9$

[풀이]

$65+75+36$의 계산에서는 $36=35+1$로 분해한 후 다음과 같이 보수를 만들어서 계산하면 쉽게 답을 구할 수 있다.

① $65+75+36=65+75+(35+1)=(65+35)+(75+1)=100+76=176$

② $9998+3+99+998+3+9=9998+(2+1)+99+998+(2+1)+9$

$=(9998+2)+(1+99)+(998+2)+(1+9)$

$=10000+100+1000+10=11110$

(6) 두 수 이상의 덧셈

몇 개의 수들의 합을 계산할 때 덧셈의 교환법칙과 결합법칙을 적용하여 10, 100, 1000, … 등에 대해 서로 보수인 수끼리 더한 후 나머지 수를 더해 보자.

- 교환법칙: 두 수를 더할 경우에 $(A+B)=(B+A)$와 같이 더하는 순서를 바꾸어 계산해도 결과는 같다. 즉, $(3+7)=10$이고 $(7+3)=10$이므로 $(3+7)=(7+3)=10$이다.
- 결합법칙: 세 수를 더할 경우 $(A+B)+C=A+(B+C)$와 같이 더하는 순서를 바꾸어 계산해도 결과는 같다. 예컨대 $(2+3)+5=5+5=10$이고, $2+(3+5)=2+8=10$이므로 $(2+3)+5=2+(3+5)=10$이다.

(7) 세 수 이상의 연속된 뺄셈

수학적으로 한 수에서 연속적으로 몇 개의 수를 빼는 것은 그 수에서 빼는 수들의 합을 빼는 것과 같다. 또한 반대로 한 수에서 몇 개의 수의 합을 빼는 것은 그 수에서 몇 개의 수를 계속하여 빼는 것과 같다. 예컨대 A, B, C, D가 자연수라 할 때, A에서 B, C, D를 연속하여 빼는 것은 $A-B-C-D=A-(B+C+D)$와 같이 A에서 B, C, D의 합을 빼는 것과 같다. 이 방법이 어떻게 활용되는지 [예 7]에서 알아보자.

예 7 식 52–11–32–7을 계산하여라.

[풀이]

$52-11-32-7=52-(11+32+7)=52-50=2$

(8) 한 수에서 두 수의 차를 빼는 뺄셈

한 수에서 두 수의 차를 빼는 것은 첫 번째 수에서 두 번째 수를 빼고 세 번째 수를 더하는 것과 같다. 반대로 첫 번째 수에서 두 번째 수를 빼고 세 번째 수를 더하는 것은 첫 번째 수에서 두 번째 수와 세 번째 수의 차를 빼는 것과 같다. 예컨대 A, B, C가 자연수일 때, A에서 B와 C의 차를 빼는 것은 $A-(B-C)=A-B+C$와 같이 A에서 B를 뺀 후 C를 더하는 것과 같다. 이 방법이 어떻게 활용되는지 [예 8]에서 알아보자.

예 8 식 253−(153−36)을 계산하여라.

[풀이]

$253-(153-36)=253-153+36,\ 321-193+93=321-(193-93)$

(9) 연속된 세 수의 나눗셈

한 수를 다른 수로 나눈 몫을 다시 또 다른 수로 나누는 것은 첫 번째 수를 두 번째 수와 세 번째 수의 곱으로 나누는 것과 같다. 반대로 한 수를 두 수의 곱으로 나누는 것은 처음 수를 연속하여 두 수로 나눈 것과 같다. 예컨대 A, B, C가 자연수일 경우, A를 B로 나눈 몫을 다시 C로 나누는 것은 $A\div B\div C=A\div(B\times C)$와 같이 A를 B와 C의 곱으로 나누는 것과 같다. 이 방법이 어떻게 활용되는지 [예 9]에서 알아보자.

예 9 식 35000÷625÷8을 계산하여라.

[풀이]

$35000\div625\div8=(35000\div8)\div625=35000\div(625\times8)$

(10) 곱셈과 나눗셈이 연속된 혼합셈

두 수의 곱을 어떤 수로 나누는 것은 승수를 어떤 수로 나눈 몫을 피승수에 곱하는 것과 같다. 예컨대, A, B, C가 자연수일 때, A와 B의 곱을 C로 나누는 것은 $A\times B\div C=A\times(B\div C)$와 같이 A에 B를 C로 나눈 몫을 곱하는 것과 같다. 이 방법이 어떻게 활용되는지 [예 10]에서 알아보자.

예 10 식 1991×432÷216을 계산하여라.

[풀이]

$1991\times432\div216=1991\times(432\div216)$

참고 자료 1 ·· 보수와 보수 구하기

어떤 두 수를 합해 새로운 수가 될 경우에 더하는 두 수를 결과인 수에 대하여 보수 관계에 있다고 한다. 예컨대, 52+48=100에서 100에 대한 52의 보수는 48이며, 48의 보수는 52이다. 또한 321+679=1000에서 1000에 대한 321의 보수는 679이며, 679의 보수는 321이다.

어떤 수의 10의 거듭제곱에 대한 보수는 다음과 같은 원리를 이해하면 쉽게 구할 수 있다. 그 방법은 다음과 같다. 어떤 수의 일의 자리의 수와 그 보수의 일의 자리의 수의 합이 10이고, 그 윗자리들인 십의 자리, 백의 자리, 천의 자리, …에 있는 두 숫자의 합이 9이면 두 수의 합은 10, 100, 1000, … 등과 같은 10의 배수이다. 예컨대, 2678의 보수는 다음 그림과 같이 계산할 수 있다. 2678의 보수에서 일의 자리의 숫자는 10−8=2, 십의 자리의 숫자는 9−7=2, 백의 자리의 숫자는 9−6=3, 천의 자리의 숫자는 9−2=7이므로 이를 계산하면 2678의 보수는 7322이다.

```
  9 9 9 10
−  2 6 7 8 ─┐
──────────   2678의 보수
   7 3 2 2 ←┘
```

제2장

문제해결 전략 지도하기

문제해결은 이전의 경험과 지식, 직관과 통찰, 태도와 신념 등의 다양한 능력들을 통합하고 조정하는 것을 기반으로 하는 고차원적이고 복합적인 사고 활동이다. 지금까지 이루어진 문제해결에 대한 대다수의 연구들은 학교수학에서 문제해결 전략의 지도를 제안하고, 또한 문제해결 전략과 관련된 선행 연구들은 교실 수업에서 전략을 지도함으로써 학생들이 문제를 해결하기 위한 적절한 계획을 수립하는 것을 도울 수 있으며, 이는 문제해결력의 신장으로 이어질 수 있다고 주장한다. 이에 따라 다음은 학교수학에서 지도나 활용이 가능한 일반적인 문제해결 전략을 몇 가지 정리한 것이다.

1. **식 세우기 전략** : 문제해결에 필요한 적절한 연산자를 선택·적용하여 해결하기
2. **예상하고 확인하기 전략** : 해결 과정 및 답을 예상·추측하고 검토하는 단계를 거치면서 해결하기
3. **그림을 그려서 해결하기 전략** : 문제 장면을 정경도, 선분도, 면적도, 구조도, 수직선 등의 그림으로 나타내어 해결하기
4. **표를 만들어 해결하기 전략** : 정보나 수량 사이의 관계를 표로 나타내고, 규칙성을 찾아 해결하기
5. **규칙성을 찾아서 해결하기 전략** : 주어진 정보나 수량 사이의 관계로부터 규칙성을 찾아 해결하기
6. **목록표를 만들어 해결하기 전략** : 주어진 정보를 목록표로 나타내어 자료를 빠짐없이 요목화하여 해결하기
7. **논리적인 추론을 통하여 해결하기 전략** : 정보나 자료 사이의 관계를 이용하여 논리적으로 추론하여 해결하기
8. **단순화하여 해결하기 전략** : 문제 장면을 단순화하거나 작고 간단한 수로 나타내어 해결하기
9. **거꾸로 추적하여 해결하기 전략** : 최종 문제 상황으로부터 초기 장면으로 거꾸로 추적하여 해결하기
10. **실험하거나 실행하여 해결하기 전략** : 실제로 또는 모의실험을 해보고 해결하기

위에 제시한 10가지 전략들은 문제해결 과정에서 기계적으로 적용되는 방법들이 아니라, 문제해결 과정에서 실마리를 찾는 문제해결의 유용한 수단과 도구로 작용하여 학습자들이 의미 있게 문제해결에 접근할 수 있도록 조장하기 위한 것이다. 교실 수업에서 위와 같은 문제해결 전략의 학습과 관련하여 이 전략들을 활용하는 능력을 어떻게 개발시킬 것인가에 대해 세심한 배려와 주의 깊은 지도가 필요하다.

본 장에서는 위에서 제시한 10가지 전략의 특성과 전략의 지도를 위한 사례, 그리고 전략의 지도에 필요한 내용들에 대해서 각 전략별로 언급하고자 한다.

2.1 식 세우기 전략

'식 세우기' 전략은 문제 장면에서 주어진 조건들 사이의 관계를 나타내는 식을 세워 문제를 해결하는 방법으로, 일반적인 수학 문제의 해결에서 주로 사용되는 전략이다. 즉, 식 세우기 전략은 문제 장면을 숫자와 기호 등을 사용한 구체적인 수학적 표현으로 번안한 추상화된 상황에서 주어진 요소들 사이의 관계를 파악함으로써 문제해결의 실마리를 발견하는 전략이다. 또는 식 세우기 전략은 기존에 알고 있는 수학 공식, 원리, 성질 등의 수학적 사실들을 이용하여 문제 조건에 적합한 식을 세워서 문제를 해결하는 전략을 말한다. 따라서 이 전략에서는 문제 상황에 적합하도록 식을 올바르게 세우면 다음 단계들은 알고리즘적으로 진행되므로, 중요한 것은 어떻게 규칙이나 관계를 찾아서 식을 세우는가이다. 즉 문제 상황에서 주어진 조건을 이용한 그림이나 표를 활용하여 비교되는 양들의 관계를 발견하고, 이 관계에 기초한 등식을 세울 수 있어야 한다.

식을 세운다는 것은 문제 조건들의 관계를 수학적 기호를 사용하여 표현하는 것으로, 주어진 문제 상황을 이해하고 있어야 하고, 문제 상황에 적합한 기호와 용어를 사용하여 적절한 식을 구성할 수 있다는 것을 전제로 한다. 따라서 식 세우기에서는 예를 들면 첨가와 합병, 구차와 구잔, 동수누가, 등분제와 포함제와 같은 연산이 지닌 의미에 대한 이해가 선행되어야 한다. 문제 조건을 올바르게 만족하는 식을 세우면 문제 장면이 기호적인 수식으로 치환되고, 세워진 식에 적합한 알고리즘 절차를 적용하여 문제를 해결하여 답을 얻는다. 그렇지만 이것으로 마지막 단계가 끝난 것이 아니다. 답을 얻은 이후에 풀이와 얻은 답을 반성해보고 수정하여 일반화하거나 새로운 문제를 제기하고, 수학적 모델링에서는 구한 답이 원래 문제의 답으로 적절한지를 파악해보며, 필요하다면 현실 상황에 적합하도록 답을 수정하여 실제 맞는 답과 결과를 유도해야 한다. '식 세우기' 전략은 다음과 같은 경우의 문제 장면을 해결하는 데 효율적이다.

- 연산의 적용이 쉬운 경우
- 조건들의 관계를 파악해서 식으로 세우는 것이 용이할 경우
- 미지수가 바로 제시될 경우
- 문제에서 '~와 같다'라는 표현이 있을 경우
- 명시된 조건들이 방정식으로 쉽게 표현될 경우
- 공식을 이용하여 풀 수 있는 경우

식 세우기 전략이 어떻게 사용되는지 알아보기 위해 다음 [예 1]의 문제를 해결해보자.

예 1 연못에 오리 세 마리와 백조 다섯 마리가 있다. 연못에는 오리와 백조가 모두 몇 마리 있는가?

[풀이]

$3+5=8$

참고 자료 1 ·· 전략이란?

Mager(1983)은 전략(strategy)을 '문제 공간에서 해(solution)에 이르는 길(path)을 찾는 기술'로서 정의한다. 또한 전략에 대해서 石田淳一(1986)은 어떤 목적을 달성하기 위한 종합적인 준비 계획 수단 등의 조직적 운용 방법으로, 어떤 일을 처리하는 꾀와 방법을 의미하는 책략 또는 방책 등으로 말한다.

"전략은 문제의 해를 보증해주지는 않지만, 문제의 해에 이르는 길을 안내한다."는 말과 같이 문제해결에서 전략이란 당면한 문제를 해결하려고 할 때에 그 해결의 전반적인 절차나 해결 방법을 발견하는 단서를 얻는 방법, 또는 그 구체적인 수단이라고 할 수 있다. 문제해결은 최종적으로 곤란의 해소이며, 이를 위한 활동은 문제를 분석하고 이해하는 활동이 선행되므로, 문제해결과 관련지어 본다면 전략은 문제를 분석·이해하는 활동과 관련이 있다고 할 수 있다.

참고 자료 2 ·· 학습 환경

다음과 같이 문제해결을 학습하기 위한 교실 환경을 제시할 수 있다.

- 문제해결을 위해 자유롭게 의사소통할 수 있는 환경과 기회를 제공하고, 또한 이를 권고해야 한다.
- 문제해결에서 학생들이 자신의 능력에 대한 자신감과 긍정적인 태도를 갖도록 격려해야 한다.
- 학생들은 알고리즘이 주어진 연산문제나 기본 개념문제와 같이 답이 빨리 구해질 수 있는 문제와, 응용문제나 비정형적인 문제와 같이 답이 빨리 구해지기를 기대할 수 없는 문제들의 차이점을 알 수 있어야 한다.
- 학생들은 어떻게 하면 답을 빨리 구할 것인가보다는 답을 구하기 위해 어떠한 생각을 해야 할 것인가에 더 많은 비중을 두어야 함을 알아야 한다.
- 학생들은 문제해결력을 기르기 위해서 한 가지 방법으로 여러 가지 문제를 풀어보는 것보다는 여러 가지 방법으로 한 가지 문제를 푸는 것이 더 유용함을 알아야 한다.

참고 자료 3 ·· 질문과 연습과 문제

문제는 모든 학생들에게 공통적으로 정의될 수는 없다. 즉, 각각의 학생들이 가지고 있는 과거의 경험, 수학적 지식, 이해력, 인지 능력은 서로 같지 않기 때문에, 모든 학습자의 수준에서 공통적으로 문제를 정의할 수는 없다. 다시 말해, Krulik과 Rudnick(1984)은 동일한 문제라도 학생 개인의 인지적 능력과 정의적 성향에 따라 다음의 세 가지, 즉 질문(question), 연습(exercises), 문제(problem)의 의미를 갖는다고 보고 있다.

- **질문** : 과거에 학습한 내용에 대해 학습 경험을 되살려 대답할 수 있는 것으로, 이미 배운 것을 회상하는 것과 관계가 깊은 물음이나 장면
- **연습** : 어떤 내용을 학습한 후 여기서 얻은 지식을 좀 더 확실히 학습자에게 정착시키기 위한 연습(drill)과 적용(practice) 과정에서의 장면
- **문제** : 학습 경험이 처음으로 이루어질 때의 당면 과제로써, 여러 가지 정보 수집과 해결 방법의 탐구가 이루어지며, 또한 깊은 사고가 요구되는 장면

연습문제

1. 장미꽃 세 송이를 한 묶음으로 하여 20명에게 한 묶음씩 나누어 주려고 한다. 여유분으로 4송이를 더 준비할 때, 장미꽃 몇 송이를 준비해야 하는지 구하여라.

2. 양팔 저울에서 사과 1개와 배 1개는 자몽 1개와 평행을 이룬다. 또한 사과 1개는 배 1개와 오렌지 1개, 그리고 자몽 2개는 오렌지 3개와 평행을 이룬다. 그렇다면 배 1개는 몇 개의 사과와 평행을 이룰지 구하여라.

3. 다음은 조선시대 〈산법통종〉에 나와 있는 문제이다.
"순한 술과 독한 술이 있다. 독한 술 한 병을 마시면 3명이 취하고, 순한 술 3병을 마시면 한 명이 취한다. 그런데 순한 술과 독한 술을 합해서 19병이 있는데 33명이 마셔 모두 취했다. 순한 술과 독한 술은 각각 몇 병씩 있는가?"

4. 어느 학교에서 합격생은 지원자의 $\frac{1}{8}$보다 30명이 더 많았다. 불합격자는 지원자의 $\frac{4}{5}$보다 45명이 더 많았다. 지원자는 모두 몇 명이었는지 구하여라.

2.2 예상하고 확인하기 전략

문제해결 전략이 직접적으로 문제해결을 수행한다고 할 수는 없지만, 문제를 해결할 수 있도록 실마리를 제공하고 안내해주는 역할을 담당한다. 따라서 학생들이 문제해결을 올바르게 수행하기 위해서는 적절한 전략을 선택하고 사용하여 문제해결의 실마리를 찾을 수 있도록 지도하는 것이 필요하다.

'예상하고 확인하기' 전략은 문제를 해결할 때 어떤 근거에 의해 답을 예상 혹은 어림으로 짐작해보고 그 답이 맞는지 확인하는 일을 반복하면서 문제를 해결하는 전략이다. 다시 말해 문제에서 주어진 정보와 조건을 분석한 후, 이를 근거로 하여 '그 답이 얼마일 것이다.'라고 임의로 예상(추측 또는 어림)해보고, 예상한 답이 주어진 문제 조건에 맞는지 확인하는 과정을 거치면서 문제를 해결하는 전략이다. 따라서 문제해결에서 '예상하고 확인하기' 전략은 다음의 두 단계를 거친다.

첫 번째, 문제에서 질문하는 것에 대한 가능한 답을 예상하는 것이다.

두 번째, 확인하기는 문제해결자가 예상한 것이 문제에서 요구하는 것을 만족시키는가를 결정하는 것이다.

예상하고 확인하는 이 두 과정은 해를 얻을 때까지 자신의 예상을 체계적으로 향상시키는 방향에서 계속적으로 진행된다. '예상하고 확인하기' 전략의 특징은 처음에 예상한 답을 확인한 결과 정답이 아닐 경우 오류의 근원을 확인하면서 자신의 생각을 수정·보완하여 새로운 예상과 확인을 반복해가는 과정에서 문제 조건을 만족하는 답을 구하는 것이다. 또한 이 전략은 주어진 문제를 해결하기 위한 적절한 전략이 생각나지 않을 경우에 주로 사용되는 전략으로 매우 초보적인 전략인 동시에 세련되지 못한 전략으로 생각할 수도 있으나, 이 전략은 앞서서 시행한 예상과 확인을 근거로 하여 새로운 예상과 확인을 거듭해가는 과정에서 논리적인 사고력 및 추론 능력과 함께 학습의 지구력을 신장시킬 수 있다.

마지막으로 이 전략은 한 번의 시도로 문제의 답을 얻는 것이 아니라 여러 번의 예상과 확인을 반복해가는 과정, 즉 여러 번의 시행착오를 거치면서 문제 조건을 만족하는 답을 구하게 되므로 넓은 의미에서 '시행착오(trial and error)' 전략도 '예상하고 확인하기' 전략의 한 가지로 볼 수 있다. 일반적으로 '예상하고 확인하기' 전략은 다음과 같은 장면의 문제를 해결하는 데 효율적이다.

- 가능한 답의 수가 제한되어 있을 경우
- 문제에 대한 이해력을 향상시키기를 원할 경우
- 답이 무엇인지 알고 있거나 예상할 수 있을 경우

- 가능한 답을 체계적으로 시도해볼 필요가 있을 경우
- 다른 전략을 사용함으로써 전략 선택의 폭을 좁힐 수 있을 경우
- 문제해결을 위한 적절한 전략이 머리에 떠오르지 않을 경우

이 전략이 어떻게 사용되는지 알아보기 위해 다음 [예 1]과 같은 문제를 풀어보자.

예 1 공원 입장료가 어른은 600원이고, 어린이는 400원이다. 종수는 6600원을 지불하고 입장권을 13매를 샀다. 어른 표는 몇 장을 샀을까?

[풀이]

시행 1	만일 어떤 학생이 종수가 어른 표를 6장 샀을 것이라고 예상했다면 그의 예상이 바른지 확인해보자.	어른 표를 6장 샀다면 어린이 표는 $13-6=7$(장)을 산 것이 된다. 600원짜리 어른 표 6장 값은 $6\times600=3600$(원)이고, 400원짜리 어린이 표 7장 값은 $7\times400=2800$(원)이므로 어른과 어린이 입장료의 합은 $3600+2800=6400$(원)이다. 지불한 돈과 비슷하지만 부족하다. 따라서 어른 표를 6장 샀을 것이라는 처음의 예상은 잘못된 것이다.
	↓	
시행 2	만일 어떤 학생이 종수가 어른 표를 8장 샀을 것이라고 예상했다면 그의 예상이 바른지 확인해보자.	어른 표를 8장 샀다면 어린이 표는 $13-8=5$(장)을 산 것이 된다. 600원짜리 어른 표 8장 값은 $8\times600=4800$(원)이고, 400원짜리 어린이 표 5장 값은 $5\times400=2000$(원)이므로 어른과 어린이 입장료의 합은 $4800+2000=6800$(원)이다. 지불한 돈과 비슷하지만 너무 많다. 따라서 어른 표를 8장 샀을 것이라는 두 번째 예상은 잘못된 것이다.
	↓	
시행 3	처음 예상한 6장은 너무 적고, 두 번째 예상한 8장은 너무 많기 때문에 이를 조정하여 어른 표를 7장 구입했다고 예상하고, 이 예상이 바른지 확인해보자.	어른 표를 7장 구입했다면 어린이 표는 $13-7=6$(장)을 구입한 것이 된다. 600원짜리 어른 표 7장 값은 $7\times600=4200$(원)이고, 400원짜리 어린이 표 6장 값은 $6\times400=2400$(원)이므로 어른과 어린이 입장료의 합은 $4200+2400=6600$(원)이다. 따라서 어른 표를 7장 샀을 것이라는 세 번째 예상은 정답을 이끌어 냈다.

[예 1]의 해결을 위해 위의 [풀이]와 같이 처음 예상한 시행(시행 1, 2)에서 정답을 구하지 못했을 경우, 이를 수정·보완하여 또 다른 시행(시행 3)을 통해 정답을 구할 수 있다. '예상하고 확인하기' 전략에서는 우선 주어진 정보나 조건이 무엇이며 구하려는 것인 무엇인지를 확인하고, 답이 얼마쯤일까를 예상한 후 그 답이 맞는지 확인해보는 과정을 거치도록 해야 한다. 특히 '예상하고 확인하기' 전략에서는 시행착오의 횟수를 줄이기 위해 답이 얼마인지 예상해보는 일이 중요하다.

참고 자료 1 ·· 시행착오

'시행착오' 전략은 실제로 행해보고 여기서 나타나는 오류를 극복하여 다시 행하는 일을 반복함으로써 문제를 해결하는 전략이다. 이 전략은 '우연'에 많이 좌우되는 경향이 있으며, 개인의 문제해결 성향이나 능력에 따라 시행착오의 횟수가 달리 나타난다. 즉 문제해결 능력이 우수한 학생일수록 시행에 대한 착오의 횟수가 적을 수 있다. 또한, '시행착오' 전략은 다음과 같이 분류할 수 있다.

① **직관적인 시행착오** : 이 전략은 문제를 접하는 순간 즉각적으로 답이 얼마일 것이라고 예상하는 방법으로, 문제해결을 위한 방법이 전혀 머리에 떠오르지 않거나 해답을 알고 있을 경우에 활용되는 방법이다.

② **체계적인 시행착오** : 이 전략은 예상한 답을 근거로 하여 정답의 범위를 체계적으로 축소해가는 과정에서 정답에 이르는 방법이다.

③ **추론적인 시행착오** : 이 전략은 문제해결에 관련된 적절한 지식을 사용함으로써 시행 횟수를 상당히 줄인다는 점에서 체계적인 시행착오와는 다르다. 예컨대, "100보다 작은 자연수 중에서 가장 큰 소수는 어떤 수인가?"라는 문제에서 구하려는 수의 일의 자리 수가 0, 2, 4, 6, 8인 수는 소수(素數)가 될 수 없으며, 각 자리 수의 합이 3의 배수가 되는 수도 소수가 될 수 없음을 추론할 수 있다. 따라서 위의 경우가 아닌 997, 995, 991, … 등을 차례로 대입해가면서 답을 찾아보는 것이 추론적인 시행착오 전략이다.

참고 자료 2 ·· 지도상의 유의점

'예상하고 확인하기' 전략의 교육적 가치를 생각해보면 학생들이 주어진 문제를 분석·검토하여 문제해결을 위한 적절한 해결 전략 및 답을 예상(가설 설정)하고, 예상을 검토·수정·보완해가는 문제해결 과정에서 논리적인 사고력, 과제 집착력 등이 신장되는 긍정적인 측면을 지니고 있다. 그렇지만 반복된 시행착오는 수학학습에 대한 흥미를 잃게 하거나 수학은 지루하고 어렵다는 부정적인 인식을 갖게 할 위험성도 내포하고 있다. 따라서 저학년 과정에서의 시행착오 전략은 가급적 단순한 문제 장면에서부터 출발하는 것이 바람직하며, 대치할 수 있는 다른 전략이 있다면 구태여 '시행착오를 거치면서 해결하는 전략'의 강요는 피하는 것이 바람직하다고 할 수 있다.

참고 자료 3 ·· 예상을 위한 발문 방법

'예상하고 확인하기' 전략은 학생이 처음 예상했던 자신의 생각을 수정하는 데 초점을 두고 있다. 학생들에게 문제를 해결하는 데 가장 알맞은 전략을 선택하고 적용하는 능력을 기르기 위해서는 의도적인 학습 경험이 필요하다고 볼 수 있다.

문제해결 과정에서 학생을 돕는 교사의 역할을 살펴보면, 저학년의 경우는 직접 문제를 읽어 주는 지도 활동, 사고를 자극하기 위한 발문을 하는 지도 활동, 학생들끼리 토론하도록 격려하는 지도 활동, 힌트를 제공하는 지도 활동, 토론자의 한 사람으로써 학생들의 토론에 참여하는 지도 활동 등을 수행할 수 있다. 앞에 제시된 [예 1]과 같은 문제를 해결하는 과정에서 다음과 같은 교사의 발문 제시는 학생들의 문제해결에 도움을 제공할 수 있다.

(1) 학생들과 함께 토론하는 과정에서 다음과 같은 질문들은 학생들이 **문제를 이해**하는 데 도움을 줄 수 있다.
① 종수는 무엇을 했는가?
② 어른 입장료는 얼마인가?
③ 어린이 입장료는 얼마인가?
④ 구입한 표는 모두 몇 장인가?
⑤ 지불한 돈은 모두 얼마인가?
⑥ 문제에서 묻는 것은 무엇인가? 즉 무엇을 구하려고 하는가?
⑦ 이 문제를 푸는 데 어떤 전략을 사용하면 될까?

(2) 다음과 같은 발문은 학생들의 **문제해결 과정을 수행**하는 데 도움을 줄 수 있다.
① 너는 어른 표를 몇 장 샀을 것이라고 예상하니? 왜 그렇다고 생각하니?
② 네가 예상한 것을 바꾸어 볼 생각은 없니?
③ 네가 예상한 것은 너무 많지 않니? (혹은 너무 적지 않니?)
④ 다음으로 네가 예상하는 것은 얼마니?
⑤ 만약 ~라면 어떻게 될까?

(3) 문제를 해결한 후에 **반성·검토**하는 단계에서 다음과 같은 발문을 통해 학생들에게 그들이 사용한 전략, 해결 과정을 공개하도록 하고 또 다른 전략이나 해결 과정에 대해서 토론하도록 할 수 있다.
① 네가 예상하는 것과 일치하니?
② 너의 풀이를 친구들에게 설명해보아라.
③ 또 다른 해결 방법은 없을까?

'예상하고 확인하기' 전략을 이용하여 다음 [예 2]를 해결해보자.

예 2 영희는 동화책을 읽고 있다. 지금 읽고 있는 책의 오른쪽과 왼쪽 아래에 쓰인 쪽수를 나타내는 두 수의 곱이 1332가 되었다. 영희가 읽고 있는 동화책의 왼쪽 쪽수는 얼마인가?

[풀이]

〈방법 1〉

- $30 \times 30 = 900$, $40 \times 40 = 1600$이므로 영희가 읽고 있는 쪽수는 30쪽과 40쪽 사이에 있을 것이다.
- 왼쪽의 쪽수를 35라 하면, 두 쪽수의 곱은 $35 \times 36 = 1260$(쪽) …(부족하다)
- 왼쪽의 쪽수를 37이라 하면, 두 쪽수의 곱은 $37 \times 38 = 1406$(쪽) …(너무 크다)
- 왼쪽의 쪽수를 36이라 하면, 두 쪽수의 곱은 $36 \times 37 = 1332$(쪽) …(맞다)

〈방법 2〉

- 쪽수를 나타내는 두 수의 곱의 일의 자리 숫자가 2이므로 연이은 두 수의 곱에서 일의 자리의 숫자가 2인 경우는 (1×2), (3×4), (6×7), (8×9)이다.
- 왼쪽의 쪽수를 11이라 하면, 두 쪽수의 곱은 $11 \times 12 = 132$(쪽) …(부족하다)
- 왼쪽의 쪽수를 21이라 하면, 두 쪽수의 곱은 $21 \times 22 = 462$(쪽) …(부족하다)
- 왼쪽의 쪽수를 31이라 하면, 두 쪽수의 곱은 $31 \times 32 = 992$(쪽) …(부족하다)
- 왼쪽의 쪽수를 33이라 하면, 두 쪽수의 곱은 $33 \times 34 = 1122$(쪽) …(부족하다)
- 왼쪽의 쪽수를 36이라 하면, 두 쪽수의 곱은 $36 \times 37 = 1332$(쪽) …(맞다)

연습문제

1. 직사각형 모양을 한 땅의 둘레가 220m이고, 넓이가 2856m^2이다. 이 땅의 가로와 세로를 구하여라.

2. 두 자연수의 합이 91이다. 그 중 한 수의 절반은 나머지 한 수의 3배와 같다. 두 수를 구하여라.

3. 다음 빈 칸에 1에서 16까지의 수를 써 넣어 가로, 세로, 대각선에 있는 4개의 수의 합이 모두 같도록 하여라.

15			4
	3		5
8			11
1	12		

4. 차가 21이고, 곱이 1696인 두 자연수를 구하여라.

5. 민수는 1800원을 주고 연필과 지우개를 샀다. 지우개 하나는 150원이고 연필 한 자루는 60원이다. 민수가 연필보다 지우개를 더 많이 샀다면 민수는 지우개와 연필을 각각 몇 개씩 샀을까?

2.3 그림을 그려서 해결하기 전략

'그림을 그려서 해결하기' 전략은 문제에 포함되어 있는 정보 및 관계를 장면도, 선분도, 면적도, 구조도, 타일도, 밴도 등과 같은 여러 가지 그림으로 시각화함으로써 문제를 좀 더 명확히 이해할 수 있고, 이 그림을 통하여 직접적으로 문제를 해결하거나 문제해결의 단서를 얻을 수 있는 전략이다. 예를 들어 문제를 읽은 후 주어진 조건이 명백하게 드러나지 않을 경우에 그림이나 도해 등으로 시각화함으로써 문제 상황을 좀 더 현실화·구체화시킬 수 있어서 주어진 조건 사이의 관계를 파악하기 쉽고, 문제에 대한 이해력을 높일 수 있을 뿐만 아니라, 문제해결 전략을 세우는 데 유용하다. 또한 문제 장면을 수학적 그림으로 나타내기 어려운 경우에는 장면이나 조건을 나타내는 기호나 표현을 사용하여 간단한 도식을 그려볼 수도 있다.

그림이나 도식은 특히 다단계 문제해결에서 여러 가지 전략을 이끄는 데 유용하며, 따라서 초등학교 저학년부터 계통적인 그림 지도(장면도 → 선분도 → 면적도 → 밴도 → … 등)가 필요하다. 흔히 '그림을 그려서 해결하기' 전략은 사고 수준이 낮은 단계에서나 적절한 전략으로 취급하는 경향이 있는데, 그림을 그려서 생각한다는 것은 예를 들면 연산의 결정이나 변화의 규칙성 발견 등과 같이 다음 단계로 나아가는 데 있어 유용한 단서를 제공하는 측면에서 볼 때 다양한 수준에서 활용할 수 있는 전략이다. 우리는 실생활에 관련된 문제뿐만 아니라 실생활과 다소 유리된 문제라 할지라도 영상적 이미지나 장면을 시각화시킬 수 있는 문제들을 많이 접하게 된다. 즉, 그림은 시각적인 표현으로 나타나기 때문에 대부분의 문제에서 문제를 더 잘 이해하도록 해주는 장점이 있다. '그림을 그려서 해결하기' 전략은 다음과 같은 장면의 문제를 해결하는 데 효율적이다.

- 실제적·물리적인 상황과 관계가 있을 경우
- 기하적 도형이나 측정과 관련이 있을 경우
- 문제를 더 잘 이해하고 싶을 경우
- 문제에 대한 시각적인 표현이 가능할 경우

이 전략이 어떻게 사용되는지 알아보기 위해서 다음 [예 1]을 해결해보자.

예 1 청개구리 한 마리가 높이가 10m인 나무 꼭대기까지 올라가려고 한다. 이 청개구리는 밤에는 하루에 5m씩 올라갔다가 낮이 되면 잠이 들어 4m씩 미끄러져 내려온다. 이런 비율로 이 청개구리가 나무 꼭대기까지 올라가려면 며칠이 걸리겠는가?

[풀이]

'그림을 그려서 해결하기' 전략은 문제 상황을 그림으로 나타낼 때, 그림을 어떻게 그릴 것인가 하는 방법을 선택하는 것이 중요하다. 즉 문제 장면을 분명히 파악할 수 있도록 그려야 하고, 필요에 따라서는 조건 사이의 관계를 명확히 하기 위하여 알맞은 기호나 명칭을 붙여야 한다.

[예 1]의 문제 상황을 아래와 같은 그림으로 나타낸다면 학생들은 청개구리가 6일째 되는 날 나무 꼭대기에 도달할 것임을 알 수 있다. 학생들은 다음과 같은 그림을 그려봄으로써 청개구리가 하루에 올라가는 실제 거리는 1m라는 것을 알게 될 것이며, 이틀이 지나서는 2m를 올라갔다는 것을 관찰할 수 있을 것이다. 그래서 5일 지나면 청개구리는 5m를 올라 갈 것이므로 6일째 되는 날 청개구리는 5m 지점에서 낮에 5m를 올라가서 10m인 나무 꼭대기에 도달한다는 사실을 알게 될 것이다.

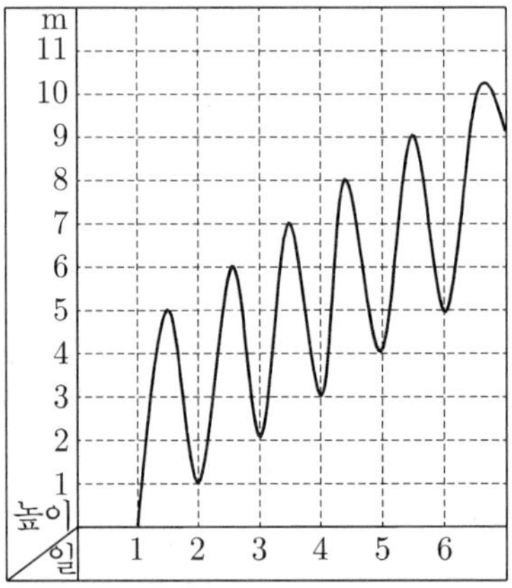

이 문제는 '청개구리 문제' 또는 '우물 문제'라고도 불리는데, 이와 같은 유형의 문제를 해결하는 데 있어 다음과 같은 활동은 학생들에게 많은 도움을 줄 수 있다.

① [문제의 분석] : 문제의 이해를 돕기 위한 질문

- 청개구리가 무엇을 하는가?
- 나무 높이는 얼마인가?
- 밤에는 얼마나 올라갔는가?
- 낮에는 얼마나 미끄러지는가?
- 하루가 지나면 몇 m 올라가는가?

② [사고활동을 돕기 위한 발문] : 문제해결 과정에서 학생들의 사고를 자극하기 위한 발문

- 그림을 그리는 것이 문제해결에 도움이 되는가?
- 정답은 10일이 아닙니다. 왜 그런가?
- 하루가 지난 후 청개구리는 땅에서부터 몇 m 높이에 있는가?

- 이틀 후에는 몇 m 높이에 있는가?
- 사흘 후에는 몇 m 높이에 있는가?
- 규칙성이 있는지 찾아보아라.
- 어떤 규칙이 있는지를 말해보아라.

그림 그리기 전략을 이용하여 해결할 수 있는 [예 2]와 같은 문제를 살펴보자.

예 2 5명의 학생이 달리기를 하고 있다. 영수는 철이보다 1m 앞서서 달리고, 경민이는 영수보다 8m 앞서 있으나 진규보다는 2m 뒤져서 달리고 있다. 또 희진이는 철수보다는 4m 앞서 있으나 경민이보다는 1m 뒤져 달리고 있다.
① 5명이 달리는 순서를 알아보아라.
② 영수와 희진이 중 누가 몇 m 앞서서 달리고 있는가?

[풀이]

① [문제의 이해] : 문제의 이해를 돕기 위해 다음과 같은 질문을 통하여 주어진 정보를 분석하도록 한다.
- 몇 명이 달리기를 하고 있는가?
- 영수는 철이보다 몇 m 앞서 달리고 있는가?
- 경민이는 영수보다 몇 m 앞서 달리고 있는가?
- 경민이는 진규보다 몇 m 뒤져 달리고 있는가?
- 희진이는 철수보다 몇 m 앞서 달리고 있는가?
- 희진이는 경민이보다 몇 m 뒤져 달리고 있는가?
- 문제에서 구하려는 것은 무엇인가?

② [해결 계획 수립] : 다음과 같은 발문은 학생들이 문제해결 계획을 수립하는 데 도움을 줄 수 있다.
- 이전에 이와 비슷한 문제를 풀어본 경험이 있는가?
- 어떤 방법으로 풀 것인가?
- 네가 알고 있는 전략을 이야기해보아라.
- 알고 있는 전략 중에서 이 문제를 해결하는 데 가장 적절하다고 생각하는 전략을 말해보아라.
- 예상하고 확인하기 전략은 도움이 될까? 도움이 되지 않는다면 왜일까?
- 그림을 그려서 해결해보면 어떨까?

③ [계획의 실행] : 주어진 문제에서 달리기를 하고 있는 5명 사이의 순서 및 거리 관계를 그림으로 나타내어 보자.

다음 그림을 참고하여 다음 물음과 같이 차례대로 생각해보자.

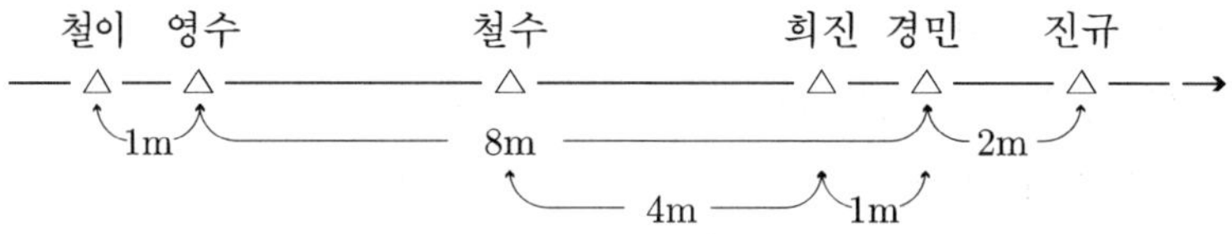

- 영수와 경민이 사이의 거리는 얼마인가?
- 철수와 희진이 사이의 거리는 얼마인가?
- 희진이와 경민이 사이의 거리는 얼마인가?
- 영수와 철수 사이의 거리는 얼마인가?
- 영수와 희진이 사이의 거리는 얼마인가?

④ [반성 및 음미] : 문제해결 과정에서 발생할 수 있는 오류에 대해서 점검하고, 올바른 정답을 결정하기 위해서 다음과 같은 질문은 도움이 될 수 있다.

- 영수와 경민이가 달리는 순서 및 그들 사이의 거리는 바르게 나타냈는가?
- 철수와 희진이가 달리는 순서 및 그들 사이의 거리는 바르게 나타냈는가?
- 희진이와 경민이가 달리는 순서 및 그들 사이의 거리는 바르게 나타냈는가?
- 영수와 철수가 달리는 순서 및 그들 사이의 거리는 바르게 나타냈는가?
- 영수와 희진이가 달리는 순서 및 그들 사이의 거리는 바르게 나타냈는가?
- 5명이 달리는 순서를 알아보아라.
- 5명이 달리는 순서를 바르게 나타냈다고 확신할 수 있는가?
- 영수와 희진이 중 누가 앞서서 달리고 있는가?
- 희진이는 영수보다 몇 m 앞서서 달리고 있는가?
- ①번 답은 얼마인가? 또 ②번 답은 얼마인가?

[정답]

① 제일 마지막으로 달리고 있는 사람부터 차례대로 나타내면 철이, 영수, 철수, 희진, 경민, 진규 순이다.
② 희진이가 영수보다 7m 앞서서 달리고 있다.

- 위에서 말한 답에 대해서 확신할 수 있는가?
- 또 다른 방법으로 해결할 수는 없는가?

참고 자료 1 ·· 전략 목록 만들기

문제해결은 묻는 것이 무엇인지를 알고, 문제해결에 필요한 자료를 모으고, 무엇을 할 것인지를 계획하고, 계획을 수행하여 해답을 구하고, 얻은 해답이 옳은지를 확인하기 위해 검토하는 기술이 필요한 과정이다.

문제해결을 지도할 때, 다음 표처럼 문제해결 전략 목록표를 만들어 활용할 수 있다. 그리고 이

문제해결 전략 목록
1. 적절한 연산자(+, −, ×, ÷)를 선택하기
2. 거꾸로 풀기
3. 예상하고 확인하면서 풀기
4. 단순한 문제로 고쳐서 풀기
5. 그림을 그려서 풀기
6. 규칙성을 찾아서 풀기
7. 표를 만들어서 풀기
8. 식을 세워서 풀기
9. 목록표를 만들어서 풀기
10. 실제로 행하여 보고 풀기
11. 구체물을 조작해보고 풀기
12. 추론해서 풀기
13. 관점을 바꾸어 해결하기

후에 새로운 전략을 만들거나 또는 새로운 전략 습득을 위한 문제를 제시할 경우 그 전략에 적절한 이름을 붙여서 목록표에 추가시키고 학생들이 문제해결을 계획할 때마다 목록표를 참고하도록 지도할 수 있다.

참고 자료 2 ·· 소집단 협력 학습

교실 수업에서 활기찬 학습 분위기를 조성하려면 3~4명이 함께 문제를 해결하는 기회를 제공하는 것이 도움이 된다. 그리고 문제해결에서 집단의 구성은 동질집단보다 이질집단이 효과적일 수 있다. 또한 효과적인 소집단 활동을 하게 하려면 다음과 같은 기본적인 활동 규칙을 정해두는 것이 필요하다.

1. 어떤 학생이든지 반드시 어느 한 집단에는 참여하도록 한다.
2. 서로의 아이디어를 공유하도록 한다.
3. 초기에는 자신이 속한 집단의 구성원끼리만 서로의 의견을 교환하도록 한다.
4. 자신의 생각을 분명히 밝히되 남의 의견을 존중하는 태도를 갖도록 한다.
5. 의사 전달은 간단명료하게 하도록 한다.
6. 의사 전달 수단은 언어뿐만 아니라 그림, 표, 기호, 글, 몸짓 등 여러 가지를 사용하도록 한다.
7. 필요하다면 다른 사람의 도움을 받도록 한다. 그리고 집단이 문제를 해결할 수 없을 경우만 선생님께 도움을 청하도록 한다.

8. 그룹에 도움이 될 수 있는 질문을 아끼지 않도록 한다.
9. 모든 의사 결정은 자기가 속한 구성원이 합의한 내용을 바탕이 되도록 한다.
10. 문제의 답을 발표하기 전 해답에 대해 구성원들의 동의를 얻도록 한다.

연습문제

1. 33층짜리 사무실 건물이 있는데, 한 층의 높이는 10m이며, 엘리베이터는 일정한 속력으로 이동한다. 엘리베이터가 1층에서 5층까지 가는 데 10초 걸렸다면, 엘리베이터가 5층에서 이 건물의 중간층까지 가는 데 걸린 시간은 얼마인가?

2. 수학시험에 20문제가 출제되었다. 답을 맞출 경우에는 4점을 얻고, 틀릴 경우에는 3점을 잃으며, 답을 쓰지 않는 경우에는 2점을 잃는다. 이 시험에서 34점을 얻으려면 몇 문제를 맞춰야 하는가?

3. 한 묶음에 15000원 하는 철조망으로 울타리를 만들면 8m를 만들 수 있고, 각 철조망 묶음을 연결하는 울타리 대는 한 개에 4000원이다. 한 변이 240m인 정사각형 모양의 울타리를 만들려면 돈이 얼마나 필요한가?

4. 물고기의 머리 길이는 몸통 길이의 $\frac{1}{3}$이다. 물고기의 지느러미는 머리 길이와 같고 몸통에 연결되어 있다. 주둥이부터 지느러미 끝까지의 길이가 48cm인 물고기가 있다. 이 물고기의 각 부분의 길이는 얼마인가?

5. 진수는 매일 일정한 속력으로 집에서 학교에 간다. 진수의 집에서 학교까지 거리의 $\frac{1}{3}$지점에 은행이 있고, $\frac{3}{4}$지점에 문구점이 있다. 진수가 은행을 지날 때의 시각은 오전 6시 52분이었고, 문구점을 지날 때의 시각은 오전 7시 2분이었다. 진수가 집에서 학교까지 거리의 $\frac{1}{2}$ 지점을 통과할 때의 시각은 언제인가?

2.4 표를 만들어 해결하기 전략

'표(table)를 만들어 해결하기' 전략은 문제가 한 가지 이상의 특성을 지닌 자료를 포함하고 있을 때에 주어진 수나 정보를 하나의 표에 일목요연하게 나타내어 자료를 조직화하고, 조직화된 자료들 사이의 관계에서 규칙성을 찾아 이를 근거로 문제를 해결하는 전략이다. '표를 만들어 해결하기' 전략은 특히 조건이 함의하고 있는 의미있는 규칙성을 발견하는 데 매우 유용하게 활용되며, 어떤 문제에 한해서는 자료를 표에 나타내면 빠진 수나 정보를 쉽게 찾아낼 수 있을 뿐만 아니라 주어진 자료를 이치에 따라 차례대로 써 넣고 표에 나타난 자료의 검토를 통해서 답을 직접 구하거나, 규칙을 파악하도록 한다는 측면에서 '예상하고 확인하기'나 '규칙성을 찾아 해결하기' 전략 등의 활용에 토대가 된다.

이 전략은 일정한 규칙에 따라 변화하는 양을 찾기, 변화하는 두 양을 서로 대응시키기, 기록하기 등의 활동에서 수량 사이의 관계를 파악하여 문제를 해결하는 것이다. 좀 더 자세히 살펴본다면, '표를 만들어 해결하기' 전략에서는 자료의 대소나 비율, 자료 값의 경향 등에 관련된 '분포'에 착안하거나, 변화의 경향이나 정도 및 대소 등 두 사상의 '변화'에 착안하여 문제해결의 실마리를 찾을 수 있어야 한다. '표를 만들어 해결하기' 전략은 다음과 같은 장면의 문제를 해결하는 데 효율적이다.

- 주어진 자료끼리 일정하게 대응할 경우
- 문제가 일반화 가능한 패턴을 제공할 경우
- 문제가 %, 비, 거리, 넓이, 부피 등과 관련된 속성을 가진 경우
- 확률이나 통계와 같은 주제를 포함하는 경우

이 전략이 어떻게 사용되는지 알아보기 위해서 다음 문제를 풀어보자.

예 1 나무 도막을 이용하여 다음 그림과 같이 계단을 만들려고 한다. 10계단을 만들려면 나무 도막이 모두 몇 개나 필요한가?

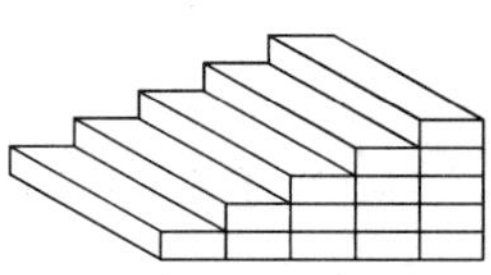

[풀이]

표를 만들기 위해서 문제에 주어진 자료를 이용하여 아래와 같이 표가 유용하게 활용될 수 있도록 항목별로 이름을 명명한다.

계단 수	1					
나무 도막 수	1					

자료의 규칙성을 쉽게 파악할 수 있도록 차례대로 숫자를 써 넣고, 문제에서 주어진 자료들 사이의 관계를 명확히 파악할 수 있도록 표에 기재된 사항들을 검토해보자. 즉, 1계단, 2계단, … 일 때마다 나무 도막이 각각 몇 개씩 필요한지 알기 위해 다음과 같이 표를 만들고 빈 칸에 알맞은 수를 써 넣어보자.

계단 수	1	2	3	4						
나무 도막 수	1	3	6	10						

표에 주어진 자료 사이의 관계를 파악하여 변화의 규칙성을 찾아보자.

계단 수	1	2	3	4	5	…	n
나무 도막 수	1	3	6	10	15	…	$1+2+3+\cdots+n$
규칙	+2 ↗ +3 ↗ +4 ↗ +5 ↗ +6 ↗ …						

표에 나타난 자료에서 계단 수와 나무 도막 수 사이에 어떤 규칙이 있는지 알아보면 다음과 같다.

- 계단 수가 1계단일 때, 필요한 나무 도막 수 : 1
- 계단 수가 2계단일 때, 필요한 나무 도막 수 : $1+2=3$
- 계단 수가 3계단일 때, 필요한 나무 도막 수 : $1+2+3=6$
- 계단 수가 4계단일 때, 필요한 나무 도막 수 : $1+2+3+4=10$

⋮

- 계단 수가 10계단일 때, 필요한 나무 도막 수 : $1+2+3+4+5+6+7+8+9+10=55$

⋮

- 계단 수가 n계단일 때, 필요한 나무 도막 수 : $1+2+3+4+\cdots+(n-1)+n$(개)

∴ 규칙은 만들고자 하는 임의의 계단 수를 n이라 할 때 필요한 나무 도막 수는 $(1+2+3+\cdots+n)$개가 된다. 따라서 주어진 문제의 답은 55개의 나무 도막이 필요하다.

'표를 만들어 해결하기' 전략은 표에 기록된 자료 사이에서 규칙성을 찾는 데 유용하다고 볼 때, 이 전략은 규칙성을 찾아 해결하는 전략을 혼합하여 적절하게 문제에 적용하여 문제를 해결하는 것이 효과적이다. 문제를 해결하는 방법은 유일한 것이 아니므로, 문제에 따라서는 한 가지 전략을 이용하여 해결할 수 있는 문제도 있으나 대부분의 문제는 2가지 이상의 전략을 이용하여 해결할 수 있으며, 문제에 따라서는 2가지 이상의 전략을 혼합하여 해결하는 문제도 있다.

문제해결력 지도의 중요한 목표 중의 하나는 주어진 문제에 대해 여러 가지 해결 전략 중에서 가장 효과적인 전략을 선택하고 적용하여 문제를 해결하는 능력, 즉 가장 적은 노력을 들여서 가장 빨리 해결할 수 있는 능력을 기르는 데 있다. 다음 [예 2]와 같은 문제를 풀어보자.

예 2 쥐는 매우 빠르게 번식하는 동물로, 1달 만에 2마리, 2달 만에 6마리, 3달 만에 18마리, 4달 만에 54마리로 번식한다. 이와 같이 번식한다면 10달 만에는 모두 몇 마리일까?

[풀이]

월	1달	2달	3달	4달	5달	…	10달
쥐 수	2	6	18	54		…	
	×3 →	×3 →	×3 →				

9번 (1달 → 10달)

첫 달부터 10번째 달까지 9번 번식하므로 $2\times3\times3\times3\times3\times3\times3\times3\times3\times3=39366$마리가 된다.

참고 자료 1 ·· 교수·학습 방법

교사의 열정과 교사가 학생의 문제해결에 대해 어떻게 반응하고 보상하느냐 하는 것은 학생들이 문제를 해결하는 습성과 지적·정신적 발달에 커다란 영향을 미친다. 다음의 사실에 관심을 가지고 학생들을 격려하고, 자극을 제공한다면 학생들의 문제해결력 신장에 효과를 가져 올 수 있다.

- 주어진 문제에 대하여 도전 의욕을 가지고 문제해결을 시도해보려는 의지를 가지게 하라.
- 문제는 틀림없이 풀린다는 확신과 올바른 해를 구하기 위해 끝까지 문제해결을 포기하지 않도록 격려하라. 문제의 난이도에 따라 불과 몇 초나 몇 분만에 풀 수 있는 문제가 있는 반면 몇 시간, 며칠이 걸리는 문제가 있다는 사실을 깨닫게 하라.
- 문제해결에 자신의 능력을 신뢰하도록 하라. 모든 문제는 자신의 힘으로 풀 수 있다는 용기와 자존심을 자극하라. 문제해결 과정에서 부딪치는 장애를 극복하는 과정에서 겪는 정신적인 고민과 좌절은 사고력 신장에 필수적인 요소로 작용할 수 있음을 알게 하라.
- 문제해결에서 경직된 사고의 틀을 벗어나도록 하라. 문제를 해결하는 방법은 한두 가지가 아니라 여러 가지가 있다는 사실을 느끼게 하라.

참고 자료 2 ·· 문제해결 지도

문제해결 전략지도에서 교사의 역할을 일반적인 지도(문제해결 단계)와 구체적인 지도(문제해결을 위한 전략)로 나누어 생각해보면 다음과 같다.

❙ 문제해결력 신장을 위한 교사의 일반적인 지도

① 문제의 이해는 성공적인 문제해결의 열쇠이다. 따라서 문제 이해를 위해서는 집단 토론이나 문제를 시각화하는 활동, 문제 장면을 자신의 경험에 근거하여 재진술해보는 활동이 필요하다.

② 문제해결 전략의 습득을 위해서는 주어진 문제를 여러 가지 전략을 이용하여 풀어보게 하거나 학습된 한 가지 전략을 여러 장면의 문제해결에 적용해보는 경험이 필요하다.

③ 학습자들에게 자신이 문제를 해결한 과정에 대해 스스로 질문하고 검토하고 반성하고 또 다른 방법에 대해서 생각해보게 하는 기회와 시간, 환경을 제공해야 한다.

❙ 문제해결력 신장을 위한 교사의 구체적인 지도

① 문제의 난이도가 학생 수준에 알맞게 조정되어야 한다.

② 문제를 해결하는 방법은 유일한 것이 아니라 매우 다양한 방법이 있음을 알게 한다.

③ 문제의 이해를 돕기 위해서는 문제 장면을 그림이나 표 등으로 시각화하거나 구체물 조작을 권고한다.

④ 저학년의 경우는 교사가 문제를 읽어줄 수도 있다. 일부 학생들은 교사가 문제를 읽는 동안에 문제 장면을 자신의 경험과 관련지을 수 있고, 문제 이해 및 해결 전략을 구상할 수도 있다.

⑤ 문제해결 과정에서 발생하는 오류에 대해 지나친 간섭이나 강요는 학생의 사고력을 저하시킬 수 있다. 학생에게 자신의 풀이 과정을 설명하도록 하여 스스로 오류를 발견하게 하거나 힌트를 제시하여 풀이 과정을 자극하도록 한다.

⑥ 실생활과 관련된 문제라 하더라도 인위적으로 조작한 정보를 제공할 것이 아니라 실제적인 정보(수량, 통계치, 그림, … 등)를 제공한다.

⑦ 문제에서 조건이 과다하거나 부족한 장면을 제시하여 문제해결에 필요한 정보를 선택하거나 수집·보완하는 경험을 제공한다.

⑧ 문제해결 과정을 녹음, 녹화한 자료를 학습자에게 다시 보여줌으로써 학습자 스스로 자신의 문제해결 과정을 반성해보도록 한다.

참고 자료 3 ·· 문제가 갖출 기본요건

문제해결력을 기르기 위한 문제는 적어도 다음과 같은 조건을 갖추어야 한다.

① 흥미와 호기심, 도전 의식을 자극할 수 있는 문제이어야 한다. 이를 위한 문제 장면은 지극히

실생활에 유용한 문제 상황으로부터 이끌어 내야 한다. 학생들은 그들의 경험이나 호기심과 전혀 관련이 없는 문제에 대해서는 아무런 문제의식을 느끼지 않을 뿐만 아니라 '왜 문제를 풀어야 하는지', '이러한 문제를 해결함으로써 어떠한 유용성이 있는지'조차도 생각하지 않고 아무런 의미 없이 '책이나 문제집에 나와 있으니까!' 또는 '선생님이나 부모님이 풀어라!'고 하니까 그저 의미 없이 기계적인 방법으로 문제를 해결하려고 하며, 문제를 해결하다가 장애에 부딪쳤을 경우 쉽게 문제해결을 포기하는 경우가 있다. 이러한 경험의 반복은 결국 학생들이 수학에 대한 부정적인 태도를 갖게 할 뿐만 아니라 수학학습 그 자체를 기피하는 현상을 불러일으킬 수 있다.

② 문제 수준이 학생의 능력에 알맞아야 한다. 학생의 학습 능력에 비해 문제가 너무 어렵거나 너무 쉬울 경우 학생들은 문제해결 자체를 포기할 수 있다. 문제는 학습자의 지적 활동이나 이전 학습에서 얻은 지식·상황을 조직할 수 있는 능력을 바탕으로 일단은 학습자에게 이해될 수 있는 성질의 것이어야 하며, 구체적이거나 확실한 해결 방법이 즉시 떠오르지 않아서 처음에는 당혹감을 느끼지만 여러 가지 해결 방안을 시도하는 과정을 거쳐 결국에는 올바른 해에 도달할 수 있는 과제이어야 한다.

연습문제

1. 진규가 만든 블록집은 지붕이 1개일 때, 기둥은 5개이다. 또한 지붕이 2개일 때, 기둥은 9개이다. 지붕이 3개일 때, 기둥이 13개라면 지붕이 11개일 때, 몇 개의 기둥이 필요한지 구하여라.

2. 60원짜리 우표와 80원짜리 우표를 섞어서 7장을 500원에 살 때, 60원짜리와 80원짜리 우표의 장수를 각각 구하여라.

3. 어떤 자연수에 4를 더하여 3배 하면 23보다 크지만, 27보다 크지는 않다. 이런 자연수를 모두 구하여라.

4. 300원짜리 우표 x장과 100원짜리 우표 y장을 1200원에 샀을 때, x와 y 사이의 규칙을 말하여라.

2.5 규칙성을 찾아서 해결하기 전략

'규칙성을 찾아서 해결하기' 전략은 문제해결 상황에서 가장 많이 사용되는 전략 중 하나로, 규칙성을 인식하고 이를 문제 상황에 적용함으로써 문제를 해결할 수 있는 전략이다. 이 전략은 어떠한 사실을 순서에 따라 시행한 결과나 변화의 상태, 모양을 표에 기록하고 표에 기록된 양 사이의 관계로부터 규칙성을 찾음으로써 새로운 정보를 예상·추론하는 데 유용하다. 또한 '규칙성을 찾아서 해결하기' 전략은 문제에서 체계적인 목록으로 만들어 규칙성을 찾거나 일반화될 때 유용하다. 문제 장면에서 활용되는 대부분의 전략들이 실마리를 찾는 과정에서 깊은 사고와 통찰을 요구하는 반면에 '규칙성을 찾아서 해결하기' 전략이 활용되는 문제들은 답을 직접 구할 수 있는 경우가 다수 존재한다. '규칙성을 찾아서 해결하기' 전략은 다음과 같은 장면의 문제를 해결하는 데 효과적이다.

- 자료의 목록이 주어져 있을 경우
- 수의 연속이나 수열과 관련될 경우
- 복잡한 문제를 다룰 때 특별한 경우를 표로 나타내는 것이 도움이 될 경우
- 예상하거나 귀납적인 결과를 만들도록 요구받을 경우
- 정보가 표와 같이 체계적인 방법으로 표현되어 있거나 나타날 경우

규칙성을 찾아서 해결하기 전략의 특징을 알아보기 위해서 다음과 같은 문제를 풀어보자.

예 1 진수는 2주일 동안 아버지 구두를 닦아주고 용돈을 받기로 하였다. 다음 2가지 방법 중에서 어느 방법으로 받으면 더 많은 용돈을 받을 수 있을까?

방법 1 : 한 번에 16000원을 받는다.
방법 2 : 첫날은 1원, 둘째 날은 2원, 셋째 날은 4원, 넷째 날은 8원, … 처럼 다음날 받는 돈은 전날 받은 돈의 2배씩 받는다.

[풀이]

〈방법 1〉 일반적으로 학생들은 [표 1]과 같은 표를 만들어 돈을 받은 날 수와 그 날 받게 될 용돈을 적어 넣은 후 첫날부터 14일째 되는 날까지 받을 돈의 합을 구하는 방법을 이용해 문제해결을 시도한다.

[표 1]

날 수	1	2	3	4	5	…
받은 돈	1원	2원	4원	8원	16원	…

1+2+4+8+16+…+8192=16383(원)

〈방법 2〉 또 다른 방법으로 '다음날은 전날의 2배씩 받는다.'는 사실에서 학생들은 [표 2]를 이용하여 또 다른 규칙성을 찾을 수 있을 것이며, 이를 이용하면 위의 방법보다 좀 더 간편하게 구할 수 있다. 매일 받게 되는 돈의 액수는 날 수를 나타내는 수보다 1 작은 2의 거듭제곱으로 나타내면 14일째 받을 돈의 액수는 $2\times2\times2\times2\times2\times2\times2\times2\times2\times2\times2\times2\times2=8192$(원)임을 알게 될 것이다.

[표 2]

날 수	1	2	3	4	5	…
받은 돈	1원	2원	4원	8원	16원	…
	↑ 1	↑ 2	↑ 2×2	↑ 2×2×2	↑ 2×2×2×2	↑ …

〈방법 3〉 시간과 노력을 절약하기 위한 또 다른 방법의 하나로써 [표 3]을 만들어 표에 주어진 자료에서 '규칙을 찾아서 해결하는 방법'에 대해 토의하게 함으로써 좀 더 간편한 방법으로 문제를 해결하게 할 수도 있다. 즉 14일째 되는 날까지 받을 수 있는 용돈의 합계는 15일째 되는 날 받은 돈보다 1원이 적음을 알 수 있다. 매일 받는 돈의 합을 구하면 14일 동안 받을 돈은 16383(원)임을 구할 수 있다.

[표 3]

날 수	1	2	3	4	5	…
받은 돈	1원	2원	4원	8원	16원	…
합계	1	3	7	15	31	
규칙	+2 ↗	+4 ↗	+8 ↗	+16 ↗	+	

위와 같이 규칙성을 찾는 활동은 학생들에게 귀납적인 추론을 통하여 문제를 해결하는 능력을 신장시킬 수 있다. 또 다른 형태로 [예 2]와 같은 문제를 풀어보자.

> **예 2** 대식이는 40원짜리 우표와 60원짜리 우표를 합쳐 14장 사고 680원을 지불하였다. 대식이는 40원짜리 우표와 60원짜리 우표를 각각 몇 장씩 샀는가?

[풀이]

60원짜리가 14장이었을 경우부터 생각하여 표로 나타낸다.

40원짜리 우표(장)	0	1	2	3	4	5	6	7
60원짜리 우표(장)	14	13	12	11	10	9	8	7
대금(원)	840	820	800	780	760	740	720	700

따라서 40원짜리 우표 8장과 60원짜리 우표 6장이다.

참고 자료 1 ·· 문제 유형

학생들의 문제해결력 신장을 위해서는 제시되는 문제가 학생 수준에 알맞아야 하며, 문제해결 과정에서 일정한 수준의 장애를 느낄 수 있는 문제이면서, 다양한 장면의 문제를 해결해보게 할 필요가 있다. 문제 유형은 여러 형태로 분류할 수 있으나, Charles와 Lester는 다음과 같은 6가지 유형으로 문제를 분류한다.

① 연습 문제(drill exercise) : 사칙 연산의 연습으로 단순하고 형식화된 문제

예 74 ± 36, 234×16, $1332 \div 24$

② 단순한 적용 문제(simple translation problem) : 단 하나의 연산자를 적용하여 해결하는 1단계(one step) 문제

예 인호의 키는 민수의 키보다 7cm가 크다. 인호의 키가 154cm이면 민수의 키는 몇 cm인가?

③ 복잡한 적용 문제(complex translation problem) : 2개 이상의 연산이나 수식이 필요한 다단계(multiple step) 문제

예 가로가 6cm이고, 가로와 세로의 비가 3 : 4인 직사각형의 넓이와 둘레를 구하여라.

④ 과정 문제(process problem) : 한두 개의 수식으로 해결할 수 없는 문제로써 답을 구하기 위해 하나 이상의 전략을 사용하여 해결할 수 있는 문제. 과정 문제는 답 그 자체보다는 답을 구하는 과정을 중시한다.

예 대석이는 100원짜리, 50원짜리, 10원짜리 3종류의 동전을 이용하여 과자를 300원어치 샀다. 돈을 지불하는 방법을 모두 구하여라.

⑤ 응용문제(applied problem) : 수학의 유용성과 가치를 느끼게 하는 문제로써 실생활 장면에서 자료를 모으고 분석하여 수학적 개념이나 원리, 공식을 이용하여 해결하는 문제

예 한 권에 100원짜리 공책을 사는데 A문구점에서는 10권을 사면 한 권을 덤으로 더 주고, B문구점에서는 한 권 값을 할인해준다고 한다. 어느 문구점에서 사는 것이 얼마나 더 이익일까?

⑥ 퍼즐(puzzle) : 번뜩이는 통찰력이나 우연한 추측을 통해 종종 해결되는 문제로써 단순한 기하적인 모형이나 숫자를 이용하여 해결하는 유형의 문제

예 0부터 9까지의 숫자카드로 49067과 58132의 두 수를 만들었다. 49067에서 한 수와 58132에서 한 수를 서로 바꾸게 되면 아래에 있는 수가 위의 수의 2배가 된다고 한다. 바꾼 두 수를 찾아보아라.

참고 자료 2 ·· 짝과 함께 학습하기

학생들의 문제해결력을 신장시키기 위해서는 개개인에게 문제를 제공하는 것보다는 두 사람씩 짝지어 함께 해결해보도록 하는 것이 효과적일 수 있다. 다음과 같은 방법의 활용을 통해 두 학생들의 관계를 유지하면서 학습의 효율을 높일 수 있다.

- 학습 능력이 상위 수준의 학생과 보통 수준의 학생이 함께 활동을 수행하도록 한다.
- 학습 능력이 보통 수준의 학생과 하위 수준의 학생이 함께 활동을 수행하도록 한다.
- 각 조에는 자료(교과서, 계산기, 연습장 등)를 한 세트만 제공하여 두 학생이 함께 사용하도록 한다.
- 두 학생이 구한 답을 분석하고 설명함에 있어서 서로의 의견이 일치하도록 각자를 격려한다.

참고 자료 3 ·· 말하기와 듣기 지도

문제를 해결하는 능력과 자신감을 북돋우기 위해서 다음과 같이 질문하거나 청취하는 방법을 지도해야 한다.

- 문제해결에 관해 학생들 각자가 생각하는 방법을 이야기할 수 있는 기회와 환경을 제공한다.
- 문제해결을 위해 필요한 경우 힌트를 제공받을 수 있는 질문을 할 수 있다.
- 문제를 좀 더 잘 이해할 수 있도록 발문과 질문을 적절히 사용하도록 격려한다.
- 학생들이 구한 답을 분석하고 설명하는 데 용기를 갖도록 격려한다.
- 다른 사람의 생각을 듣는 활동을 통해서도 학습할 수 있다는 사실을 깨닫도록 지도한다.

연습문제

1. 구름 속에 감추어진 흰 구슬과 검은 구슬은 각각 몇 개일까?

2. 한글 자음 사이에 다음과 같이 일정한 규칙에 따라 별표를 한다면 ㅈ과 ㅌ 사이에는 별표가 모두 몇 개 있겠는가?

ㄱ☆☆ㄴ☆☆☆☆ㄷ☆☆☆☆☆☆ㄹ☆☆☆☆☆☆☆ㅁ☆☆☆☆☆☆☆…

3. 다음 그림과 같이 한글 자음이 적힌 팻말에 일정한 규칙에 따라 ㄱ부터 ㅎ까지 ♤모양을 그려 놓았다. ㅅ부터 ㅊ 사이에 그려진 ♤모양의 수는 모두 몇 개인가?

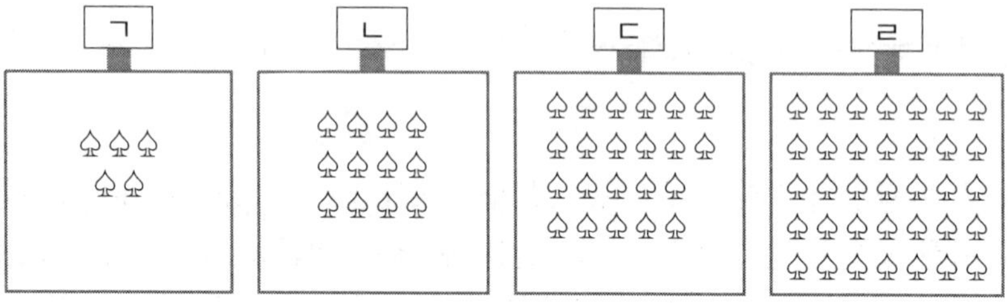

4. 계산을 하지 말고 다음 □ 안에 들어 갈 수를 구하여라.

$9 \times 1 + 2 = 11$	$1 \times 8 + 1 = 9$	$3 \times 37037 = 111111$
$9 \times 12 + 3 = 111$	$12 \times 8 + 1 = 98$	$6 \times 37037 = 222222$
$9 \times 123 + 4 = 1111$	$123 \times 8 + 1 = 987$	$9 \times 37037 = 333333$
$9 \times 1234 + 5 = 11111$	$1234 \times 8 + 1 = 9876$	$12 \times 37037 = 444444$
$9 \times 12345678 + 9 = \square$	$\square \times 8 + 1 = 987654321$	$\square \times 37037 = 999999$

2.6 목록표를 만들어 해결하기 전략

'목록표(list)를 만들어 해결하기' 전략은 매우 많은 양의 자료를 처리하거나 모든 가능성을 전체적으로 고려해야 할 문제 장면인 경우에 주어진 정보를 조직화하여 일목요연하게 목록표로 나타냄으로써, 반복을 피하고 자료의 누락을 방지하기 위해 사용하는 전략이다. 주어진 조건을 만족하는 것이 다수인 경우에 각각의 경우를 차례대로 구하거나 여러 가지 경우를 정리하여 간단명료하게 나타내는 '목록표를 만들어 해결하기' 전략은 각 경우에 부합하는 타당한 문제해결 전략이면서, 사용되는 표현 도구로는 목록표, 분류표, 분포도, 수형도 등이 있다. 어떤 문제에 한해서는 조직화된 목록표에서 직접 해답을 도출하거나 문제를 해결하는 데 필요한 규칙을 바로 찾을 수도 있다. '목록표를 만들어 해결하기' 전략은 다음과 같은 장면의 문제를 해결하는 데 효율적이다.

- 정보가 쉽게 조직화되고 드러날 경우
- 자료가 쉽게 생성되고 일반화될 수 있는 경우
- '예상하고 확인하기' 전략을 사용하여 얻은 결과를 목록표로 만들 경우
- 문제의 질문에 '얼마나 많은 방법'과 같은 형태가 있는 경우
- 규칙이나 공식에 의해 생성된 수에 관해 배울 경우

문제해결에서 이 전략이 어떻게 사용되는지 살펴보자.

예 1 인수네 반 남학생 중에서 씨름을 잘하는 사람은 인수, 병수, 경수, 종수, 용수 등 5명이다. 이 중에서 가장 씨름을 잘하는 사람을 한 사람 뽑아서 학급 대표 선수로 출전시키기로 하였다. 각각의 선수는 다른 사람과 적어도 한 번씩 시합을 해야 한다면, 대표 선수를 뽑기 위하여 시합을 모두 몇 번 해야 하는가?

[풀이]

이런 유형의 문제를 풀기 위해서는 목록표를 만들어 해결하면 각각의 선수가 중복되거나 빠지는 일이 없이 일목요연하게 정리할 수 있다.

먼저, 인수가 다른 모든 선수들과 시합하는 경우를 짝지어 보면, (인수-병수), (인수-경수), (인수-종수), (인수-용수)의 4가지이다. 위와 같은 방법으로 생각하고 하나의 목록표로 나타내면 다음 쪽 표와 같다.

이 목록표에서 인수와 병수가 시합한 경기를 나타낸 (인수-병수)와 병수와 인수가 시합한 경기를 나타낸 (병수-인수)는 같은 경기를 의미한다. 따라서 4명 중에서 학급 대표 선수를 뽑으려면 10번의 경기를 해야 한다. 따라서 답은 10경기이다.

	인수	병수	경수	종수	용수
인수		인수-병수	인수-경수	인수-종수	인수-용수
병수	병수-인수		병수-경수	병수-종수	병수-용수
경수	경수-인수	경수-병수		경수-종수	경수-용수
종수	종수-인수	종수-병수	종수-경수		종수-용수
용수	용수-인수	용수-병수	용수-경수	용수-종수	

참고 자료 1 ·· 수형도를 그려서 해결하기

주어진 정보의 누락이나 중복하여 처리하는 것을 피하기 위해 어떠한 사건이 일어날 경우를 조리 있고 체계적으로 정리하는 방법으로 '수형도(tree diagram)'를 그려서 해결하는 전략이 있다. 이 전략은 '그림을 그려서 해결하기' 전략의 하부 전략으로 여길 수 있으나, 자료를 체계적으로 정리해 간다는 관점에서 '목록표를 만들어서 해결하기' 전략의 하부 전략으로 간주할 수 있다. 수형도는 다음 [예 2]의 [풀이]처럼 어떤 사건이 일어나는 모든 경우를 나무가 가지를 뻗는 것처럼 나뭇가지 모양의 계통그림으로 그린 것을 말한다. 수형도를 그려서 해결하는 유형의 문제를 풀어보자.

예 2 [1], [2], [3], [4] 4개의 숫자를 한 번씩 사용하여 번호가 서로 다른 수영 회원권을 만든다면 모두 몇 개를 만들 수 있을까? 위와 같은 문제를 문제 장면을 생각해보자.

[풀이]

〈방법 1〉 [1], [2], [3], [4] 4장의 숫자로 만들 수 있는 수는 네 자리의 수이다. 먼저 천의 자리에 숫자 [1]를 썼다면, 백의 자리에 쓸 수 있는 숫자는 [2], [3], [4] 3장이다. 두 번째로 백의 자리에 [2]를 썼다면 십의 자리에 쓸 수 있는 숫자는 [3]과 [4]이다. 세 번째로 십의 자리에 [3]을 썼다면 일의 자리에 쓸 수 있는 숫자는 [4]이다. 이것을 하나의 표로 나타내면 다음과 같다.

천의 자리	백의 자리	십의 자리	일의 자리	회원 번호
[1]	[2]	[3]	[4]	⇒ 1234
		[4]	[3]	⇒ 1243
	[3]	[2]	[4]	⇒ 1324
		[4]	[2]	⇒ 1342
	[4]	[2]	[3]	⇒ 1423
		[3]	[2]	⇒ 1432

위와 같은 방법으로 천의 자리에 쓸 수 있는 숫자부터 차례대로 생각하면, 위와 같은 표를 4가지 만들 수 있으므로 번호가 서로 다른 회원권을 $6 \times 4 = 24$(개)를 만들 수 있다.

〈방법 2〉 천의 자리에 쓸 수 있는 숫자는 [1], [2], [3], [4] 4장이고, 이 중에서 어느 한 숫자를 천의 자리에 썼다면, 백의 자리에 쓸 수 있는 숫자는 3장이며 이 중에서 어느 한 숫자를 백의 자리에 썼다면, 십의 자리에 쓸 수 있는 숫자는 나머지 2장이며, 이 중에서 어느 한 숫자를 십의 자리에 썼다면 일의 자리에는 마지막 남은 1장을 사용해야 한다. 따라서 이것을 하나의 식으로 나타내면 $4 \times 3 \times 2 \times 1 = 24$(개)이다.

예 3 진영이는 3가지 색깔(빨간색, 노란색, 분홍색)의 티셔츠와 2가지 색깔(흰색, 파란색)의 바지가 있다. 진영이가 서로 다른 차림으로 옷을 입는다면 모두 몇 가지 방법이 있을까?

[풀이]

진영이가 입을 수 있는 옷차림을 (티셔츠-바지)처럼 순서쌍으로 나타내면 (빨간색-흰색), (빨간색-파란색), (노란색-흰색), (노란색-파란색), (분홍색-흰색), (분홍색, 파란색)의 6가지 차림을 할 수 있다.

'목록표를 만들어 해결하기' 전략은 조합에 관한 문제([예 1]), 순열에 관한 문제([예 2]), 합의 법칙과 곱의 법칙 같은 계산 원리에 관한 문제([예 3]) 등을 해결하는 데 유용한 전략으로 활용될 수 있다. 위의 [예 1]에서 [예 3]의 풀이와 같이 형식화된 공식이나 원리를 이용하지 않고 문제를 해결하기 위해 목록표를 만들어 해결하는 전략을 이용해본 경험은 이후에 순열, 조합 등의 개념이나 공식에 관한 학습에 영향을 주는 가치 있는 문제해결 활동이다.

참고 자료 2 ·· 조건이 과부족인 문장제

문제해결 능력은 문제를 이해하는 능력, 구하려는 것이 무엇인지를 분명히 파악하는 능력, 관련된 자료를 모으고 해결 계획을 세우는 능력, 계획을 수행하여 해답을 구하는 능력, 얻은 해답이 옳은지를 확인하기 위해 검토하는 능력을 획득함으로써 발달되는 것이다. 학생들에게 문제 장면과 관련된 자료를 처리하는 능력을 발달시키기 위해서는 다음과 같은 지도가 수반되어야 한다.

- 불충분한 자료가 제공된 문제 : 주어진 문제 상황에서 문제해결에 필요한 일부 자료를 제공하지 않음으로써 문제해결에 필요한 자료를 찾아내게 한다.

예 4 한 자루에 200원짜리 연필 4자루와 한 자루에 300원짜리 볼펜을 샀다. 돈을 얼마 지불해야 하는가? 위 문제해결에서 부족한 정보는 무엇인가?

[풀이]

풀이는 각자 해결해보자.

• 여분의 자료가 제공된 문제 : 필요 이상의 자료를 제공해주고 문제해결에 필요한 자료를 선택 또는 불필요한 자료를 찾도록 한다.

예 5 한 자루에 200원짜리 연필 4자루와 한 자루에 300원짜리 볼펜 3자루와 한 개에 500원짜리 아이스크림을 2개 샀다. 학용품 값은 모두 얼마인가? 위 문제해결에서 필요 없는 정보는 무엇인가? 혹은 위 문제해결에서 필요한 정보는 무엇인가?

[풀이]

풀이는 각자 해결해보자.

• 대안적인 자료를 선택할 수 있는 문제 : 몇 개의 자료를 제공해주고 가장 적절한 자료를 선택 · 적용해보게 한다.

예 6 서울에서 대구까지 거리는 380km이다. 진호네 승용차는 기름 1L로 10.5km를 달릴 수 있다. 새마을호 요금은 1인당 18300원이고, 기름 1L는 1050원이며, 고속도로 통행료는 13800원이다. 진호네 가족 3명이 서울에 다녀오려고 한다. 어떤 교통 수단을 이용하는 것이 경비를 절약할 수 있을까?

[풀이]

풀이는 각자 해결해보자.

참고 자료 3 ·· 문제 변형하기

문제해결 능력을 신장시키기 위해서 주어진 문제를 해결한 후에 문제를 변형시키는 방법에는 여러 가지가 있다. 예컨대, 다음의 [예 7]처럼 주어진 정보를 변형시키든가, 새로운 정보를 추가한 새로운 장면의 문제를 해결해보는 경험을 갖게 하는 것은 문제해결력 신장에 매우 유익하다. 문제를 변형시키기 위해서는 우선 주어진 문제 및 해결의 특성을 파악하고, 그 특성을 변형하여 새로운 문제를 만들 수 있다. 이러한 활동을 통해서 학생들은 문제의 핵심에 초점을 맞추는 것을 익히며, 문제의 다른 추가적인 정보에 대해서도 생각해볼 수 있는 기회를 갖는다. 다음 [예 7]을 활용하여 새로운 문제를 만들어보자.

예 7 8명의 탁구 선수가 서로 다른 선수와 한 번씩 경기를 하여 최우수 선수를 뽑으려고 한다. 경기를 모두 몇 번이나 해야 하는가?

[풀이]

풀이는 각자 해결해보자. [예 7]은 다음과 같이 변형할 수 있다.

[변형 1] 문제의 구성 요소 바꾸기

예 연못 둘레에 8개의 말뚝을 박은 후, 이웃하는 두 말뚝 사이를 하나의 끈으로 연결하려고 한다. 끈은 모두 몇 개가 필요한가?

[변형 2] 수량 바꾸기

예 12명의 탁구 선수가 서로 다른 선수와 한 번씩 경기를 하여 최우수 선수를 뽑으려고 한다. 경기를 모두 몇 번이나 해야 하는가?

[변형 3] 문제 장면 바꾸기

예 8명의 탁구 선수가 서로 다른 선수와 한 번씩 경기를 하여 최우수 선수를 뽑으려고 한다. 각 선수는 질 때까지 경기를 계속하게 되는데 경기에서 진 선수는 더 이상 경기를 갖지 않는다. 경기를 모두 몇 번이나 해야 하는가?

[변형 4] 주어진 것과 원하는 것 바꾸기

예 한 탁구 대회에서 각 선수는 다른 선수와 한 번씩 경기를 하여 모두 66경기를 하였다. 이 경기에 참가한 선수는 모두 몇 명인가?

[변형 5] 불필요한 정보 첨가하기

예 8명의 탁구 선수가 서로 다른 선수와 한 번씩 경기를 하여 최우수 선수를 뽑으려고 한다. 모든 경기는 토요일과 일요일에 하며 참가비는 1인당 1500원이다. 모두 몇 경기를 해야 하는가?

[변형 6] 문제 장면이나 구성, 수량, 조건, 혹은 원하는 정보와 주어진 정보의 변화 결합하기

예 태근이네 분단의 학생은 모두 12명인데 그 중에서 남학생이 7명이고 여학생이 5명이다. 남학생들은 각각의 여학생들과 한 번씩 짝이 되어 2인용 자전거를 타려고 한다. 자전거를 모두 몇 번이나 타야 할까?

참고 자료 4 ·· 문제의 소재

성공적인 문제해결을 가능하게 하는 첫 번째 요인은 문제 장면에 흥미와 호기심을 갖도록 하는 것이다. 다음과 같은 시도를 통해 문제해결 동기를 유발하고 흥미를 갖도록 지도할 수 있다.

- 문제를 만들기 위해 학생 개인 및 지역에 관련된 소재를 이용한다.
- 학생이 만든 문제를 이용한다. 한 학생이 만든 문제를 다른 학생이 풀면 서로 흥미를 가질 수 있다.
- 흥미로운 소재를 이용한 문제를 제공한다. 예컨대, 학생들이 관심을 갖는 기네스북, 방송, 상품 안내서 등의 자료를 이용할 수 있다.

연습문제

1. 태근이는 학교에 가려면 반드시 우체국 앞을 지나가야 한다. 태근이네 집에서 우체국까지 가는 길이 세 갈래이고, 우체국에서 학교까지 가는 길이 두 갈래이다. 태근이가 학교까지 가는 길은 모두 몇 가지인지 구하여라.

2. 각 변의 길이가 자연수일 때, 둘레가 12cm인 삼각형은 모두 몇 개인지 구하여라.

3. 재성이는 다음 그림과 같은 과녁에 3개의 화살을 쏘아 모두 과녁을 맞추었다. 상을 타기 위해서는 총점이 66점 또는 75점이 되어야 한다. 재성이가 상을 받을 수 있는 경우는 모두 몇 번인지 구하여라.

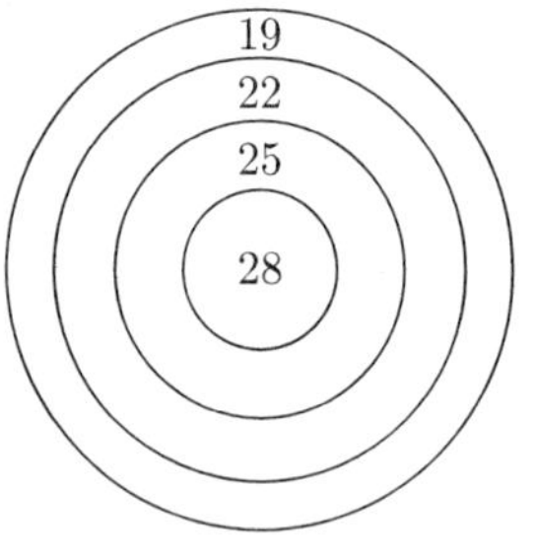

4. 세 명의 여학생이 10개의 동전을 나누어 가지되 각자 적어도 동전을 1개씩 가지도록 하는 방법은 모두 몇 가지인지 구하여라.

5. 3개의 상자 X, Y, Z 속에 구슬이 4개 이상 들어 있다. 3개의 상자 속에 들어 있는 구슬 수의 합은 36개이다. X상자에 들어 있는 구슬은 홀수 개인데 그 개수는 Y상자와 Z상자에 들어 있는 수의 2배이다. 상자 Z에 들어 있는 구슬은 최소한 몇 개인지 구하여라.

2.7 논리적인 추론을 통하여 해결하기 전략

'논리적인 추론을 통하여 해결하기' 전략은 문제 상황에서 정답이 될 수 있는 여러 가지 사실들이 주어진 조건을 만족하는지를 이치에 따라 차근차근 점검해보고, 불가능한 사실을 제거해가면서 조건을 만족시키는 사실에 이를 때까지 한 단계씩 차례로 고찰해가는 전략이다. 이 전략은 '그림을 그려서 해결하기', '목록표를 만들어 해결하기', '예상하고 확인하여 해결하기', '표를 만들어 해결하기' 등과 같은 전략보다 좀 더 일반적이고 고차적인 전략이다. 추론하여 해결하는 전략은 크게 직접 추론과 간접 추론의 두 가지로 나누어 생각해볼 수 있다.

(1) 직접 추론하기

직접 추론하여 문제를 해결하기는 전략이 사용되는 문제들은 대부분 다른 전략과 함께 사용된다. "만일 A_1, A_2, A_3, …이면 B이다."와 같은 형식으로 표현되는 직접 추론하기가 유용한 문제들은 조건이 참일 때 하나 또는 그 이상의 단계의 유도를 통해 결론 B도 참임을 이끌어 낸다.

예를 들어 "x, y, z가 홀수이면 $x+2y+3z$는 짝수이다."라는 문제에서 먼저 x, y, z가 홀수라고 가정하면 x, $3z$는 홀수이고 $2y$는 짝수라는 사실을 알 수 있으므로 $x+2y+3z$는 짝수이다. 직접 추론하기 전략은 다음과 같은 장면의 문제를 해결하는 데 효율적이다.

- 증명이 필요할 경우
- "만약 ~이라면 ~이다" 형식의 문제일 경우
- 주어진 조건으로부터 추론할 수 있는 문제를 해결할 경우

직접 추론하여 해결하는 전략이 어떻게 사용되는지 다음 문제를 풀어보자.

예 1 동전 24개와 양팔 저울이 있다. 이 동전들은 크기, 모양, 색깔, 무게가 똑같지만 이 중 하나는 가짜 동전이어서 다른 23개의 동전보다 약간 무겁다. 양팔 저울로 이 가짜 동전을 찾으려고 한다면 최소한 몇 번 무게를 재어야 하는가?

[풀이]

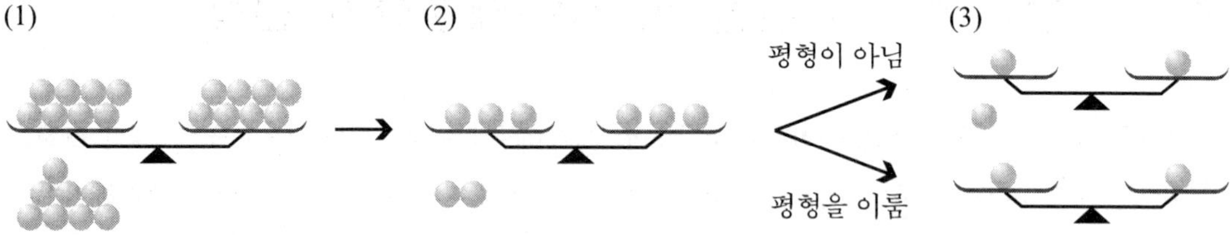

위의 그림과 같이,

(1) 처음에는 저울의 양쪽 접시에 동전을 8개씩 올려놓는다. 이때,
- 저울이 평형을 이룰 경우 : 남아 있는 8개 중에 가짜 동전이 들어 있다.
- 평형을 이루지 않을 경우 : 무거운 쪽에 가짜 동전이 들어 있다.

(2) 다음으로 가짜 동전이 들어 있는 8개 중에서 저울의 양쪽 접시에 3개씩을 올려놓는다. 이때,
- 저울이 평형을 이룰 경우 : 남아 있는 2개 중에 가짜 동전이 들어 있다.
- 평형을 이루지 않을 경우 : 무거운 쪽에 가짜 동전이 들어 있다.

(3) (2)번 실험에서 평형을 이루지 않았을 경우, 무거운 쪽에 올려진 3개 중에서 가짜 구슬이 들어 있으므로, 저울의 양쪽 접시에 1개씩을 올려놓는다. 이때,
- 저울이 평형을 이루면 남아 있는 1개가 가짜 동전이다.
- 평형을 이루지 않으면 무거운 쪽이 가짜 동전이다.

또 (2)번 실험에서 평형을 이루었을 경우, 남은 2개 중에 가짜 동전이 들어 있으므로 이를 저울의 양쪽 접시에 1개씩을 올려놓는다. 이때 무거운 쪽이 가짜 동전이다.

위 문제해결 전략을 활용하여 다음 문제를 풀어보자.

확장된 문제 동전이 25, 26, 27, 28개 있을 경우 중에서 3번 만에 가짜 동전을 찾을 수 있는 경우는 언제인가?

(2) 간접 추론하기

간접 추론하여 문제를 해결하는 전략은 직접 추론이 너무 복잡하거나 불가능할 때 이용할 수 있는 전략이다. 간접 추론하기 전략의 사용은 다음과 같은 장면의 문제를 해결하는 데 효율적이지만, 초등학교 저학년의 경우는 이 전략의 사용이 다소 어렵다.

- 직접 추론이 너무 복잡하거나 정답을 이끌어내지 못할 경우
- 증명할 때 하위 요소에 대해 부정을 가정할 경우
- 증명이 필요할 경우

문제해결에서 간접 추론하여 해결하는 전략이 어떻게 사용되는지 살펴보자.

예 2 3명의 강도가 상점에 침입하였다가 경찰에 잡혔다. 경찰이 심문했을 때 3명 중 한 명은 진실을 말하고 적어도 한 명은 거짓말을 했다. 경찰에 진술한 내용이 다음과 같을 경우, 거짓말을 한 사람이 진수가 아님을 밝혀라.

- 병수 : 경호가 도둑질을 하자고 했습니다.
- 경호 : 제가 도둑질을 하자고 했습니다.
- 진수 : 저는 도둑질을 하자고 말하지 않았습니다.

[풀이]

거짓말을 한 사람이 진수라고 가정하면 병수가 한 말은 거짓말이며, 경호가 한 말도 거짓말이다. 이 경우는 세 사람 모두 거짓말을 한 것이 된다. 세 사람 중에서 적어도 한 사람은 진실을 말했다고 했기 때문에 진수의 말은 거짓말이 아니다.

문제해결에서 추론하여 해결하는 전략이 어떻게 사용되는지 살펴보기 위해 [예 3]과 같은 문제를 풀어보자.

예 3 영수, 병수, 경수, 동수가 제일 좋아하는 과일은 서로 다르다. 이들은 복숭아, 사과, 포도, 토마토 중에서 어느 한 과일을 제일 좋아하는데, 영수의 친구 중 한 명은 사과를 제일 좋아한다. 경수와 동수는 토마토를 좋아하지 않는다. 병수가 좋아하는 과일은 포도이다. 동수는 예전에는 복숭아를 제일 좋아했었다. 지금 동수가 제일 좋아하는 과일은 무엇인가?

[풀이]

첫째, 문제에 주어진 자료를 정리하기 위하여 다음과 같은 표를 만들어 보자. 그리고 제일 좋아하는 과일은 ○, 그렇지 않은 과일은 ×로 나타내자.

과일 \ 사람	영수	병수	경수	동수
복숭아				×
사과	×			
포도		○		
토마토			×	×

• 문제에 주어진 정보를 논리적인 추론을 통하여 자료를 정리해보자. 예컨대, 병수가 제일 좋아하는 과일은 포도이므로 다른 과일 칸에는 모두 ×표를 하자.

사람 / 과일	영수	병수	경수	동수
복숭아	×	×	○	×
사과	×	×		
포도	×	○		
토마토	○	×	×	×

• 경수와 동수는 토마토를 좋아하지 않으므로 토마토가 쓰인 칸에 ×를 하면, 토마토를 가장 좋아하는 사람은 영수임을 알 수 있다. 동수는 예전에는 복숭아를 제일 좋아했으나 지금은 제일 좋아하는 과일이 아니고, 병수는 포도를, 영수는 토마토 제일 좋아하므로 복숭아를 제일 좋아하는 사람은 경수임을 알 수 있다. 따라서 위 표를 이용하면 동수가 제일 좋아하는 과일은 사과임을 알 수 있다.

참고 자료 1 ·· 발문 조건

성공적인 문제해결은 교사의 지도 기술에 달려 있다. 교사는 학생들에게 문제를 신중하게 선택해 주어야 하며, 사고를 자극하여 효과적인 해결 전략을 이끌어 낼 수 있는 탐색적이고 광범위한 발문을 제공해야 한다. 효과적인 발문 조건은 다음과 같다.

① **발문은 명확하고 간결해야 한다.** : 대답이 막연하거나 내용이 모호한 발문, 내용이 많고 긴 발문은 피해야 한다.

② **발문은 구체적이어야 한다.** : 추상적이거나 막연한 발문은 학생들이 사고의 방향을 잡을 수 없다.

③ **발문은 학생들의 사고를 자극할 수 있어야 한다.** : 대답이 "예, 아니오."이거나 단순한 지식을 재생하는 것이 아닌 "왜 그럴까?", "왜 그렇다고 생각하는가?"와 같이 사고를 자극할 수 있어야 한다.

④ **발문은 개방적이어야 한다.** : 좋은 발문은 단 하나의 답만 요구하는 지엽적인 발문보다는 다양한 반응이 나올 수 있는 발문이어야 한다.

⑤ **발문은 의도하는 수업의 진행 방향과 일치하는 발문이어야 한다.** : 어떤 아이디어의 확실성에 관한 것을 학습시키려면 "그것을 어떻게 알 수 있을까?", "얻어진 결론이 타당한지 다시 생각해보자." 등의 발문이 있어야 한다.

⑥ **발문은 생각할 수 있는 시간적 여유를 충분히 제공해야 한다.** : 발문에 대해 즉각 대답을 기대하는 것은 학습을 암기에 의존하도록 유도하는 결과만 가져온다. 학생이 갖고 있는 여러 가

지 정보와 자료를 요약·정리하여 표현할 수 있는 시간을 제공해야 한다.

⑦ **발문은 답을 암시하거나 해결 방법에 대한 직접적인 정보를 포함하지 않아야 한다.** : 문제해결자는 학생이며 문제해결을 위해 사고하거나 고민하는 사람 또한 학생이다. 교사는 학생들을 언제, 어떻게 도와야 하는지를 알아야 한다. 사고를 방해하거나 사고 활동의 범위를 축소시켜서는 안 된다.

⑧ **발문은 개인차를 충분히 고려해야 한다.** : 개개의 학생들은 경험과 지식과 사고력 등에서 서로 차이가 있다. 동일한 대상에 대해서 동일한 인식을 하리라는 기대는 잘못이다. 반응 시간과 방법에서 개인차를 인정해야 한다.

⑨ **발문은 학생의 경험과 지식 수준을 고려해야 한다.** : 학생들은 자신의 사고 수준에 비해 너무 어렵거나 생소한 발문, 또는 너무 쉽거나 친숙하면 생각하는 자체를 기피하거나 포기할 수 있다.

⑩ **발문은 교수(instruction)를 위한 정보를 얻는 데 초점을 두어야 한다.** : 교사는 학생들이 '무엇을 생각하며 어떻게 생각하는지'를 알게 됨으로써 학생들에게 무엇을 어떻게 도울 수 있는지를 결정할 수 있다.

참고 자료 2 ·· 문제해결 계획의 수립 능력 발달시키기

좋은 일은 흔히 계속 일어나기 마련이다! 따라서 지나치게 어려운 문제를 제시하여 문제에 시달림으로써 학생들이 문제해결 자체에 싫증을 느끼게 할 것이 아니라, 학생 수준에 알맞은 문제를 제공하여 흡족한 성공감과 도전 의욕을 자극할 수 있는 문제를 제공해야 한다. 또한 "시계 바늘이 직각을 이룰 때의 시각을 말해보아라. 네가 학교에 있는 동안에 이러한 현상이 몇 번이나 일어난다고 생각하느냐?"와 같이 사고를 자극할 수 있는 문제나 일상생활의 문제 장면을 제시해 학생의 흥미를 유도해야 한다.

문제의 정답을 구한 후에 교사가 다음과 같은 활동을 수행하는 것이 습관화되어야 학생들의 문제해결 계획을 수립하는 능력을 발달시킬 수 있다.

- 문제를 해결하는 데 어떠한 전략을 활용했는지를 물어보아라.
- 문제해결 계획과 방법에 대해서 설명하게 하여라.
- 동일한 문제에 대해 또 다른 해결 방법을 찾고 토의하도록 하여라.
- 문제해결 방법을 찾는 데 있어서 그들의 생각을 효과적으로 적용하는 사례를 지적하고 칭찬하여라.

참고 자료 3 ·· 질문과 발문

문제해결 과정이나 수업에서 제시되는 질문과 발문은 다음과 같은 특징이 있다.

질문 : 학습한 내용을 이해 또는 기억하고 적용·활용할 수 있는지를 확인하기 위한 물음이다. 즉 학생들이 과거에 학습한 경험을 되살려서 대답할 수 있는 것으로써 알고 있는 것과 알게 된 것이 무엇인지를 확인하기 위한 물음으로써 결과 중심의 평가적 성격을 띠고 있으며, 인지적 활동에 초점을 둔 것으로 과거 지향적인 성격이 강하다. 예컨대, "~은 ~이냐?", "이것을 어떻게 해결하느냐?" 등의 물음이 여기에 해당된다.

발문 : 문제해결 계획 및 방향을 설정하거나, 문제해결 과정에서 장애에 부딪쳤을 때 사고를 자극하고 촉진하기 위한 물음이다. 과거에 학습한 경험을 되살려서 대답할 수도 있으나, 학생이 갖고 있는 기존 지식을 재구성하여 자신의 생각을 이치에 맞게 증명할 것을 요구하는 물음으로써 과정 중심의 메타인지적 활동에 초점을 둔 것으로 미래 지향적인 성격이 강하다. 예컨대, "왜 그렇다고 생각하느냐?", "어떻게 해서 그렇게 되었느냐?" 등의 물음이 해당된다.

연습문제

[직접 추론하기]

1. 다음 문장을 읽고, 문자 A, B, C가 나타내는 숫자를 말하여라.

- 모든 문자는 서로 다른 한 자리 범자연수이다.
- 네 모서리에 있는 수는 모두 짝수이다.
- F는 C보다 작고 $C \times F = 0$이다.
- ABC는 9로 나누어지는 세 자리의 수이다.
- D는 소인수이다.
- $A + D = 10$, $B + E = 13$
- E는 A, B, C의 평균보다 1 크다.

2. 상자 2개에서 한 상자에는 10000원이 들어 있고, 다른 한 상자에는 10원이 들어 있다. 컴퓨터도 2대가 있는데 한 대는 상자에 대해 항상 진실만을 이야기하고, 다른 컴퓨터는 항상 거짓말을 한다. 어느 상자에 10000원이 들어 있는지 또는 어느 컴퓨터가 항상 진실만을 말하는지 알 필요가 없다. 한 컴퓨터에 오직 질문을 한 번 할 수 있다고 할 때, 10000원이 들어

있는 상자를 알 수 있으려면 어떤 질문을 해야 하는지 말하여라.

3. A, B 두 야구팀이 같은 날 경기를 두 번 가졌다. 다음 문장을 읽고 두 경기에서 얻을 수 있는 점수를 모두 찾아보아라.
   - A팀은 3점 차이로 첫 번째 경기를 이겼다.
   - B팀은 1점 차이로 두 번째 경기를 이겼다.
   - A팀은 총 11점을 기록했다.
   - B팀은 총 9점을 기록했다.

4. 한솔이네 집에는 1층에서 2층으로 올라가는데 계단이 10개가 있다. 한솔이가 한 번에 계단을 한 칸 또는 두 칸씩 오를 수 있다면 2층으로 올라가는 방법은 모두 몇 가지인지 말하여라.

5. 흡연의 위험성에 대해 알고 난 후, 어떤 남자는 매일 담배 2개피를 줄이기로 했다. 약속을 지켜 일주일 동안 매일 2개피씩을 줄였다. 이번 주에 91개피의 담배를 피웠다면, 담배를 줄이기로 시작하기 전날에는 모두 몇 개피의 담배를 피었는지 말하여라.

[간접 추론하기]

1. 연속되는 5개 정수의 합은 홀수이다. 이들 5개의 홀수가 다음 조건을 만족시킬 경우, C는 짝수가 아님을 설명하여라.

$$A + C + E = B + C + D$$

2. 다음 카드에 쓰인 말 중에서 하나는 옳은 말이고, 하나는 거짓말이라고 가정하여라. 삼각형이 카드 A의 뒷면에 올 수 없는 이유를 설명하여라.

이 카드 뒷면에 삼각형이 그려져 있고, 다른 카드 뒷면에 원이 있다. **카드 A**	이들 카드 중 하나는 뒤에 삼각형이 그려져 있고 카드 중 하나는 뒤에 원이 있다. **카드 B**

[추론하기]

1. 농부가 한 변의 길이가 400m인 정사각형 모양의 밭 주위에 울타리를 만들었다. 그 후 그는

가운데 수직과 수평으로 울타리를 가로지르게 만들어 밭은 똑같이 네 부분으로 나뉘었다. 울타리에 있는 말뚝이 모두 8m 간격이라면 농부는 몇 개의 말뚝을 사용하였는지 설명하여라.

2. 경수는 84점을 얻어 양궁대회에서 우승하였다. 인수의 점수는 종수가 얻은 점수의 2배이고, 명호의 점수는 종수가 얻은 점수의 ½이다. 전체적으로 분석해보면 4팀 중에서 2팀의 점수의 합은 95점이고, 모든 팀이 받은 점수의 합은 200점보다 많았다. 인수는 몇 점을 얻었는지 설명하여라.

3. 여름방학 동안 비가 내린 날의 수는 13일이다. 그러나 아침에 비가 내렸을 때 오후에는 맑았다. 또 오후에 비가 내린 모든 날의 다음 아침은 맑았다. 방학 동안에 비가 오지 않은 아침은 11일이고, 비가 오지 않은 오후의 날 수는 12일이었다. 방학 기간은 며칠이었는지 설명하여라.

2.8 단순화하여 해결하기 전략

'단순화하여 해결하기' 전략은 큰 수나 복잡한 도형을 포함하는 문제를 해결할 경우에 이를 간단한 수나 도형으로 고쳐서, 즉 좀 더 단순한 문제로 고쳐서 해결해보고 이 해결 과정을 다시 본 문제에 적용하거나, 원래 문제를 몇 개의 부분적인 문제로 나누어 그 부분 문제들을 해결함으로써 본 문제를 쉽게 해결하는 전략이다. 이 전략은 일련의 단순한 문제를 해결해본 경험으로부터 본 문제해결을 위한 기초가 되는 규칙을 이끌어낼 수 있다.

이 전략을 사용할 경우에 학생들은 문제에 제시된 조건이나 상황 또는 수식이나 도형을 단순화하거나 축소하여 먼저 단순하게 변형된 형태의 문제를 해결하고, 이 변형된 문제를 해결한 아이디어를 기반으로 단순화하거나 축소하였던 조건이나 상황, 수식이나 도형을 점차적으로 확대해나가면서 원래 문제의 해결을 시도한다. 다시 말해 단순화하여 해결하는 전략은 주어진 문제보다 좀 더 간단한 문제를 만들어 해결해보고, 여기서 얻은 경험이나 원리를 원래 해결하고자 하는 문제해결에 적용하거나, 원래 문제를 몇 개의 부분적인 문제로 나누어 그들을 해결한 후 이를 통합·종합함으로써 본 문제를 쉽게 해결하는 전략이다. '단순화하여 해결하기' 전략은 다음과 같은 장면의 문제를 해결하는 데 효율적이다.

- 복잡한 계산이 포함된 문제인 경우
- 아주 큰 수나 아주 작은 수가 포함된 문제인 경우
- 연속된 수의 합을 구할 경우
- 직접적인 풀이가 매우 복잡할 경우
- 큰 수의 배열이나 그림이 포함된 문제인 경우

작고 간단한 수로 바꾸어 해결하는 '단순화하여 해결하기' 전략은 취급하는 수가 지나치게 큰 경우 다음 [예 1]과 같이 작은 수로 바꾸어 문제 요소 사이의 관계를 파악하고, 이를 근거로 더 큰 수로 확대하여 주어진 문제를 해결하는 방법이다. 단순화하여 해결하는 전략이 어떻게 사용되는지 다음 문제를 풀어보자.

예 1 한 시간 동안 곰 인형은 702개, 사슴 인형은 580개를 만든다. 18시간 동안에 곰 인형을 사슴 인형보다 몇 개 더 만들 수 있는가?

[풀이]

곰 인형 702개를 9개로, 사슴 인형 580개를 5개로, 18시간을 2시간으로 고쳐서 계산해보자.

즉, $(9\times 2)-(5\times 2)=8$(개)의 계산으로부터 $(702\times 18)-(580\times 18)=2196$(개)을, 또는 $(9-5)\times 2=8$의 계산으로부터 $(702-580)\times 18=2196$(개)을 구할 수 있다.

문제해결은 문제 장면의 구조에 따라 한 가지 전략으로 해결할 수도 있으나, 문제 구조가 복잡한 경우는 두 가지 이상의 전략을 복합적으로 적용해야 하는 경우가 있다. 이에, '단순화하여 해결하기' 전략은 '규칙성을 찾아 해결하기', '표를 만들어서 해결하기' 등의 전략을 활용한 문제해결과 관련이 깊으며, 문제해결에서 다른 전략들의 보조적인 역할을 수행하기도 한다. 단순화하여 해결하는 전략이 어떻게 사용되는지 다음 문제를 풀어보자.

예 2 태근이네 분단의 아이들은 모두 8명이다. 분단에서 서로 다른 친구와 짝이 되어 앉을 수 있는 방법은 모두 몇 가지인가?

[풀이]

문제해결을 위한 유용한 방법 중의 하나는 문제를 단순화시켜서 해결해봄으로써 복합한 문제를 해결하는 데 도움을 준다.

문제를 단순한 장면으로부터 점차 복잡한 장면의 문제를 해결하는 데 도움을 주기 위하여 다음과 같이 질문과 그림을 제공함으로써 학생들은 문제해결에 좀 더 쉽게 접근할 수 있을 것이다.

그림에서 ●은 사람을, —은 짝이 되는 횟수를 나타낸다.

- 태근이 친구가 1명일 경우 앉는 방법은 몇 가지인가?
- 2명, 3명, 4명, 5명일 경우 앉는 방법은 각각 몇 가지인가?

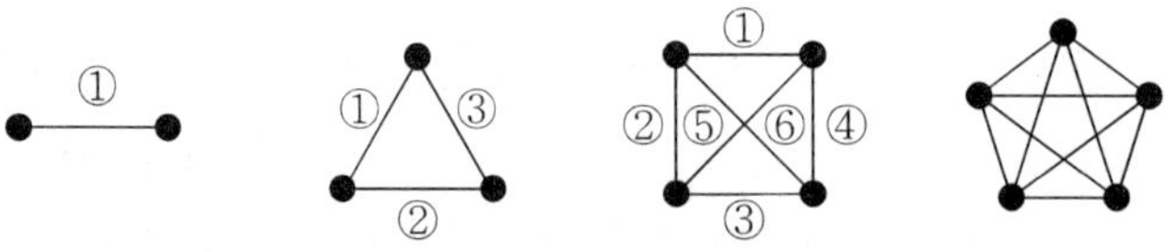

2명이 앉을 경우 / 3명이 앉을 경우 / 4명이 앉을 경우 / 5명이 앉을 경우

위와 같은 몇 가지의 단순한 문제에서 얻어진 결과를 다음과 같이 표에 나타내고, 이 표에서 사례 수가 증가함에 따라 어떠한 규칙성이 있는지를 발견하고, 이 규칙성을 이용하여 주어진 문제의 답을 구할 수 있을 것이다. 이 표에서 주어진 몇 가지 단순한 경우에서 추론을 통하여 더 많은 사람일 경우도 생각해낼 수 있을 것이다. 즉 규칙성을 확장하여 다음과 같은 일반적인 법칙까지 생각해낼 수 있을 것이다.

사람 수	1	2	3	4	5	6	7	8	9
짝이 되는 경우의 수	0	1	3	6	10	15	21	28	36
규칙	+1 +2 +3 +4 +5 +6 +7 +8								

사람 수를 n이라고 하면, n개의 점이 있을 것이고, 어느 한 점에서 그을 수 있는 선분의 수는 $(n-1)$개이므로 n개의 점에서 그을 수 있는 점의 수는 $n\times(n-1)$를 그을 수 있다. 그런데 점 A와 점 B를 연결한 선분이나 점 B와 점 A를 연결한 선분은 같은 선분이므로 n개의 점에서 그을 수 있는 선분의 수는 $\frac{n\times(n-1)}{2}$이다. 이를 이용하면 n명의 사람이 2명씩 서로 짝지을 수 있는 방법은 $\frac{n\times(n-1)}{2}$이라는 일반화된 공식을 얻을 수 있다.

단순화하여 해결하는 전략이 어떻게 이용되는지 또 다른 문제를 풀어보자.

예 3 다음 그림처럼 가로축과 세로축으로 똑같은 간격으로 못을 박은 후, 고무밴드나 실로 연결하여 작품을 만들려고 한다. 다음 물음에 답하여라.

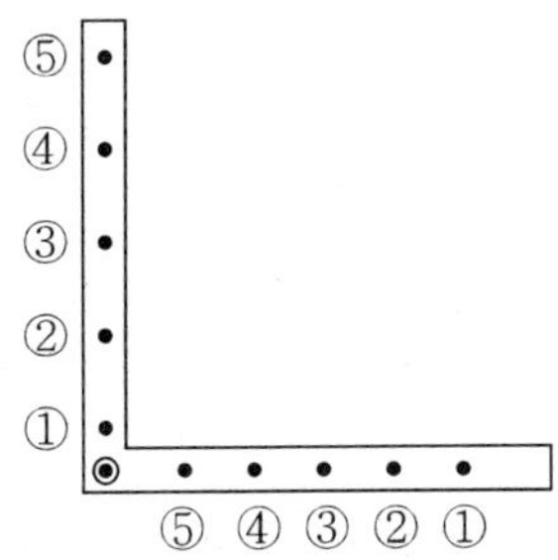

(1) 같은 번호가 쓰인 못끼리 연결하려면 고무밴드가 몇 개가 필요한가?
(2) 각 축에 8개의 못을 박고 이것을 연결한다면 얼마나 많은 교점이 생길까?

[풀이]

- [그림 1]처럼 각 축에 하나의 못이 있다면 못을 연결하는 실의 수는 1개이고, 교차하는 점의 수는 0개이다.

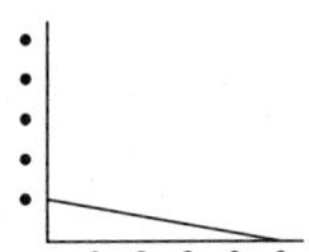

[그림 1]

- [그림 2]처럼 각 축에 2개의 못이 있다면 못을 연결하는 실의 수는 2개이고, 교차하는 점의 수는 1개이다.

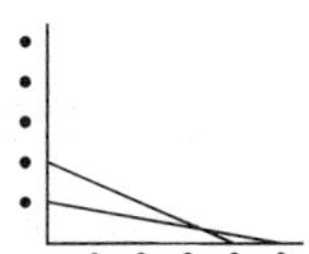

[그림 2]

- [그림 3]처럼 각 축에 3개의 못이 있다면 못을 연결하는 실의 수는 3개이고, 교차하는 점의 수는 3개이다.

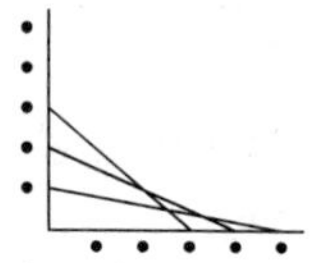

[그림 3]

- [그림 4]처럼 각 축에 4개의 못이 있다면 못을 연결하는 실의 수는 4개이고, 교차하는 점의 수는 6개이다.

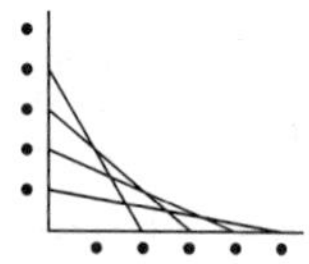

[그림 4]

- [그림 5]처럼 각 축에 5개의 못이 있다면 못을 연결하는 실의 수는 5개이고, 교차하는 점의 수는 10개이다.

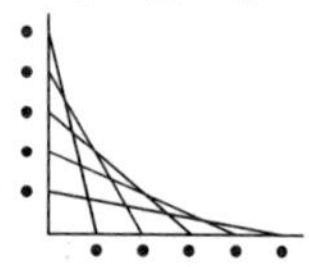

[그림 5]

위와 같이 관찰한 내용을 표로 정리하면 다음과 같다.

각 축에 있는 못의 수	실의 수	교점 수
1	1	0
2	2	1
3	3	3
4	4	6

어떤 학생은 위의 표를 보고 문제에서 요구하는 규칙을 찾을 수 있지만, 대부분의 학생들은 수를 더 많이 연결해보아야 규칙성을 인식할 수 있다. 이 문제에서의 규칙은 각 축에 박은 못의 수를 n개라 하면 고무밴드도 n개가 필요하며, 교차하는 점의 수 0, 1, 3, 6, 10, 15, 21, 28, 36, …에서 처음부터 1, 2, 3, 4, …씩 많아진다는 것이다. 따라서 각 축에 못이 8개이면 못을 연결하는 실의 수는 8개이고, 교차하는 점의 수는 28개이다.

위의 [예 3]에 대한 문제해결에서 학생들이 수행할 최초의 시도에 주목해보자. 어떤 학생은 각 축에 8개의 못이 있을 경우에 그 상황을 직접 그려 보면서 문제해결을 시작할지도 모르지만, 이 방법은 복잡하게 선들이 이어지므로 교점 수를 세기가 어려울 수 있다. 이때, 이런 유형의 문제를 해결하는 방법은 간단한 경우로 상황을 축소하여 해결의 실마리를 찾는 것이다.

또한 문제해결의 확장된 활동으로 문제를 해결한 학생들은 위의 표의 마지막 칸에 n개의 못을 연결해서 교차하는 점의 수는 $\frac{n(n-1)}{n}$이라는 일반화된 규칙을 쓸 수 있도록 지도할 수 있다.

참고 자료 1 ·· 문제를 단순화하기

'단순화하여 해결하기' 전략을 사용하여 문제를 해결할 경우에는 다음과 같은 몇 가지 사항을 고려해야 한다.

- 문제에 주어진 숫자를 바꾸어라. 예컨대, 주어진 자료가 소수로 제시된 것은 정수로, 크고 복잡한 수로 제시된 것은 작고 간단한 수로 바꾸어 계산함으로써, 문제 상황을 좀 더 알기 쉽고 명확하게 파악할 수 있으며 해결이 간편하다. 이렇게 단순화시킨 문제를 해결한 방법을 이용하면 원래 주어진 문제를 해결하는 데 도움이 될 것이다.
- 원래 주어진 문제를 푸는 데 도움이 되는 공식을 이용하거나 좀 더 단순한 하위 문제를 풀어라.

참고 자료 2 ·· 문제해결 기능의 개발

학생들은 문제를 이해하고 구하려는 것이 무엇인지를 알고, 자료를 다루고, 무엇을 해야 할지 계획하고, 답을 찾고, 만약 답이 맞는지 알기 위해 점검하는 능력을 획득함으로써 문제를 푸는 데 필요한 기술을 발달시킨다. 학생들의 문제해결 능력을 키우는 데 있어 다음 사항들은 도움을 제공할 수 있다.

- 저학년의 경우 이야기와 문제를 주고 그 상황에 따라 학생들이 실제로 행동해보게 하고, 그들이 경험하고 알게 된 것의 답을 구하도록 하여라. 이때 가급적 다양한 교구도 활용하도록 하여라.
- 중학년들에게 수량이 주어진 문장제를 제시하여라. 문제를 게시판에 공고하여 학생들에게 자신의 해결 능력을 과시하게 하라. 하위 수준의 학생들은 다른 학생이 해결한 전략으로 도움을 받을 수 있다. 창조적인 사고력, 기발한 방법으로 문제를 해결한 학생의 아이디어는 학급 신문 등에 기재하여 다른 사람의 사고를 자극하도록 하여라.

참고 자료 3 ·· 학습 환경

문제해결에 불안감을 갖는 학생들에게 문제해결에 흥미와 관심과 자신감을 갖도록 하기 위해서는 그들이 호기심을 가질 수 있는 문제 장면을 선정해야 한다. 이와 관련하여 문제해결 학습 환경을 구성할 때는 다음과 같은 몇 가지 사실을 염두에 두어야 한다.

- 좋아하는 만화 주인공의 인형이나 포스터를 사용하여라.
- 문제를 해결하는 데는 많은 시간과 인내를 필요로 한다.
- 학생들의 실수를 허용하여라. 가끔 실수는 오히려 문제를 해결하는 데 도움이 된다.
- 올바른 해를 얻을 수 있는 방향으로 학생들을 격려하여라.
- 힘든 과정을 거치면서 열심히 노력해서 문제를 풀었을 때, 문제해결에 대한 참된 즐거움과 보람과 가치와 재미와 만족감을 느낄 것이다.

연습문제

1. 다음 그림처럼 정사각형 모양의 탁자 1개에 4명이 둘러앉을 수 있다. 이런 탁자 24개를 한 줄로 붙여 놓으면 몇 명이나 앉을 수 있을지 구하여라.

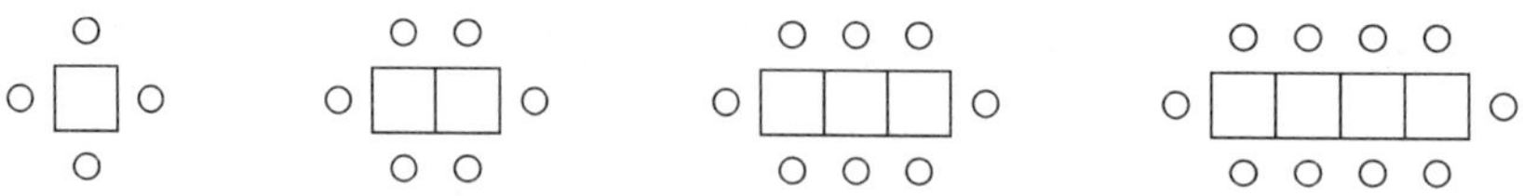

2. 다음 그림에서 직사각형은 모두 몇 개인지 구하여라.

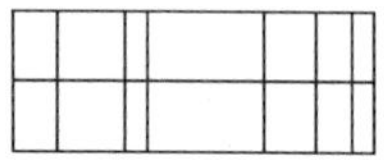

3. 10명의 농구선수가 둥글게 서서 서로 이웃하지 않는 위치에 있는 모든 사람에게 패스하는 연습을 한다. 패스를 몇 번 해야 하는지 말하여라.

4. 영희는 일기장에 쪽수를 썼다. 일기의 마지막 쪽이 225쪽이었다. 영희는 숫자를 몇 번 썼을까를 구하여라.

5. 동물원에서 타조와 코끼리를 기르고 있다. 동물을 세어보니 머리는 60개, 다리는 180개이었다. 동물원의 타조와 코끼리는 각각 몇 마리인지 말하여라.

6. 1에서 150까지 번호가 쓰인 카드 150장이 있다. 이 카드 중에서 숫자 7이 쓰인 카드는 몇 장인지 구하여라.

7. 다음 그림은 수학놀이를 하기 위해 만들어 놓은 길이다. 지점 **가**에서 지점 **나**까지 가는 서로 다른 길은 모두 몇 가지인지 구하여라. (단 거꾸로 거슬러 올라갈 수는 없다.)

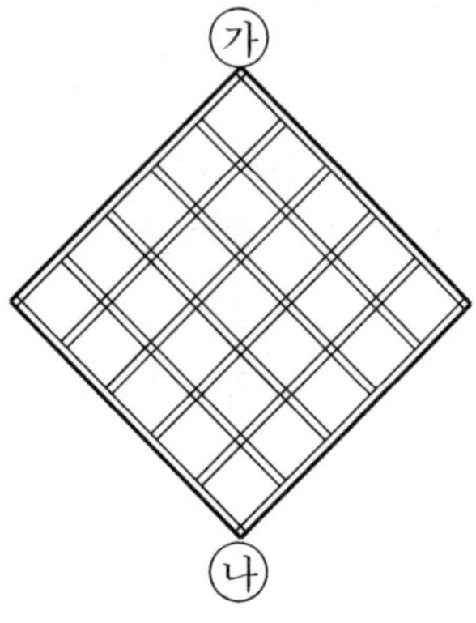

2.9 거꾸로 추적하여 해결하기 전략

어떤 문제에 한해서는 문제 장면에 나타난 사실이나 사건들이 일정한 순서를 이루면서, 사실이나 사건의 결과는 나타나 있지만 초기 조건이 주어지지 않은 경우가 있다. 이런 유형의 문제는 결과 또는 결론에서 거꾸로 추적하여 처음의 조건이나 장면을 파악할 수 있다. '거꾸로 추적하여 해결하기' 전략은 문제 장면을 초기 상태(initial state), 또는 사건의 발생 → 과정(process), 또는 사건의 진행 → 최종 상태(goal state), 또는 사건의 종료로 순서를 나누어 생각할 때, 어떤 문제에 과정과 최종 상태만 나타나 있을 경우에 이 최종 상태에서 과정을 거꾸로 추적하여 초기 상태를 파악하는 방법이다. 이 전략은 일반적으로 그림을 그려서 해결하는 전략과 관련지을 수 있으며, 특히 학생들에게 문장제를 수식으로 번안하는 과정을 이해하는 데 도움을 줄 뿐만 아니라 방정식을 풀기 위해 역연산을 사용하는 방법을 익히는 데도 도움을 준다. 거꾸로 실행하는 전략은 다음과 같은 문제 장면에 활용할 수 있다.

- 마지막 결과가 분명하고 문제의 처음 일부가 불분명할 경우
- 문제가 처음의 복잡한 상태에서 끝은 간단한 것으로 진행할 경우
- 직접적인 접근이 어려운 방정식을 포함할 경우
- 문제에 거꾸로 접근할 수 있는 행동이 연속적으로 포함된 경우

거꾸로 실행하는 전략이 어떻게 사용되는지를 알아보기 위해 다음 문제를 풀어보자.

예 1 인혜는 어머니에게 받은 용돈으로 300원짜리 색연필을 사고 남은 돈으로 750원짜리 토끼 인형을 사서 집으로 돌아오다가 500원을 주고 동화책 한 권을 빌린 후, 250원짜리 아이스크림을 사고 남은 돈을 세어보니 200원이었다. 인혜는 어머니에게 용돈을 얼마나 받았을까?

[풀이]

〈방법 1〉 이 문제에서 인혜가 용돈을 지출한 차례대로 기록하면 다음과 같은 순서도로 나타낼 수 있다.

용돈 ?원 → 색연필 −300원 → 인형 −750원 → 동화책 −500원 → 아이스크림 −250원 → 남은 돈 200원

어머니께 받은 용돈의 액수를 구하기 위해서 마지막 남은 돈부터 시작하여 돈을 지출하지 않았을 경우를 생각해보자. 즉, 거꾸로 푸는 방법을 사용하기 위해서 마지막의 금액을 가지고 먼저 시작한다. 처음 금액에 도달하기 위해서 위 순서도에서 화살표 방향을 다음 순서도와 같이 거꾸로 나타내고, '−'를 '+'로 고쳐서 생각해보자.

용돈 ?원	→	색연필 +300원	→	인형 +750원	→	동화책 +500원	→	아이스크림 +250원	→	남은 돈 200원

위와 같이 문제를 풀기 위해서 순서도를 만들고 그것을 역으로 고쳐보는 일은 문제해결을 위한 실제적인 도움을 줄 수 있다.

〈방법 2〉 거꾸로 풀기 전략을 사용하여 해결한 위 문제는 다음과 같이 방정식으로 나타내어 해결할 수도 있다. 처음 받은 용돈을 x원이라고 하면,

$x-300-750-500-250=200$

$x-(300+750+500+250)=200$

$x-1800=200$

$x=200+1800$

$x=2000$(원)

참고 자료 1 ·· 거꾸로 풀기 지도

거꾸로 풀기 전략을 사용하여 문제를 풀어 본 경험은 방정식을 말로 나타내는 과정을 이해하는 데 도움을 줄 뿐만 아니라 방정식 해결을 위해 역연산을 활용하는 능력을 신장시킬 수 있다. 학교수학에서 거꾸로 풀기를 처음 경험하는 시기는 역연산을 통한 학습을 도입하는 1~2학년 때부터라고 할 수 있는데, 초등학교에서 거꾸로 풀기를 지도하는 데 유용한 문제의 형태를 제시하면 다음과 같다.

① 저학년의 경우 +, −을 이용한 1~2단계의 역사고 과정을 거치면서 해결할 수 있는 문제를 제시한다.

② 중학년의 경우 ×, ÷를 이용한 1~2단계의 역사고 과정을 거치면서 해결할 수 있는 문제를 제시한다.

③ 고학년의 경우 +, −, ×, ÷이 혼합된 2~4단계의 역사고 과정을 거치면서 해결할 수 있는 문제를 해결해보는 경험을 갖게 할 필요가 있다.

참고 자료 2 ·· 학습 환경

학생들이 문제를 풀 때 도와줄 수 있는 체계적인 방법에 대해서 알아보자. 교사들은 학생들의 문제해결을 위해 다음과 같은 경험을 가질 수 있도록 지도해야 한다.

① 성인들은 어떤 문제가 발생했을 경우 혼자서 해결하기가 힘들면 종종 친구나 이웃, 또는 전문가의 조언 등 다른 사람과 함께 협의하여 해결한다. 학생들에게도 이와 같은 경험을 할 수

있는 기회와 환경을 만들어 주어라.

② 성인들은 수량에 관계된 문제를 해결할 경우 일반적으로 계산기를 사용하여 문제를 해결한다. 학생들에게도 계산 원리나 기능을 배우게 하는 경우를 제외하고는 계산기의 활용을 허용하여라.

③ 성인들은 문제를 해결하기 위하여 여러 가지 자료나 도구를 활용한다. 학생에게도 문제해결에 필요한 자료나 도구를 활용할 수 있게 하여라.

④ 성인들은 때때로 문제를 해결하는 과정을 누가 기록하기도 하고, 다른 사람은 어떻게 문제를 해결했는지를 알아보기 위해 다른 사람의 기록을 살펴보기도 하며, 문제해결 과정을 기록하도록 요구하기도 한다. 학생들에게도 그들의 해결 과정을 상기하여 기록하도록 하여라.

⑤ 성인들은 때때로 문제의 어느 한 부분을 해결해봄으로써 주어진 문제해결을 위한 절차를 구상하기도 한다. 또 최종적인 답을 얻기 위해 각 부분들의 풀이를 결합하기도 한다.

⑥ 성인들은 문제가 복잡하거나 어려울 경우, 간단한 문제나 해결하기 쉬운 문제로 고쳐서 해결해 본 경험을 되살려 주어진 문제를 해결한다. 학생들에게도 이와 같은 경험의 기회를 제공하여라.

참고 자료 3 ·· 지도상의 유의점

문제해결 지도에서 유의할 점은 다음과 같다.

① 흔히 학생들은 처음 구한 답을 정답으로 처리하고, 문제 풀이 과정에 대해 검토하지 않은 경향이 있으며, 또 다른 해결 전략을 이용하여 풀어보지 않으려는 경향이 있다. 또한 답을 처리함에 있어서도 단위를 적지 않거나, 주어진 문제의 요구 조건에 맞추어 완전한 문장으로 나타내지 않는 경우가 있다. 교사는 이 점에 특히 관심을 두어야 할 것이며, 학생 상호간에 전략이나 풀이 방법에 대해 비교하고 토론을 통한 의사소통을 할 수 있는 기회를 제공해야 한다. 문제를 푸는 것은 학습자 개별적인 활동이지만 문제를 해결한 전체 과정에 대해서 학생들이 서로 의사소통을 함으로써 서로의 아이디어를 공유할 수 있고, 자신의 생각이 올바른지에 대해서 점검·확인할 수 있으며, 특히 교사는 학생들이 어떠한 생각을 하고 있는지를 파악할 수 있다.

② 상호 협력학습을 하도록 하기 위해 학생들을 소집단으로 구성할 경우, 학습 수준이 동일한 학생끼리 동질집단으로 구성하는 것보다는 학습 수준이 서로 다른 이질적인 집단으로 구성하는 것이 더욱 효율적이다. 이는 이질적인 집단 내에서는 학습 수준이 높은 학생들은 자기보다 학습 수준이 낮은 학생들의 활동을 관찰하는 과정에서 자신의 강점을 볼 수 있는 반면, 학습 수준이 낮은 학생들은 자기보다 학습 수준이 높은 학생들의 행동을 관찰하면서 자신의

약점을 깨닫고, 우수한 학생들의 활동을 모방하거나 새로운 아이디어를 얻게 됨으로써 서로 상보적인 관계를 유지하면서 자신의 문제해결력을 더욱 신장시켜 나아갈 수 있다.

연습문제

1. 영희는 아저씨께 "아저씨! 지금 연세가 몇 살이세요?" 하고 물었다. 아저씨는 "내 나이에 10을 더하여 그것을 2배 하면 90세야." 하고 말씀하셨다. 아저씨의 연세는 얼마인지 구하여라.

2. 정숙이는 영희와 상민이에게 두 사람이 갖고 있는 금액과 같은 만큼의 돈을 주었다. 다음에 영희는 정숙이와 상민이에게 두 사람이 갖고 있는 금액과 같은 만큼의 돈을 주었다. 끝으로 상민이는 정숙이와 영희에게 두 사람이 갖고 있는 금액과 같은 만큼의 돈을 주었다. 그랬더니 세 사람 각각은 240원씩 가지게 되었다. 처음 세 사람은 각각 얼마씩을 가지고 있었을지 구하여라.

3. 도깨비들이 사는 마을에는 다음과 같은 이상한 저금통이 있다. 이 저금통에 돈을 넣으면 넣은 돈이 2배가 되고, 다시 400원이 많아진다. 아기 도깨비가 아침에 이 저금통에 돈을 넣고 점심에 모두 꺼냈다. 점심에 꺼낸 돈 전부를 저녁 때 이 저금통에 넣고 밤이 되어 전부 꺼내 보았더니 2400원이 있었다. 아기 도깨비는 아침에 얼마를 넣었을지 구하여라.

4. 영철이는 금붕어를 키우고 있었는데 그 중에서 10마리가 죽어 버렸다. 그래서 나머지 살아 있는 붕어 수와 같은 수만큼 금붕어를 사왔다. 얼마 있다가 이사를 가게 되어 키우고 있던 금붕어를 모두 6사람의 친구에게 5마리씩 나누어주었다. 영철이는 처음에 몇 마리를 키웠을지 구하여라.

5. 민수는 꿈에서 거인이 사는 성에 숨어 들어가 금달걀을 낳는 닭을 발견했다. 민수는 자루에 가득 달걀을 메고 살짝 돌아오려고 했는데 문지기에게 들켜서 가지고 있던 달걀의 반과 2개를 빼앗겼다. 얼마쯤을 가는데 두 번째 문지기에게 그때 가지고 있던 달걀의 반과 2개를 또 빼앗겼다. 이제 안심이 되는가 했더니 세 번째 문지기에게 남아 있던 달걀의 반과 2개를 또 빼앗겨 버려 남은 달걀은 2개밖에 없었다. 처음에 민수는 몇 개의 달걀을 자루에 넣었을지 구하여라.

2.10 실험하거나 실행하여 해결하기 전략

어떤 문제들은 직접 실험을 해봄으로써 해결되는 문제도 있고, 컴퓨터 또는 물리·조작적 모델인 교구를 활용하거나 그림 등을 이용한 모의실험을 해봄으로써 해결되는 문제도 있다. '실험하거나 실행하여 해결하기' 전략은 문제 장면을 실제로 조작하거나 모의실험을 해봄으로써 직접 답을 얻거나 다른 전략을 발견하는 데 도움을 줄 수 있는 전략이다. 이 전략은 특히 저학년에서 효과적인 전략으로써, 문제해결에서 필요한 절차의 이해가 요구되거나 문제 장면을 시각화하기 어려운 경우에 문제 장면을 실제로 실험해보거나 가상실험을 통해서 문제해결을 보장하는 전략이다. 또한, 이 전략은 이론적으로 접근이 어려운 문제에서 실험을 반복하거나 가상체험을 통해 답을 어림하는 데 유용한 데이터를 도출할 수 있다.

일반적으로 초등학교 저학년 학생들의 사고는 구체적인 조작에 의해 드러나는 경향이 있다. 따라서 '실험하거나 실행하여 해결하기' 전략을 활용할 때는 학생들이 실험이나 실행의 그 자체를 하나의 놀이로써 여기도록 하고, 이 놀이에서 학생들이 다양한 관점에서 문제해결에 필요한 가설을 세우고 확인해 가는 과정에서 모순이 있는 가설을 수정·보완하는 활동을 수행하면서 문제의 해에 이르도록 지도해야 할 것이다.

또한 이 전략은 초등학교 저학년 수준에서 구체물을 직접 조작하는 경험을 통하여 '그림을 그려서 해결하기' 전략과 연결시킬 수 있고, 중학년 이상의 경우에는 모의실험만으로도 직접적인 문제해결이 가능할 수 있다. 모의실험인 시뮬레이션에 이용되는 도구로는 난수표, 주사위, 색막대, 종이 조각, 동전, 난수를 생성할 수 있는 계산기나 컴퓨터 등이 있다. '실험하거나 실행하여 해결하기' 전략은 다음과 같은 장면의 문제를 해결하는 데 효율적이다.

- 이해하기 어려운 확률 실험을 포함한 경우
- 실제적으로 실험하는 것이 어렵고 불가능한 경우
- 실험에 의해 완결될 수 있는 반복적인 절차가 있을 경우
- 실질적인 답을 찾는 데 있어 아직 절차가 개발되어 있지 않은 경우

다음 [예 1]과 같은 문제의 해결을 통하여 '실험하거나 실행하여 해결하기' 전략이 어떻게 사용되는지를 알아보자.

예 1 23명의 학생들이 한 줄로 서서 1번부터 차례로 번호를 붙인 후 짝수 번호는 앉힌다. 서 있는 학생들에게 다시 1번부터 번호를 붙여 짝수 번호인 학생을 앉히는 일은 3번 반복했을 때, 서 있는 학생들은 몇 명이며 이들의 처음 번호는 몇 번인가?

[풀이]

〈실행 1〉 실제로 23명의 학생들에게 번호를 붙이면서 한 줄로 세운 후 짝수 번호의 학생을 앉히는 일을 3회 반복한다. 마지막 남은 학생 수를 세고, 처음 번호는 몇 번인지를 알아본다.

〈실행 2〉

① 23장의 종이 카드를 만들어 1번부터 23번까지 번호를 쓴 후 ○표 한다.
② 카드를 한 줄로 놓은 후 짝수 번호의 카드를 빼 낸다.
③ 남은 카드에 다시 1번부터 차례로 번호를 쓴 후 그 번호에 △표 한다.
④ 카드를 한 줄로 놓은 후 짝수 번호의 카드를 빼 낸다.
⑤ 남은 카드에 다시 1번부터 차례로 번호를 쓴 후 그 번호에 □표 한다.
⑥ 카드를 한 줄로 놓은 후 짝수 번호의 카드를 빼 낸다.
⑥ 남은 카드의 수와 각 카드에 쓰인 번호 중 ○표 한 번호가 처음 번호이다.

〈실행 3〉 다음과 같이 1번부터 23번까지 번호를 쓴다. 활동 ① → ② → ③의 차례로 확인하여 ＼표나 ∨표가 없는 수가 구하려는 수임을 찾게 한다.

① **1.** 2. 3. 4. 5. 6. 7. 8. **9.** 10. 11. 12. 13. 14. 15. 16. **17.** 18. 19. 20. 21. 22. 23.
↓
② 1 2 3 4 5 6 7 8 9 10 11 12
↓
③ 1 2 3 4 5 6

답 3장. 1, 9, 17

구체적으로 '실험하거나 실행하여 해결하기' 전략이 문제해결에서 어떻게 이용되는지 살펴보기 위해 다음 [예 2]와 [예 3]의 두 문제를 풀어보자.

(1) 실제로 해보기

> **예 2** 처음에는 1원짜리 동전 8개를 책상 위에 한 줄로 놓은 후, 짝수 번째에 놓인 동전을 5원짜리 동전으로 바꾸어 놓는다. 그리고 다시 3의 배수 번째에 놓인 동전을 10원짜리 동전으로 바꾸어 놓은 다음 다시 4의 배수 번째에 놓인 동전을 50원짜리 동전으로 바꾸어 놓는다면 책상 위의 8개의 동전의 값은 얼마가 되는가?

[풀이]

다음 그림처럼 직접 실행함으로써 [예 2]를 해결할 수 있다. 즉 책상 위에 8개의 동전을 놓은 후 제시하는 대로 차례대로 바꾸어 나가는 것이다. 그렇지만 어떤 학생에게는 직접 실행하는 활동이 문제를 해결하는 최선의 방법이 될 수 있고, 어떤 학생은 머릿속으로 그리는 가상적인 실험을 통해서 해결할 수도 있을 것이다. 이 문제의 해결을 위해 우선 8개의 동전을 책상 위에 놓는다.

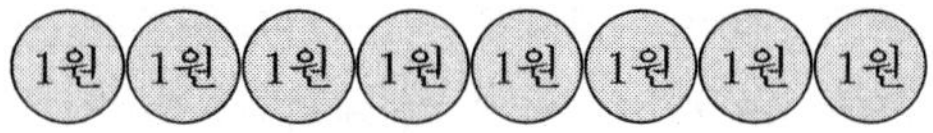

다음은 2의 배수 번째에 놓인 동전을 5원짜리 동전으로 바꾸어 놓는다.

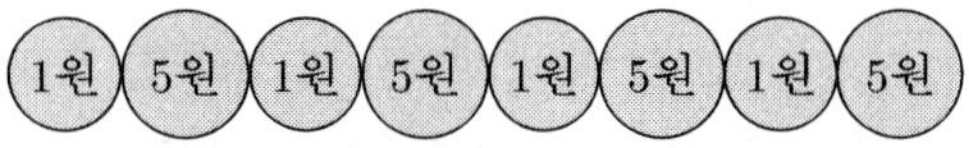

다음은 3의 배수 번째에 놓인 동전을 10원짜리 동전으로 바꾸어 놓는다.

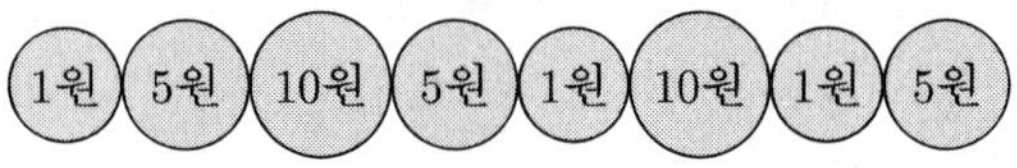

다음은 4의 배수 번째에 놓인 동전을 50원짜리 동전으로 바꾸어 놓는다.

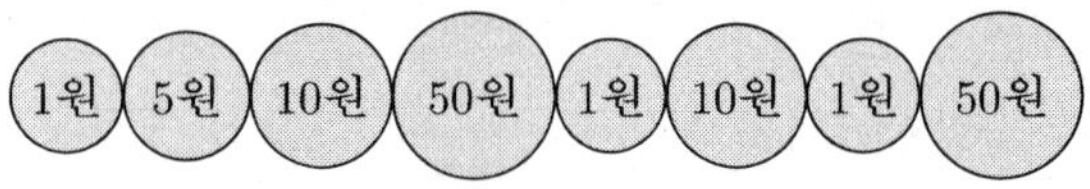

따라서 동전을 합하면 128원이다.

(2) 그림을 그려서 모의실험 해보기

예 3 깡통 속에 테니스 공 3개를 꽉 차게 넣었다. 깡통 둘레와 높이 중 어느 것이 더 큰가?

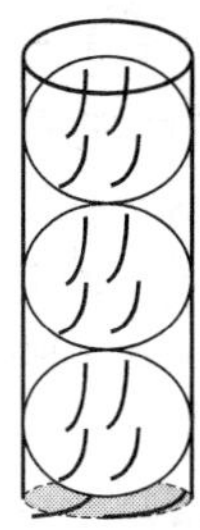

[풀이]

이 문제는 실제로 측정해 보면 쉽게 해결할 수 있다. 즉 테니스 공을 직접 캔 속에 넣고 실을 이용하여 둘레와 높이를 잰 후 결과를 비교해 볼 수 있다. 실제로 측정해 보면 캔의 둘레가 높이보다 약간 더 크다. 다시 말해, 공의 지름을 d라고 하면, (둘레) $= \pi d$이고, (높이) $= 3d$이기 때문에 (둘레)>(높이)이다.

참고 자료 1 · · 교수·학습 지도법

'실험하거나 실행하여 해결하기' 전략은 문제해결 그 자체를 하나의 놀이나 게임으로, 또는 실제로 행할 수 없는 경우에는 가상 실험(모의실험)을 통해서 학생들이 다양한 관점에서 가설을 세우고 이를 확인해 가는 동안 잘못 설정된 가설을 수정·보완하면서 문제의 해에 이르도록 한다.

'실행해보고 해결하기' 전략은 대체로 퍼즐 형태의 문제를 직접 조작하면서, 또한 이 과정에서 논리적 시행착오를 겪으면서 문제를 해결함으로써 학생들에게 문제해결에 대한 호기심과 흥미를 불러일으킬 수 있다. 그렇지만 문제가 지닌 난이도로 인해 문제해결의 초기 단계에서부터 시행착오의 횟수가 지나치게 빈번할 경우 학생들은 시행 그 자체에 대해 싫증을 낼 수 있기 때문에, 문제와 조작 도구의 선택에 대한 세심한 배려와 실험에 대한 시·공간적인 가능성 검토가 선행되어야 한다. 특히 초등학교 저학년 학생들을 대상으로 할 때는 실행하는 과정에서 시행착오를 겪는 경험이 너무 많을 필요는 없다.

교사는 문제를 읽고, 실제로 게임에 참여해보는 놀이나 실연(實演)의 경험을 통해서 문제를 해결하고, 이를 시각화와 연결시켜 그림 등으로 표현해보며, 발전적으로는 기호화(수식)와 연결시킴으로써 의미있는 문제해결과 수학학습이 이루어지도록 해야 한다. 예컨대, 다음 [예 4]와 같은 문제의 경우 실제로 조약돌이나 바둑돌 등 구체물을 준비하고, 어린이 3명을 각각 아롱, 보슬, 누리로 배역을 정한 후, 실제로 한 문장씩 읽으면서 조약돌을 모아보고, 합하여 보고, 서로 비교하여 보고, 주고받는 활동을 통하여 그 해를 구해 보게 할 수 있다.

예 4 아롱이와 보슬이는 조약돌을 모았다. 아롱이는 27개를 모았고, 보슬이는 15개를 모았다. 아롱이는 모은 조약돌 중 누리에게 3개를 주었고, 보슬이는 4개를 주었다.

① 두 사람이 모은 조약돌은 몇 개인가? 또 누가 몇 개를 더 모았는가?
② 세 사람이 가진 조약돌은 각각 몇 개씩인가?

[풀이]

풀이는 각자 해결해보자.

위의 [예 4]에서, 또한 그림 ○, ● 등으로 구슬을 나타내어 그 합을 구하고, 대응시키거나 세어서 그 수를 비교해보게 하고, 이를 식으로 나타내는 활동은 학생들에게 여러 전략의 특징 및 장점 등을 암묵적으로 파악할 수 있도록 하며, 실제로 행함으로써 수학학습에 대한 흥미와 호기심을 갖게 할 수 있다.

또 다른 문제로 [예 5]와 같이 모의실험에 난수표를 이용하는 문제를 해결해보자. 모의실험의 방법은 스트라이크는 0, 1, 2, 3으로 나타내고 볼은 다른 숫자로 나타내는데, 3개의 스트라이크 또는 4개의 볼이 될 때까지 자리 수를 읽는 것이다. 이때, 스트라이크가 3개이면 다음 이닝으로 넘어가고, 볼이 4개이면 경수네 학교 야구팀이 승리한다.

예 5 경수네 학교 야구 팀은 9회 말 공격을 할 차례이다. 베이스는 만루이고 2명 아웃인 상태이며 점수는 동점이다. 현재 경수가 타석에 있다. 코치는 작전 시간을 요청하여 경수에게 투수가 스트라이크를 던질 확률이 40%이므로 어떤 투구도 스윙하지 말 것을 당부했다. 코치의 결정에 대해서 어떻게 생각하는지 시뮬레이션을 통해서 직접 해보아라.

[풀이]

풀이는 각자 해결해보자.

참고 자료 2 ·· 좋은 문제의 조건

일반적으로 좋은 문제란 다음과 같은 문제를 말한다.

① 흥미롭고 도전적인 문제이어야 한다.

일반적으로 학생들은 일상의 경험과 관련된 문제나 퍼즐, 수수께끼처럼 고정된 알고리즘을 적용하지 않는 문제에 대해 호기심을 가지며, 그러한 장면으로부터 풀고자 하는 동기를 일으킨다.

② 다양한 방법을 통해서 접근할 수 있는 문제이어야 한다.

학생 개개인이 갖고 있는 관점은 서로 다르기 때문에 주어진 문제에 대해 접근 방법은 차이가 있을 것이다. 주어진 문제에 대해 자신의 관점에 따라 다양한 접근 방법을 생각하는 것은 폭넓은 사고의 기회 제공을 가능하게 하는 동시에 가장 유효하고 간편한 해결 전략을 선택하는 데 도움을 줄 수 있다.

③ 다른 문제와 관련시킬 수 있으며, 다른 문제로까지 확장시킬 수 있는 문제이어야 한다.

문제를 해결한 후에 새로운 문제 장면을 연상할 수 있게 하거나 유사한 전략을 적용했던 과거에 푼 문제를 회상할 수 있는 문제는 학생들을 위한 가치 있는 경험이다. 문제 해결력은 문제 해결 경험이 풍부할수록 신장되기 때문이다.

④ 학생들의 능력 수준에 적절해야 한다.

문제를 해결하기 전에 문제해결에 필요한 전략을 결정하는 것은 문제해결에서 중요한 요소의 하나이다. 학생들에게 필요한 것은 문제를 해결하는 능력뿐만 아니라 문제를 접했을 때 풀 수 있다는 자신감을 갖게 하는 것도 중요하다. 진술되는 용어나 문제 장면은 학생들 수준에서 이해가 가능해야 하며, 그들이 갖고 있는 수학적 지식을 활용할 수 있는 정도이어야 한다. 지나치게 쉽다든가 지나치게 어려울 경우 학생들은 문제 자체를 기피하는 모습을 보일 수 있다.

참고 자료 3 ·· 지도상의 유의점

학생들의 문제해결 능력 정도에 따라 교사의 역할을 정리한다면 다음과 같다.

① **문제해결에 따른 적절한 전략을 찾지 못하는 단계** : 교사는 전략의 안내자로서 역할을 수행하도록 한다. 학습자가 좌절감을 느끼지 않도록 학습자 수준에 맞는 문제 및 그 해결 전략을 예시하고 학생이 모방 및 교사의 안내를 통해 문제를 해결하도록 한다. 주어진 문제해결에 활용될 수 있는 몇 가지 전략을 활용하여 문제를 해결하도록 하고, 그 중에서 가장 적절한 전략이 어느 것인지 찾도록 한다.

② **문제해결 전략은 선택했으나, 그 적용에서 어려움을 느끼는 단계** : 교사는 참여자의 역할을 수행하도록 한다. 학생들에게 여러 가지 전략을 소개하거나 전략에 제시된 목록에서 주어진 문제해결에 적절한 전략을 선택하도록 한다. 또한 유사한 하위 수준의 문제해결을 통해 전략의 특성을 알게 하거나, 전략 수행의 일부를 안내하도록 한다. 그리고 학생이 해결 과정에서 어려움을 느낄 경우 힌트나 보조 발문을 제시하여 연속적인 사고가 일어나도록 한다.

③ **학습자가 스스로 문제해결 전략을 세울 수 있는 단계** : 교사는 문제 공급자로서의 역할에 충실해야 한다. 문제해결 과정에서 교사의 참여를 가급적 줄이고, 학생들이 상호 토론을 통하여 서로의 풀이 과정에 대한 점검과 좀 더 효과적인 전략을 구상하도록 자율적인 학습 분위기를 조성한다.

④ **문제 유형에 적절한 전략을 선택·적용하고, 비판할 수 있는 단계** : 교사는 촉진자로서의 역할만 수행하고, 학습자 스스로 문제를 만들어 서로 교환하여 해결하고, 각각의 해결 방법을 비교·분석하여 문제해결에 가장 효과적인 전략을 판단할 수 있도록 한다.

연습문제

1. 오른쪽 그림은 12개의 성냥개비를 이용하여 만든 도형이다. 성냥개비를 3개만 움직여서 크기와 모양이 똑같은 사각형 3개를 만들어 보아라.

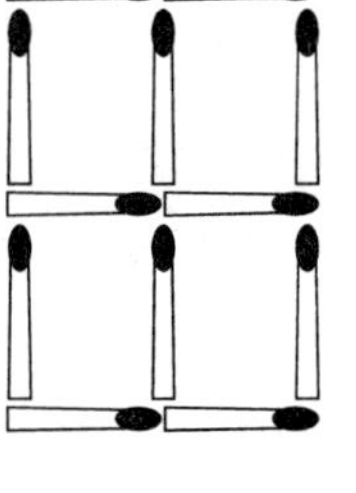

2. 우표 한 장을 15원에 사서 20원에 팔고, 다시 25원에 산 다음 30원에 팔았다. 얼마의 이익 또는 손해를 보았는지 말하여라.

3. 학교 축제에서 게임용으로 3종류의 상자(H, T, X)를 준비했다. 각 상자 속에는 다음 그림과 같이 검정 구슬과 흰색 구슬이 들어 있다. 동전을 던져서 앞면이 나오면, 상자 H에서 임의로 한 개의 구슬을 골라 상자 X에 넣는다. 뒷면이 나오면, 상자 T에서 임의로 한 개의 구슬을 골라 상자 X에 넣는다. 그러고 나서 상자 X에서 임의로 하나의 구슬을 꺼낸다. X에서 꺼낸 구슬이 흰색이어야 게임에서 이긴다. 이길 수 있는 확률을 어림해보아라.

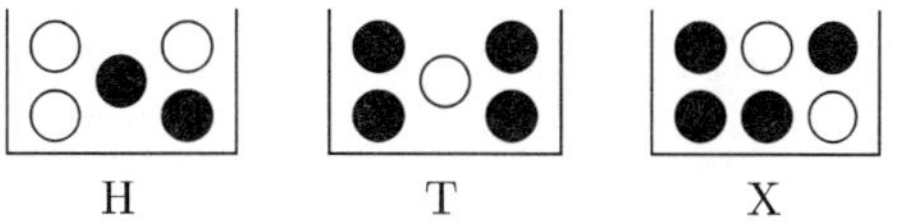

4. 다음 그림과 같이 상자로 만든 미로에서 상자 X에 쥐 한 마리가 있고, 상자 Y에는 쥐덫이 놓여 있다. 만약 쥐가 미로를 마음대로 어느 길이든지 돌아다닐 수 있다면 덫에 걸릴 확률은 얼마인지 말하여라.

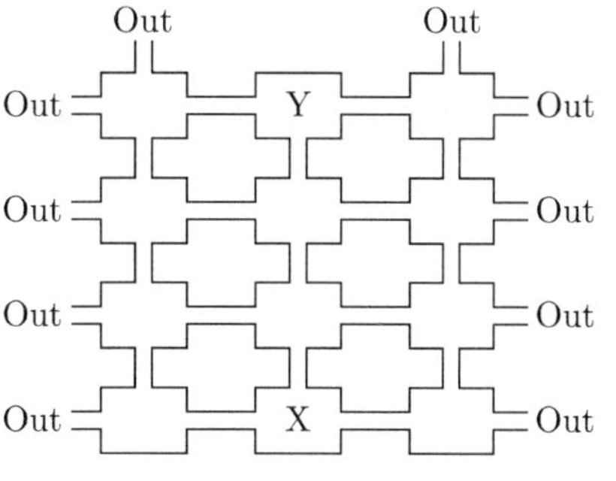

5. 어떤 결혼한 부부는 3명 또는 4명의 아이를 원하는데 그 중 두 명은 반드시 딸이기를 바란다. 세 명의 아이 중에서 딸이 2명인 경우 또는 4명의 아이 중에서 딸이 2명인 경우 중에서 어느 경우가 확률이 더 높은지 말하여라.

제3장
문제해결 전략의 확장

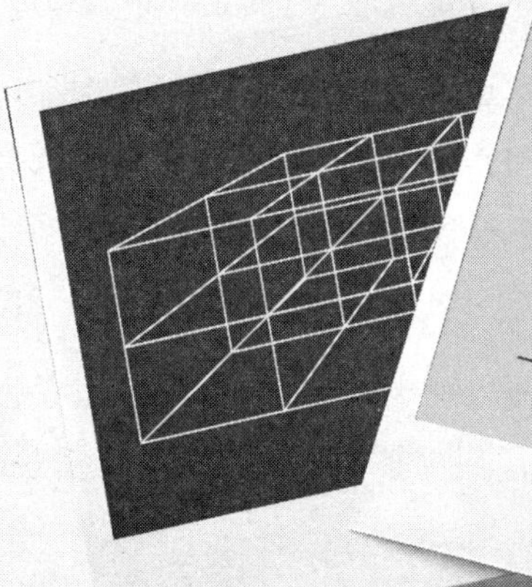

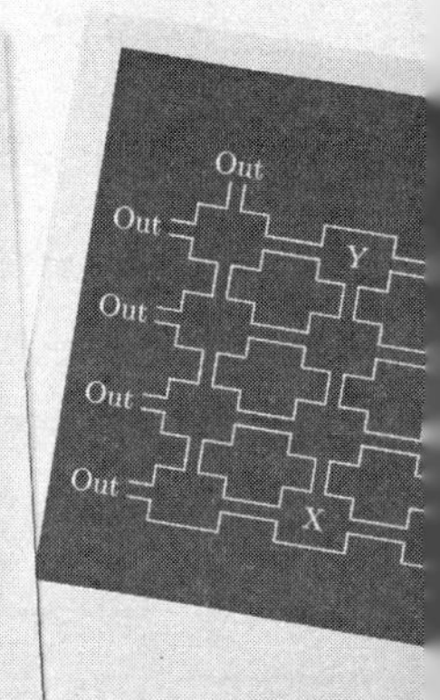

문제가 다양하고 복잡해짐에 따라 교사는 학생들이 문제해결에 적합한 전략을 선택해서 사용할 수 있도록 지도해야 한다. 제 3장에서는 다양한 형태의 문제들에서 해결의 실마리를 찾기 위해서 효과적이고 유용하게 활용할 수 있는 전략들을 확장하여 소개하고자 한다.

문제를 작은 부분으로 나누어서 해결하기 전략은 복잡한 상황을 단순한 상황으로 고쳐서 생각해 보거나, 문제에서 구조나 장면의 각 부분들을 적절히 분류하여 해결 계획을 수립함으로써 전체 문제를 해결하는 전략이다.

방정식으로 나타내어 해결하기 전략은 수량 사이의 관계를 방정식으로 나타내어 해결하는 전략이다.

시각적으로 추론하여 해결하기 전략은 2장에서 다룬 '그림으로 나타내어 해결하기' 전략을 확장한 형태로 볼 수 있다. 이 전략은 복잡한 문제 상황을 그림으로 표현하는 것이 불가능한 문제에서 그림 그리기를 보조적으로 활용하여 문제를 해결하는 전략이다.

이미지를 회상하여 해결하기 전략은 물리·조작적 모델을 이용하여 문제를 해결했던 이전의 경험에서 개념적·시각적 이미지를 활용해 문제를 해결하는 전략이다.

표집을 이용하여 해결하기 전략은 표집의 수를 이용하여 단순화하거나 또는 확률, 비례 관계 등을 활용하여 문제를 해결하는 전략이다.

수의 성질을 이용하여 해결하기 전략은 정수가 포함된 문제를 해결하는 데 효과적인 방법이다.

다른 관점에서 생각하기 전략은 일반적이 아닌 창의적인 관점으로 문제에 접근할 때 문제가 더 효과적인 방법으로 해결되는 경우에 활용하는 전략이다. 일반적으로 문제해결 지도에서 학생들이 제시한 풀이가 모두 일치하는 것은 아니다. 즉, 학생들 중에는 기존과는 다른 방식으로 문제를 해결하는 경우가 있는데, 이때 사용된 전략이 '다른 관점에서 생각하기' 전략이라고 할 수 있다.

극단적인 경우를 생각하기 전략은 극단적인 경우를 고려해보는 것이 문제해결에 도움을 주는 경우에 활용하는 전략이다. 이 전략은 수학적인 문제뿐만 아니라, 일상에서 발생하는 실생활 문제들을 해결할 때에도 유용한 전략들 중의 하나이다.

자료를 조직화하기 전략은 문제에서 제시된 자료와 문제 상황을 통합적으로 파악하여 문제를 해결하는 전략이다. 이때, 제시된 자료 형태는 수와 도형과 관련된 것일 수도 있고, 그림이나 이미지와 같은 시각적 자료일 수도 있다.

3.1 문제를 작은 부분으로 나누어서 해결하기 전략

좀 더 다양하고 복잡한 문제들을 해결하기 위해서 학생들은 문제해결에 적합한 여러 형태의 전략들을 확장해 다루어 보거나 학습한 전략의 적용 범위를 넓힐 수 있어야 한다. '문제를 작은 부분으로 나누어서 해결하기' 전략은 복잡한 문제를 몇 개의 작은 부분으로 나누거나 범위를 구분하여 해결하고, 이를 다시 점차적으로 재구성하여 전체 문제를 해결하는 전략이다. 다시 말해 이 전략은 문제 구조나 장면이 복잡한 경우에 문제를 몇 개의 단순한 부분으로 나누어서 풀어보는 것이다. 이 전략에서 학생들은 복잡한 원래 문제를 작은 부분으로 나누어서 해결한 후, 각 부분들을 적절히 조합하여 다시 해결 계획을 수립함으로써 문제를 해결할 수 있다. 문제를 작은 부분으로 나누어서 해결하는 전략이 어떻게 이용되는지 다음 문제를 풀어보자.

예 1 진호는 하루 동안 디지털 시계에 나타나는 숫자를 관찰하려고 한다. 숫자 '9'를 몇 분 동안 볼 수 있겠는가?

[풀이]

문제를 분해하여 12시간 동안에 숫자 9가 나타난 시간을 조사해 보고, 이것을 2배 하면 24시간 동안 숫자 9가 나타난 시간을 구할 수 있다.

① 먼저 0:00~12:00까지 12시간 동안에 숫자 '9'가 '시'를 나타내는 경우를 알아보면, 9:00부터 9:59분이 끝날 때까지 60분 동안 볼 수 있다.
② 9:00~9:59분까지를 제외한 나머지 11시간 동안은 '분'을 나타낼 때만 볼 수 있다. 예를 들어, 1:00~2:00 사이에 숫자 '9'가 나타나는 시간을 알아보자. 1:09~1:10(1분), 1:19~1:20(1분), 1:29~1:30(1분), 1:39~1:40(1분), 1:49~1:50(1분), 1:59~2:00(1분) 등 1시간 동안에는 6분 동안 숫자 '9'를 볼 수 있다.
③ 11시간 동안에는 $6 \times 11 = 66$(분) 동안 숫자 '9'를 볼 수 있다.

따라서 12시간 동안 숫자 '9'는 126분 동안 볼 수 있으며, 하루 24시간 동안에는 $126 \times 2 = 252$(분), 즉 4시간 12분 동안 숫자 '9'를 볼 수 있다.

위의 [예 1]과 유사하지만 확장된 형태인 다음 [예 2]를 해결해보자.

예 2 오늘 하루 동안 디지털시계를 계속하여 관찰할 경우 숫자 '2'를 몇 분 동안 볼 수 있겠는가?

[풀이]

문제를 분해하여 12시간 동안 숫자 2가 나타난 시간을 조사해보면 다음과 같다.

① '시'를 가리키는 경우

12:00~12:59까지와 2:00~2:59까지 2시간 동안 숫자 '2'를 볼 수 있다.

② '분'을 가리키는 경우

3:00~3:59분까지 1시간 동안 생각해보자. 3:02, 3:12, 3:20, 3:21, 3:22, 3:23, 3:24, 3:25, 3:26, 3:27, 3:28, 3:29, 3:32, 3:42, 3:52의 15분 동안 숫자 '2'를 볼 수 있다. 따라서 나머지 10시간 동안에 숫자 '2'를 볼 수 있는 시간은 10×15=150(분). 따라서 하루 동안에는 4시간 30분 동안 숫자 '2'를 볼 수 있다.

참고 자료 1 ·· 수학적 관찰력을 신장시키기 위한 방안

수학학습을 위해서는 기본적으로 주어진 대상을 관찰하고, 기록하며, 수학적 모델로 구성하는 능력을 갖추어야 한다. 어떤 학생이라도 새로운 수학적 모델을 개발하는 것에 어려움을 느끼지만, 학생들은 대체로 본인 수준에서 관찰하여 기록한 자료를 근거로 비공식적 가설을 제안하고 또한 이를 검증하면서 그들의 수준에서 새로운 수학적 모델을 구안하고 재발명할 수 있는 능력을 지니고 있다. 따라서 학생들이 수학적 모델을 재발명하는 능력을 신장시키기 위해서는 주변의 사실에 대해 주의 깊게 관찰하며 분석하여 자료로 기록하고, 기록한 자료를 기반으로 보고서를 정확하게 작성할 수 있는 과학-과정적 접근에 대한 기초적인 자질을 함양하는 것이 필요하다. 수학적 모델의 재발명이나 관찰력 신장과 관련하여 과학-과정적 접근의 일반적인 단계는 다음과 같다.

① 분류하기 ② 관찰하기
③ 정보를 분석·표현하기 위해 수를 사용하기
④ 정보에 대한 시·공간 사이의 관계성 이용하기
⑤ 의사소통하기 ⑥ 측정하기
⑦ 추론하기 ⑧ 예상하기

또한 위와 같은 과학-과정적 접근의 각 단계에서 학생들이 지닌 수학적 사실과 사고의 활용은 그들의 수학적 힘을 향상시키는 데에도 직접적인 영향을 미친다. 이밖에 수학적 관찰력을 함양하기 위해서 교사는 학생들이 주변의 대상에 관심을 가지고 살피도록 지도하여야 한다. 그리고 다음과 같은 형태의 질문을 통하여 학생들이 주변의 대상에서 수학적 관찰을 수행하도록 북돋아야 한다.

- 일년 동안 우리 반 학생들이 사용하는 연습장은 모두 몇 장이나 될까?
- 우리 반 아이들이 1년 동안 쓴 용돈을 모으면 모두 얼마나 될까?
- 볼펜 한 자루로 자신의 이름을 쓴다면 몇 번이나 쓰겠는가?

- 한 시간 동안에 학교 앞을 지나는 자동차는 모두 몇 대나 될까?
- 일년 동안 네가 걸어 다닌 걸음 수는 모두 몇 걸음이나 되겠는가?

참고 자료 2 ·· 브레인스토밍

브레인스토밍(brainstorming)은 자유로운 분위기에서 집단으로 문제해결 방법을 구안하는 토론 기법이다. 브레인스토밍은 1941년 오즈번(Osborn)이 광고 아이디어를 내기 위해 고안한 회의 기법으로써, 어떤 상황이나 문제의 개선과 해결 방안에 대해서 여러 사람이 공동으로 아이디어를 모으는 방식이다. 여러 사람이 집단으로 문제해결 기술을 개발하는 방법으로 쓰이는 브레인스토밍은 집단 토의의 효과를 살리면서 아이디어의 연쇄 반응을 불러일으켜 다양한 아이디어를 얻는 데 그 목적이 있다. 또한 문제해결에서 브레인스토밍은 학생들의 적극적 참여 동기를 유발하는 특징이 있으며, 따라서 성공적인 문제해결 프로그램은 학생들에게 규칙적으로 브레인스토밍을 수행할 수 있는 기회를 제공해야 한다. 브레인스토밍의 일반적인 절차는 다음과 같다.

① 가정을 명료화(공식화)하기 → ② 아이디어를 교환하기 → ③ 이전의 아이디어를 확장하거나 결합하기 → ④ 계획을 수정하기 → ⑤ 잘못된 아이디어를 바꾸기

또한, 문제해결에서 브레인스토밍을 수행하고자 할 때 지켜야 할 규칙은 다음과 같다.

① 아이디어의 발상과 평가를 철저히 분리하여 어떤 의견이 나오더라도 비판해서는 안 된다.
② 문제해결 방안을 최대한 많이 얻는 것이 목적으로 질보다는 양을 추구한다.
③ 다른 사람의 아이디어를 더 좋은 방향으로 발전시킬 수 있는 제안도 중요하게 취급돼야 한다.
④ 문제해결에 대한 비상하고 새로운 아이디어를 허용하는 분위기를 만들어야 한다.

연습문제

1. 디지털시계에 나타난 숫자들의 합이 가장 클 때의 시각은 언제인지 말하여라.

2. 디지털시계에 나타난 숫자의 합이 10인 것은 몇 분 동안인지 말하여라.

3.2 방정식으로 나타내어 해결하기 전략

'방정식으로 나타내어 해결하기' 전략은 수학·과학 분야의 전형적인 문제를 해결하는 데 활용되는 일반적인 전략이다. '방정식으로 나타내어 해결하기' 전략은 구체적인 문제 장면을 숫자와 기호 등을 사용한 수학적인 문장으로 번안하여 추상화된 상황에서 주어진 요소들 사이의 관계를 파악함으로써 문제를 해결하는 전략으로, 대체로 형식적 조작 단계의 추상적인 사고 능력을 갖춘 학생들이 사용한다. 이 전략의 활용에서는 예를 들면 미지의 것은 □나 알파벳 뒷부분의 문자인 x, y, z 등을 사용하고, 상수는 알파벳 앞부분의 문자인 a, b, c를 일반적으로 사용한다는 등의 수학적인 형식에 대한 이해가 먼저 선행되어야 한다.

'방정식으로 나타내어 해결하기' 전략의 활용과 관련지어 대체로 학생들은 주어진 문제에 대해 세심한 분석이나 이해가 미흡한 상태에서 기계적으로 이 전략을 이용하여 문제를 해결하려는 경향이 있다. 이러한 현상의 주된 요인은 '방정식으로 나타내어 해결하기' 전략의 가치에 대한 학생들의 인식이 전략을 활용한 실제 문제해결 경험에 근거한 것이라기보다는 교사 및 성인의 문제해결 습관을 모방하여 전수받고, 또한 그들의 요구를 있는 그대로 수용한 결과로 생각할 수 있다. 따라서 '방정식으로 나타내어 해결하기' 전략의 지도에서는 학생들이 실제로 이 전략을 활용해보고, 또한 이 과정에서 드러나는 어려움을 수학적 탐구를 통해 학생들이 스스로 극복해 가는 과정이 필요하다고 할 수 있다.

방정식으로 나타내어 해결하는 전략은 다음과 같은 장면의 문제를 해결하는 데 효율적이다.

- 변수가 제시될 경우
- 문제에서 "~와 같다"라는 표현이 있을 경우
- 명시된 조건들이 방정식으로 쉽게 표현될 경우
- 일반화된 공식인 길이, 넓이, 부피, 시간, 속도, … 등을 이용하는 경우
- 제시된 조건들이 방정식으로 쉽게 표현될 경우

다음 문제의 해결을 통하여 '방정식으로 나타내어 해결하기' 전략이 어떻게 사용되는지를 알아보자.

예 1 문방구에 가서 종호는 360원짜리 공책을 4권 샀고, 동생은 240원짜리 공책을 몇 권 샀다. 두 사람이 지불한 공책 값이 같았다면, 두 사람이 산 공책은 모두 몇 권인가?

[풀이]

먼저 주어진 문제에서 구하고자 하는 것을 x라고 하고, 곧바로 기계적으로 방정식을 세우기보다는 문제의 이해를 돕고, 주어진 조건 사이의 관계를 파악하기 위하여 다음과 같은 과정을 거치는 것이 유용하다.

① **[문제 분석]** : 문제에 주어진 자료를 살펴보자.

- 종호가 산 공책의 단가 : 360원
- 동생이 산 공책의 단가 : 240원
- 종호가 산 공책 수 : 4권
- 동생이 산 공책 수 : ?권
- 종호가 지불한 공책 값 : (360원짜리 4권 값)
- 동생이 지불한 공책 값 : (240원짜리 x권 값)
- 구하려는 것 : 두 사람이 산 공책 수

② **[문제 장면의 시각화]** : 문제의 이해를 돕기 위하여 문제 장면을 시각화하여 보자.

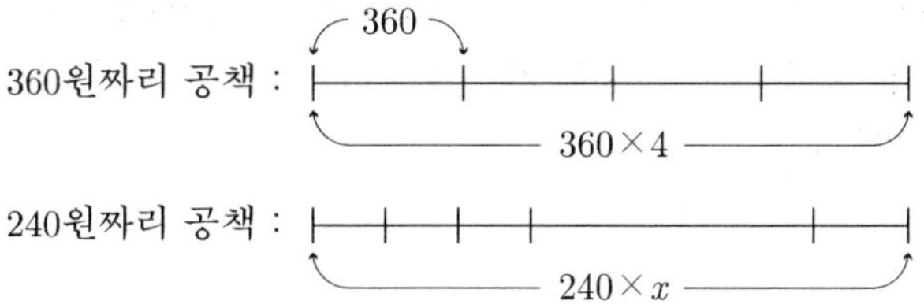

③ **[방정식으로 나타내기]** : 주어진 자료 사이의 관계를 정리하고, 위 그림을 참고하여 식으로 나타내어 보자.

- '공책 값=공책의 단가×공책 수'의 공식을 이용하자.
- 동생이 산 240원짜리 공책 수는 알 수 없으므로 x라면, 동생이 지불한 공책 값은 $(240\times x)$원이고, 종호는 360원짜리 공책을 4권 구입했으므로 종호가 지불한 공책 1440원이다.
- 두 사람이 지불한 공책 값은 같으므로 다음과 같은 방정식을 구할 수 있다.
  $(360\times 4)=(240\times x)$

④ **[답 예상하기]** : x의 값(동생이 산 공책 수)은 얼마인지 예상해본다.

⑤ **[방정식 풀이]** : 알고리즘을 이용하여 방정식을 푼다.

$(360\times 4)=(240\times x)$

$(240\times x)=1440$

$x=1440\div 240$

$x=6$

동생이 산 공책 수를 x라고 했으므로 동생은 240원짜리 공책 6권을 샀다.

⑥ **[검산 및 해답의 결정]** : $x=6$을 처음 방정식 $(360\times 4)=(240\times x)$에 대입하여 계산해본다.

$(360\times 4)=1440$이고, $(240\times 6)=1440$이므로 계산 과정에서 틀린 곳은 없다.

따라서 이들 두 사람이 산 공책 수는 $4+6=10$(권)이다.

답 두 사람이 산 공책은 모두 10권이다.

방정식을 이용해 문제를 해결할 때 주의를 기울여야 할 사항 중의 하나는 도출한 답의 정당성을 확인하는 것이다. 예컨대, 위의 [예 1]과 같은 문제를 해결할 때, 학생들은 흔히 형식화된 알고리즘을 적용하여 기계적인 방법으로 미지수인 x의 값을 구하는 데만 관심을 집중시킴으로써 위 문제의 경우 답을 '6'으로 잘못 제시하는 경우가 종종 있다. 따라서 방정식을 풀어서 구한 미지수 x의 값을 식에 대입하여 검토한 후에, 그것이 처음 주어진 문제의 답에 적절한지를 점검해보는 활동이 필요하다. 즉 구한 답을 주어진 문제 상황에 맞게 반성해보는 과정을 거치도록 해야 한다.

더불어 방정식을 이용하여 문제를 해결할 경우 문제 장면을 명확히 분석하여 주어진 자료에서 같은 양을 나타내는 자료를 찾는 활동, 즉 주어진 자료 사이의 관계를 파악하여 방정식으로 나타내는 활동과 등식의 성질을 바르게 이해하고 이를 활용하는 활동이 중요하다. 다음 [예 2]를 해결해 보자.

예 2 진수는 집에서 등대까지 자전거 하이킹을 간다. 집에서 등대를 향해 갈 때는 바람을 안고서 달리므로 한 시간에 평균 12km의 속도로 달리고, 돌아올 때는 바람을 등지고 한 시간에 평균 18km의 속도로 달렸다. 등대를 출발하여 집으로 돌아오는 데 4시간이 걸렸다면 집에서 등대까지 갔다가 돌아오는 데 몇 시간이 걸렸을까?

[풀이]

먼저 주어진 문제에서 구하고자 하는 것을 x라고 하고, 곧바로 기계적으로 방정식을 세우기보다는 문제의 이해를 돕고, 주어진 조건 사이의 관계를 파악하기 위하여 다음과 같은 과정을 거치는 것이 유용하다.

① 문제의 이해를 돕기 위하여 문제 장면을 시각화하여 보자.

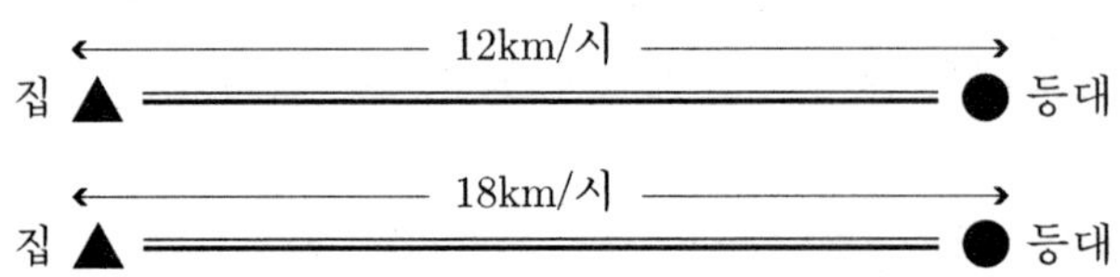

② 문제에 주어진 자료를 살펴보자.

- 바람을 안고 달릴 때의 속도 : 12km/시
- 바람을 안고 달린 시간 : ?시간
- 바람을 등지고 달릴 때의 속도 : 18km/시
- 바람을 등지고 달린 시간 : 4시간
- 바람을 안고 달린 거리 : 집에서 등대까지의 거리
- 바람을 등지고 달린 거리 : 등대에서 집까지의 거리

③ 알 수 있는 정보는 주어진 자료를 이용하고, 알 수 없는 정보는 기호를 사용하여 식으로 나타내라.

- '거리=시간×속도'의 공식을 이용하자.

- 바람을 안고 달린 시간은 알 수 없으므로 그 시간을 x라고 하면, 바람을 안고 시속 12km의 속도로 x시간 달린 거리는 $(12\times x)$km이다.
- 바람을 등지고 시속 18km의 속도로 4시간 달렸으므로, 바람을 등지고 달린 거리는 $(18\times 4)=72$km이다.
- 바람을 안고 달린 거리와 바람을 등지고 달린 거리는 같으므로 다음과 같은 방정식을 구할 수 있다. $(12\times x)=(18\times 4)$
- 위 방정식을 풀면 $x=6$, 즉 바람을 안고 달린 시간은 6시간이라는 사실을 알 수 있다.
- 바람을 등지고 달린 시간 4시간, 바람을 안고 달린 시간 6시간이므로 집에서 등대까지 갔다가 돌아오는 데 $(4+6)=10$(시간)이 걸렸다.

참고 자료 1 ·· 교수·학습 지도법

문제해결 전략 중에서 가장 일반적인 전략이 식을 세워서 해결하는 전략이다. 이 전략은 국어적인 문장(서술문)이나 그림 등으로 표현된 구체적인 문제 장면을 추상화된 숫자와 기호를 사용한 수학적인 문장(방정식)으로 나타내고, 이를 수학적 사실, 개념, 원리와 법칙(역연산이나 등식의 성질)을 이용하여 해결하여, 이를 다시 구체적인 생활 장면에서 해석하는 유형의 문제이다.

식을 세워서 해결하는 전략을 사용할 경우 국어적 문장을 번안하여 수학적인 문장인 식으로 나타내기까지 복잡한 사고 과정을 거쳐야 한다. 특히 문제의 올바른 이해가 문제해결에 필수적인 요소라고 할 때, 문제의 이해를 위해서 주어진 조건의 과부족을 분석하는 활동, 주어진 조건 사이의 관계를 파악하는 활동, 문제에서 요구하는 사항이 무엇인지 명확히 파악하는 활동 등이 필요하다. 문제가 올바르게 이해되어야만 문제해결을 위한 적절한 전략이 연상될 수 있다.

문제의 이해를 위해서는 문제 장면의 시각화가 효과적이다. 장면의 시각화를 통해 수직선, 선분도, 면적도 등으로 문제를 구조화하고, 이를 바탕으로 적절한 연산자를 선택해 식을 세우고, 세운 식을 절차에 따라 가설의 해를 구하며, 검산의 과정을 거쳐 올바른 해를 확정한 뒤 문제 조건에 맞게 해석해야 한다.

참고 자료 2 ·· 학습 환경

문제해결 지도를 위한 학습 환경은 다음과 같이 정리할 수 있다.

① 포스터나 게시판을 적절히 활용하자. 학생들의 문제해결을 돕기 위해서 포스터나 게시판을 다음과 같이 이용할 수 있다.

- 신문이나 잡지 등에서 실생활에 관련된 문제 및 그 해결 방법 및 토의한 것을 오려서 게시판에 붙이기
- 여러 가지 전략을 활용하여 해결한 문제의 예를 보여주기
- 학생들에게 흥미있는 실생활의 문제를 소개하기

② 문제의 이해를 도울 수 있어야 한다.

문제해결 능력은 문제와 질문을 이해하는 능력, 자료를 다루는 능력, 무엇을 해야 할지 계획하는 능력, 답을 찾는 능력 그리고 답이 정확한지를 점검하는 능력 등을 하위 요인으로 한다. 문제해결의 첫 단계인 문제를 파악하고 이해하는 능력을 함양하도록 돕기 위해 다음과 같은 학습 환경을 제시할 수 있다.

- 학생들이 문제를 읽고 그 해결에 필요한 중요한 사실과 그들 사이의 관계를 파악해볼 수 있는 문제를 제시하여라.
- 학생들에게 2분 이상 생각할 수 있는 문제를 제시하고, 그들이 문제의 장면과 그 해결 방법을 파악하기 위해 가능한 한 많은 것을 얘기할 수 있도록 하여라.
- 학생들에게 개인적으로 해결할 수 있는 문제뿐만 아니라 여러 명이 함께 해결할 수 있는 장면의 문제를 가급적 충분히 제공하여라.

연습문제

1. 명호네 집에서 대전까지 가는 데 시속 80km로 달려서 5시간이 걸렸다. 12분 일찍 도착하려면 시속 몇 km로 달려야 할지 구하여라.

2. 어떤 수에 6을 더한 후, 5를 곱하고 다시 28을 뺀 차를 2배 하여 다시 16을 더한 것과 어떤 수를 5배 한 후, 50을 뺀 차를 다시 2배 한 것과 비교하여라.

3. 상자에 200개의 나무토막이 있다. 몇 개는 빨간색이고 몇 개는 흰색이다. 또, 일부는 파란색이다. 각각의 나무토막에는 홀수 또는 짝수가 새겨져 있다. 빨간색이면서 짝수가 새겨진 나무토막은 23개이다. 파란색이면서 홀수가 새겨진 나무토막은 14개이다. 짝수가 새겨진 나무토막의 수는 140개이고, 72개의 흰색 나무토막 중에서 42개에 짝수가 새겨져 있다. 파란색이면서 짝수가 새겨진 나무토막의 수는 몇 개인지 구하여라.

4. 진호는 2001년 3월에 100원을 저금했다. 그 후로 매달 전달의 저축액보다 200원씩 더 저축을 했다. 이런 방법으로 계속 저금했다면, 2015년 2월까지 저축한 금액은 얼마인지 구하여라. (단, 이자는 생각하지 않고, 원금만 계산한다.)

5. 관광객들을 태울 버스를 대절하였다. 1인당 요금은 1800원이었는데 10명이 관광을 취소하는 바람에 1인당 요금 2400원씩을 지불해야 했다. 관광한 사람은 모두 몇 명인지 구하여라.

3.3 시각적으로 추론하여 해결하기 전략

'시각적으로 추론하여 해결하기' 전략은 시각적 추론과 예측을 기반으로 문제해결을 이끌어 내는 전략으로, 이 전략은 문제해결에서 학생들에게 일정 수준의 통찰력과 창의력을 요구한다. 시각적으로 추론하여 해결하는 전략이 어떻게 활용되는지 다음 문제를 풀어보자.

예 1 모서리의 길이가 1인 50개의 정사각형을 한 줄로 이어서 놓아보자. 만들어진 도형의 둘레는 얼마인가?

[풀이]

50개의 정사각형을 모두 그려서 문제를 해결하는 것은 시간 낭비이다. 따라서 아래 그림과 같이 사각형 5개를 연결한 도형을 그려서 규칙을 찾아 본 후에 더 연결한 경우를 상상하여 문제를 해결해보자.

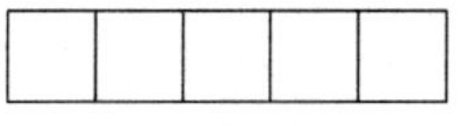

[방법 1] 정사각형의 변끼리 연결하여 만들어진 직사각형의 윗변과 아랫변의 길이는 같으며, 양쪽 끝에 있는 변(직사각형의 세로)은 길이가 1이다. 즉, 50개의 정사각형을 연결하여 만든 직사각형은 길이의 윗변과 아랫변의 길이가 각각 50이다. 그리고 왼쪽과 오른쪽에 있는 세로는 각각 1이므로 만들어진 직사각형의 둘레는 $(2\times50)+2=102$이다.

[방법 2] 가장 바깥에 있는 2개의 정사각형은 세 변이 둘레에 포함된다는 사실과 나머지 정사각형들은 두 변만 둘레에 포함된다. 즉, 50개의 정사각형을 연결하여 만든 직사각형의 둘레에는 두 변이 포함되는 정사각형이 48개이고, 세 변이 포함되는 정사각형이 2개이다. 따라서 만들어진 직사각형의 둘레는 $(48\times2)+(2\times3)=102$이다.

[방법 3] 각 정사각형의 둘레가 4이므로 50개의 정사각형을 연결하여 만든 직사각형 둘레의 합은 200이다. 그러나 50개의 정사각형에서 변이 서로 겹쳐진 개수는 49개이므로 이들 겹쳐진 변의 길이는 직사각형의 둘레에서 빼야 한다. 따라서 만들어진 직사각형의 둘레는 $200-(2\times49)=102$이다.

위의 [예 1]을 확장한 또 다른 형태의 문제인 [예 2]를 풀어보자.

예 2 다음 물음에 답하시오.

(1) 한 변의 길이가 1인 정삼각형 50개를 다음 [그림 1]과 같이 한 줄로 연결하면 둘레는 얼마인가?

(2) 한 변의 길이가 1인 정육각형 50개를 다음 [그림 2]와 같이 한 줄로 연결하면 길이는 얼마인가?

이 두 문제를 해결하기 위해 시각적 추론을 이용해보아라.

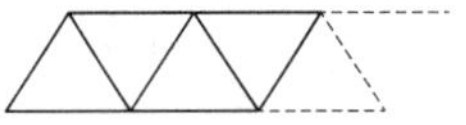

[그림 1]

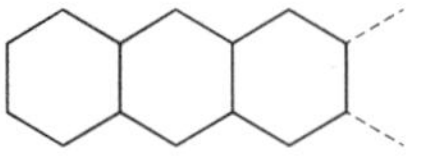

[그림 2]

[풀이]

(1) 작은 정삼각형의 한 변의 길이가 1이고, 위 [그림 1]과 같이 정삼각형을 연결하면 평행사변형 모양이 된다. 이 평행사변형의 윗변과 아랫변의 길이는 각각 25이고, 왼쪽과 오른쪽에 있는 두 양변의 길이는 각각 1이므로 도형의 둘레는 52이다.

(2) 작은 정육각형의 한 변의 길이가 1이고, 위 [그림 2]와 같이 정육각형을 연결하면, 위쪽과 아래쪽의 변의 길이는 각각 50×2이고, 왼쪽과 오른쪽 양변이 각각 1이므로 도형의 둘레는 $(50 \times 2) \times 2 + 2 = 202$이다.

참고 자료 1 ·· 문제의 확장

'시각적으로 추론하여 해결하기' 전략과 관련하여 다음 [예 3]을 해결해보자.

예 3 다음 그림과 같이 일정한 규칙에 따라 블록을 쌓을 경우, 주어진 그림에서 규칙성을 찾아 '4번째 도형은 어떤 모양일까?'에 대해 토론해 본 후, 20번째의 형태도 상상해보고 실제로 쌓아보아라.

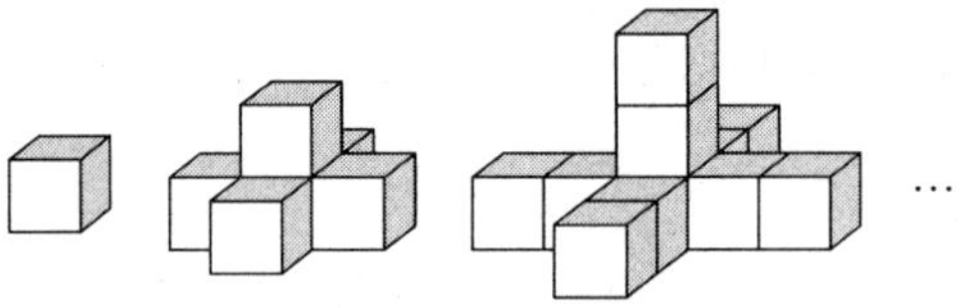

[풀이]

20번째까지 쌓는 데 96개의 정육면체가 필요하다. 문제를 해결하기 위해 다음과 같은 몇 가지 시각적 추론 방법을 생각해볼 수 있다.

- 방법 1(가운데에 쌓은 블록 수를 생각할 경우) : 가운데에 쌓은 블록 수가 20개이고, 그 둘레에는 각각 19개의 블록이 있으므로 $20 + (4 \times 19) = 96$(개)이다.
- 방법 2(제일 처음 놓은 1개를 생각할 경우) : 제일 처음 놓은 1개를 중심으로 그 둘레와 위쪽 등 5개의 방향

으로 각각 19개씩 쌓았으므로 $(5\times19)+1=96$(개)이다.

- 방법 3(단계마다 늘어난 블록 수를 생각할 경우) : 처음 1개의 정육면체에서 한 번에 5개씩 더하는 활동을 19번 했다고 생각하면 $(5\times19)+1=96$(개)이다.
- 방법 4(처음 단계에서 늘어난 블록 수를 생각할 경우) : 가운데에 있는 1개를 포함하여 그 둘레와 위쪽 등 5개 방향에 각각 20개의 정육면체를 붙여놓았다. 그러나 가운데에 있는 처음 놓였던 것은 5번이 포함되기 때문에 4를 빼면 $(5\times20)-4=96$(개)이다.

위의 [예 3]과 같은 문제는 문제를 확장하여 학생들의 문제해결 전략이나 사고 과정을 좀 더 명료히 할 수 있으며, 더 발전적이고 고차적인 사고력을 자극할 수 있다. 예를 들어, 위의 문제에서 경우를 확장하여 50번째, 100번째, …, n번째까지 쌓았을 때의 모양과 정육면체의 수를 구하게 할 수 있다. 또한 위의 [예 3]과 같은 유형이면서 아래 그림과 같은 규칙을 가지도록 문제를 확장할 수 있다.

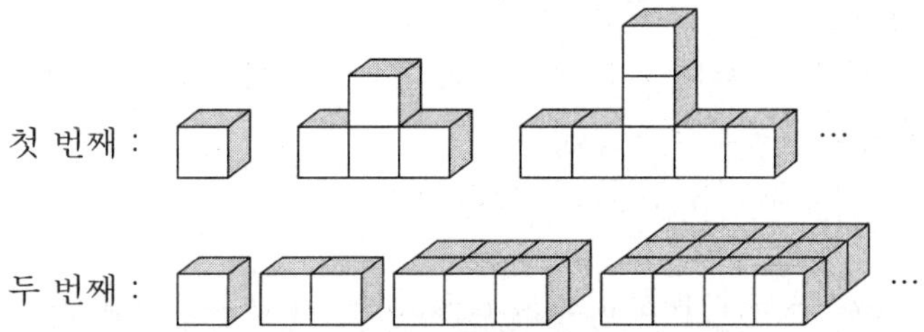

참고 자료 2 ·· 문제의 확장

다음의 [예 4]와 같은 문제는 초등학교 고학년 학생들에게 흥미와 관심을 유도할 수 있다. 다음 문제를 해결해보자.

예 4 (4×7)칸으로 된 직사각형을 그려라. 그리고 다음 그림처럼 대각선을 그리고 대각선이 지나가는 정사각형의 수와 대각선에 의해 잘리는 변의 수를 구하여라.

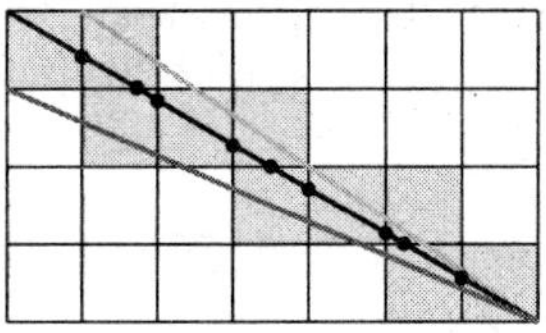

[풀이]

(4×7)칸의 직사각형에서 대각선을 그으면 (4+7−1)=10개의 정사각형을 지나고, (3×7)칸의 직사각형은 (3+7−1)=9개의 정사각형의 눈금을 지나며, (4×6)칸의 직사각형은 (4+6−1)=9개의 정사각형의 변을 지나간다. 이런 유형의 문제를 해결하는 방법은 정확하게 도형을 그린 후, 대각선을 그어서 대각선이 지나가는 변의 수를 정확하게 세는 것이다.

또 다른 방법은 대각선이 지나는 정사각형의 변과 만나는 점의 수와의 관계를 관찰하는 것이다. 대각선을 따라 직접 세어 보는 것도 하나의 과정임을 주목하라. 대각선은 각각의 정사각형의 변과 만나게 된다. 그러므로 대각선이 지나가는 정사각형의 수는 대각선과 정사각형의 변이 만나는 점(교점)의 수보다 1 크다. 예컨대, (4×7)칸으로 된 직사각형에 대각선을 그으면 9개의 정사각형의 변(가로 3개, 세로 6개)과 만난다. 또 (3×7)칸으로 된 직사각형에 대각선을 그으면 (3+7−2)=8개의 정사각형의 변과 만나며, (4×6)칸의 직사각형은 (4+6−2)=8개의 변과 만나게 된다.

또한, [예 4]와 같은 문제는 다음과 같은 문제로 확장될 수 있다.

- (3×7)로 된 직사각형을 그려라. 그리고 다음 그림처럼 대각선을 그리고 대각선이 지나가는 정사각형의 수와 대각선에 의해 잘리는 변의 수를 구하여라.
- (4×6)으로 된 직사각형을 그려라. 그리고 다음 그림처럼 대각선을 그리고 대각선이 지나가는 정사각형의 수와 대각선에 의해 잘리는 변의 수를 구하여라.
- 또 다른 넓이를 가지는 직사각형을 만들도록 시도해보자.

참고 자료 3 ·· 학습 환경

문제해결에 요구되는 학습 환경은 다음과 같이 정리할 수 있다.

- 문제해결과 관련된 생각을 자유롭게 이야기할 수 있는 환경을 만들어라.
- 모든 아이디어를 받아들여라. 그리고 결론을 이끌어내지 못하더라도 모든 아이디어에는 장점을 가지고 있음을 강조하고, 또 그런 아이디어는 왜 유용한 정보가 될 수 없는지에 대해서도 이야기해보자.
- 문제에 접근하는 방법을 다양하게 찾아보아라. 그리고 대안적인 결론을 찾도록 유도하자.
- 문제해결과 관련된 아이디어에 대해 언급하는 내용을 경청한다. 다른 사람의 의견을 들음으로써 자신의 문제해결 접근 방법을 확장시켜 나갈 수 있다.

연습문제

1. 다섯 시에 시계가 5초 동안 5번 종소리를 냈다. 같은 시계가 같은 비율로 9시에 아홉 번의 종소리를 내는 데 얼마나 걸릴지 구하여라. (단, 종소리는 시간이 소요되지 않는 것으로 가정한다.)

2. 다음 그림과 같이 일정한 규칙에 따라 블록을 쌓을 경우, 10번째의 형태를 쌓는 데 필요한 블록의 개수를 구하여라.

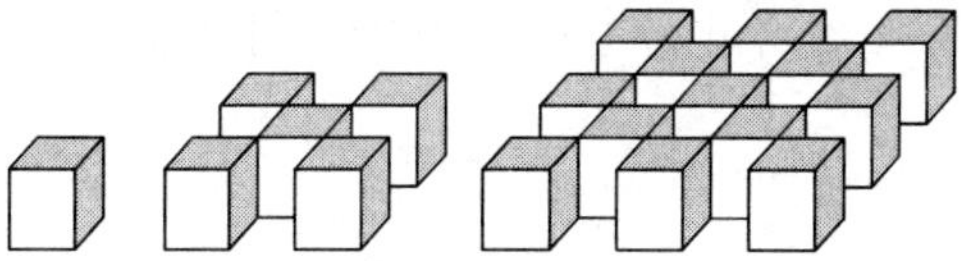

3.4 이미지를 회상하여 해결하기 전략

초등수학의 사칙 연산 지도에서 다양한 조작 활동과 시각적 모델을 사용하는 이유 중의 하나는 학생들의 암산 능력을 신장하기 위해서이다. 계산 문제에서 기호로 표현하지 않고 암산하거나 문제와 관련된 이미지를 구성하는 능력은 연산과 관련한 다양한 조작 활동을 수행하거나 많은 유형의 문제를 관찰함으로써 함양할 수 있는 능력이다. '이미지를 회상하여 해결하기' 전략은 문제의 규칙이나 관계를 대체로 시각적인 이미지를 활용하여 인식하고, 인식된 이미지를 기반으로 문제를 해결하는 전략이다. 이미지를 회상하여 해결하는 전략이 어떻게 이용되는지 다음 문제들을 해결하면서 알아보자.

1) 암산을 통해 패턴을 인식하고 이를 이용하기

예 1 다음 식에서 □ 안에 들어 갈 알맞은 수를 구하여라.

$14\times16 = 224$, $24\times26 = 624$, $34\times36 = 1224$, $44\times46 = 2024$,
$54\times56 = 3024$, ……, $94\times96 = \square$

[풀이]
3~4학년 수준의 학생들이 해결할 수 있는 수준의 문제로, 학생들은 이 문제의 해결에서 암산을 통해 다음과 같은 규칙을 발견할 수 있다.

① 곱하는 두 수의 일의 자리의 수 4×6은 곱의 마지막 두 자리 수인 24이다.
② 곱하는 두 수의 십의 자리에서 $1\times(1+1)=2$, $2\times(2+1)=6$, $3\times(3+1)=12$, $4\times(4+1)=20$, $5\times(5+1)=30$이다. 따라서 94×96은 $4\times6=24$, $9\times(9+1)=90$에서 9024이다.

2) 시각적인 이미지를 이용하여 곱셈하기

예 2 24×26은 얼마인지 알아보아라.

[풀이]
[그림 1]의 작은 정사각형 가를 이동하여 [그림 2]의 모양으로 변환할 수 있다. 그 결과 [그림 2]에는 작은 정사각형 $(20\times30)=600$(개)와 $4\times6=24$(개)의 합인 624개의 작은 정사각형이 있다. 즉, $24\times26=(2\times3)\times100+24=624$이다.

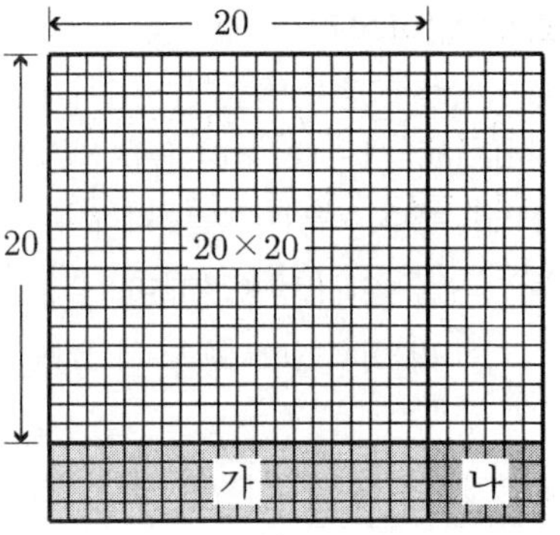

[그림 1]

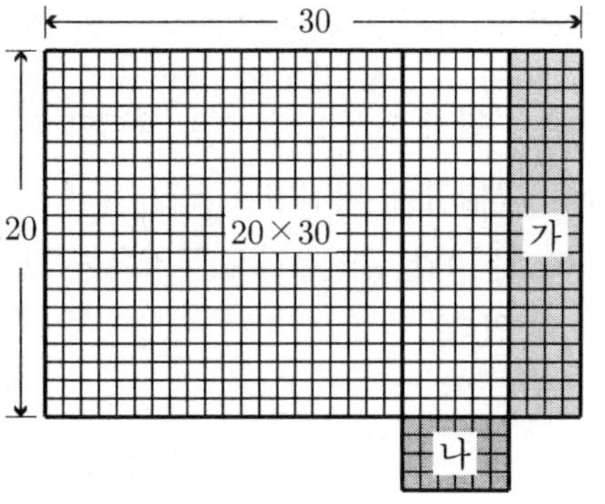

[그림 2]

시각적 이미지를 활용하여 또 다른 형태의 문제에도 위의 [예 2]와 같은 규칙이 성립하는지를 확인하여 곱셈에서 십의 자리의 숫자가 같은 경우로 일반화할 수 있는 곱셈 원리를 찾을 수 있다. 다음 [예 3]을 해결해보자.

예 3 13×17은 얼마인지 알아보아라.

[풀이]

$13 \times 17 = \square$를 구해보자.

[그림 3]의 ㉮를 [그림 4]의 ㉮로 옮기면 작은 정사각형의 개수는 $(10 \times 20) = 200$(개)와 $(3 \times 7) = 21$(개)의 합으로 221개이다. 즉, $(1 \times 2) \times 100 + 21 = 221$이다.

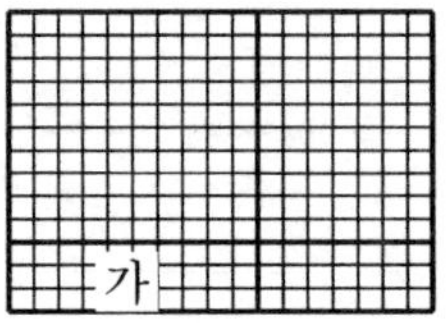

[그림 3]

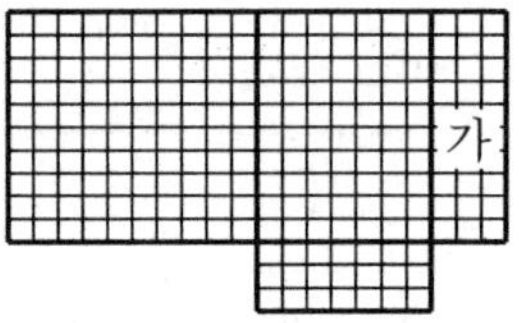

[그림 4]

위와 같은 방법과 같이 시각적 이미지를 회상하는 전략을 활용하여 문제를 해결하기 위해서는 처음 단계에서는 시각적인 그림을 이용하여 해결하는 경험을 충분히 가진 후에, 완전하지 않은 그림을 그리거나 이미지를 머릿속으로 상상하는 과정이 필요하다.

3) 시각적인 이미지를 이용하여 약수의 개수와 소수 알아보기

다음과 같은 조작적 활동은 약수의 개념에 대한 이미지를 발달시키는 데 도움을 줄 수 있다. 예를 들어 아래 그림처럼 타일이나 종이 조각 12개를 이용하여 넓이가 12인 직사각형을 만들면 1×12, 2×6, 3×4와 같이 3가지 모양으로 만들 수 있고, 따라서 12의 약수는 1, 2, 3, 4, 6, 12로 6개임을 알 수 있다.

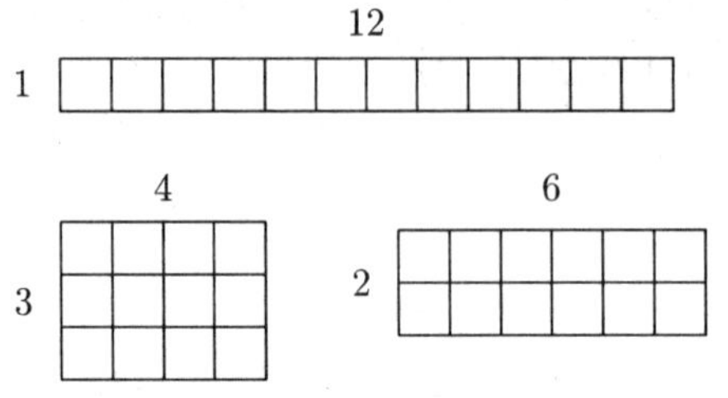

또한, 이 예의 확장으로 다음 [예 4]와 같이 한 변의 길이가 12보다 작게 만든 직사각형에 대한 시각적인 이미지를 이용하여 12 이하인 자연수의 약수들에 대해서 조사해보도록 할 수 있다.

예 4 12 이하의 자연수들에 대해서 다음 물음에 답하여라.

(1) 한 가지 모양만 만들 수 있는 수는 어떤 수인가?
(2) 한 가지 이상의 모양을 만들 수 있는 수는 어떤 수인가?
(3) 약수가 2개보다 적은 수는 어떤 수인가?
(4) 약수가 2개인 수는 어떤 수인가?
(5) 약수가 3개인 수는 어떤 수인가?

[풀이]

1~12개의 정사각형 모양 타일로 만든 직사각형을 생각해보자.

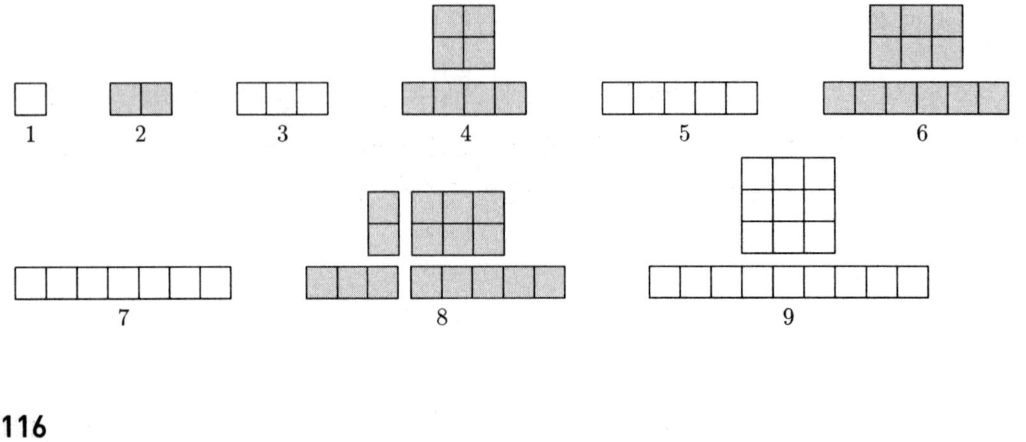

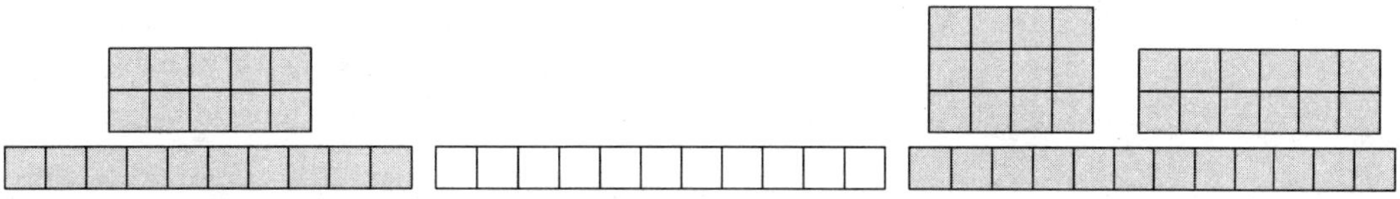

위 그림에서 1~12개의 타일로 만든 직사각형 중에서 가로가 1, 2, 3, 5, 7, 11인 직사각형은 단 1개의 직사각형으로 이루어진 경우이다. 따라서 가장 작은 자연수인 1은 유일한 하나의 약수 1을 가지며, 2, 3, 5, 7, 11은 2개의 약수를 갖고, 4와 9는 3개의 약수를 갖는다.

4) 시각적인 이미지를 이용하여 겉넓이와 부피 사이의 관계 알아보기

학생들에게 겉넓이와 부피 사이의 이미지를 발달시키는 데에 시각적 모델을 이용한 문제해결 활동이 도움을 준다. 우선 학생들에게 정사각형 블록을 이용하여 여러 가지 입체 모양을 만들도록 하고, 만든 모양에서 블록 수에 대한 겉넓이와 부피에 대해서 토의하도록 한다. 다음 [예 4]는 시각적인 이미지를 이용하여 겉넓이와 부피 사이의 관계에 대해서 알아보는 문제이다.

예 5 블록 12개를 이용하여 다음 물음에 답하여라.

- 모양이 서로 다른 직사각형 모양의 상자를 몇 가지 만들 수 있는가?
- 겉넓이가 가장 좁을 경우, 상자 모양은 어떤 모양인가?
- 겉넓이가 가장 넓을 경우, 상자 모양은 어떤 모양인가?

[풀이]

아래 그림에서 각각의 직육면체는 12개의 블록을 붙여서 만든 것이다.

(1)

(2)

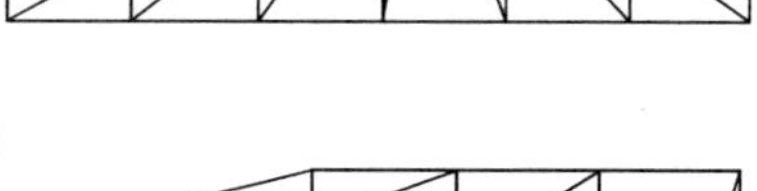

(3)

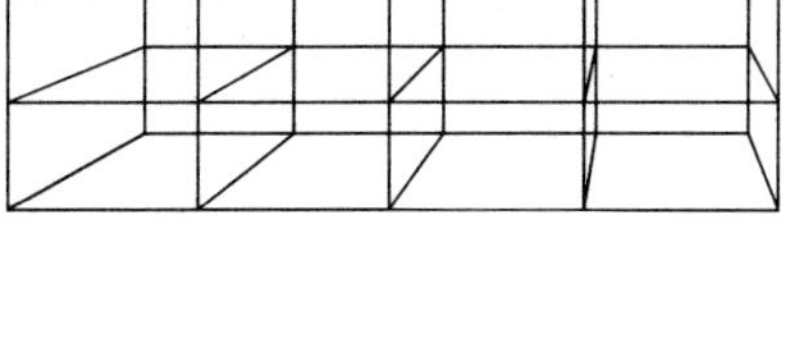

(4)

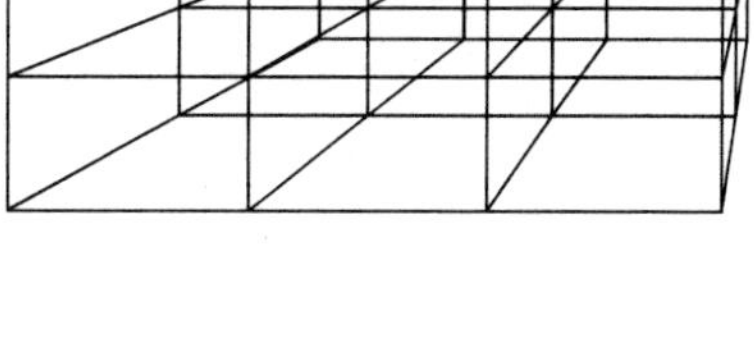

길게 한 줄로 붙인 도형인 (1)의 겉넓이가 가장 넓으며, 이것은 50개의 정사각형으로 둘러싸여 있다. 또 각 블록을 가장 밀집되게 쌓은 도형인 (4)의 겉넓이가 가장 좁으며, 이것은 32개의 정사각형으로 둘러싸여 있다. 그렇지만 겉넓이와 달리 이 도형들의 부피는 모두 같다. 일반적으로 같은 부피의 물체 중에서는 제일 밀집된 모양의 겉넓이가 가장 작은데, 예를 들어 같은 양의 찰흙으로 만든 입체 중에서는 구의 겉넓이가 가장 작다.

참고 자료 1

수학적 대상들은 심상(心象)으로 조작되고 추상화되어 기호로 표현된다. 수학적 대상을 추상화하기 전에 심상으로 조작하는 것처럼 학문 탐구에서 이미지를 형성하는 것은 중요한 단계이다. 과학자나 수학자들은 종종 문제에서 어렴풋한 또는 분명하지 않은 이미지를 사용함으로써 창의적인 아이디어를 만들어낸다는 연구 결과가 있다(Hadamard, 1954). 따라서 수학을 배우고 생각하는 바에서 이미지를 형성한다는 것은 의미 있는 활동이며, 이미지의 형성을 위해 알고 있어야 할 내용들은 아래와 같은 4개의 격언으로 정리할 수 있다.

- 사고 과정에서 하나의 요소로써 유용한 물리·조작적 모델은 자유롭게 묘사되고 결합될 수 있는 어떤 의미를 암시하는 신호인 동시에 분명한 이미지이다(Albert Einstein).
- 어떤 것들은 자신이 가지고 있는 모델에 동화되기 쉬운 반면 그렇지 못할 경우 그것을 이해하는 것은 매우 어렵다(Pepert).
- 수학적 진술에 대한 이미지나 관련된 상황이 연상되지 않거나 감각이 결핍된 아이디어로 인해 유의미한 학습이나 발견을 이끌 수 없거나 토론된 것들을 추상화시키지 못하는 수학적 진술은 아무런 의미가 없게 된다. 왜냐하면 감각의 확장이 추상을 의미하기 때문이다(Sommer).
- 우리가 기억하는 것의 75%는 시각적 기억에 의존하고 나머지 25%는 청각적 기억에 의존한다고 하지만 사실 우리가 기억하는 것의 대부분은 시각적인 것에 의존한다. 수학적 아이디어에 대해 생각할 때 기호적인 형태로부터 추상화된 개념을 생각한다(Ulam).

연습문제

1. 다음 그림들은 뚜껑이 없는 정육면체 모양으로 만들 수 있는 전개도들이다. 정육면체의 바닥에 보기처럼 'B'자로 표시하여라.

〈보기〉

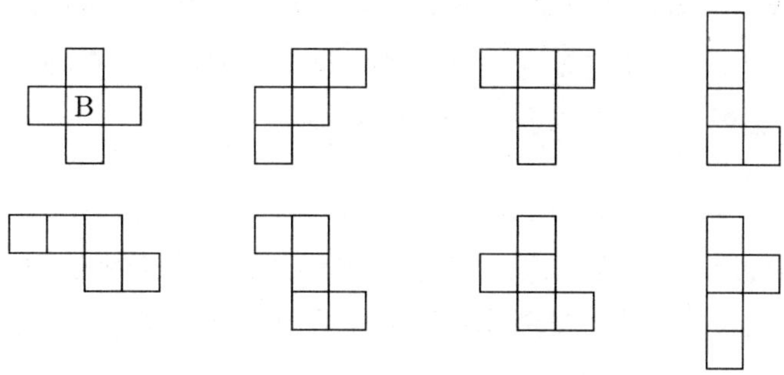

2. 다음 그림은 뚜껑이 없는 정육면체 모양으로 만들 수 없다. 그 이유를 설명하여라.

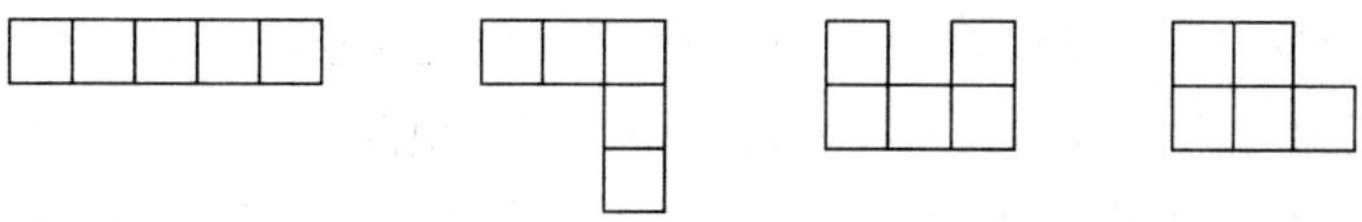

3.5 표집을 이용하여 해결하기 전략

문제 장면에서 주어진 양이 너무 많거나 일일이 그 수를 실제로 세기가 불가능한 경우에 주어진 대상의 수를 알아보기 위해서 사용하는 '표집을 이용하여 해결하기' 전략은 표집의 수를 이용하여 단순화하거나 또는 확률, 비례 관계 등을 활용하여 문제를 해결하는 것이다. 표집을 이용하여 해결하는 전략이 어떻게 이용되는지 다음 문제를 풀어보자.

예 1 영수네 마을에는 잉어를 기르는 양어장이 있다. 영수는 양어장에 있는 잉어 수가 몇 마리인지 알아보려고 한다. 어떻게 하면 양어장에서 자라고 있는 잉어 수를 알 수 있을까? 그 방법을 설명하여라.

[풀이]

① 먼저 그물을 이용하여 100마리의 잉어를 잡은 후 꼬리표를 달아서 연못에 넣어준다.

② 다음날 그물을 이용하여 200마리의 물고기를 잡은 후 꼬리표가 달린 물고기 수를 세어보니 10마리였다.

③ 200마리 중에서 10마리가 꼬리표를 달고 있었으므로 연못에 있는 잉어 수는 꼬리표를 단 잉어 수의 20배라고 가정할 수 있다. 만일 양어장에 있는 잉어 중에서 꼬리표를 단 물고기가 100마리라면 양어장에 있는 전체 잉어 수는 $100 \times 20 = 2000$(마리)라고 생각할 수 있다.

위의 [예 1]과 유사한 다음 문제를 풀어보자.

예 2 다음 물음에 답하여라.

(1) 첫날 100마리의 물고기를 잡아 꼬리표를 달아 양어장에 넣어준 후, 다음날 140마리를 잡았을 때 꼬리표를 단 물고기가 20마리였다면 전체 물고기 수는?

(2) 첫날 100마리의 물고기를 잡아 꼬리표를 달아 양어장에 넣어준 후, 다음날 150마리를 잡았을 때 꼬리표를 단 물고기가 10마리였다면 전체 물고기 수는?

(3) 첫날 200마리의 물고기를 잡아 꼬리표를 달아 양어장에 넣어준 후, 다음날 275마리를 잡았을 때 꼬리표를 단 물고기가 25마리였다면 전체 물고기 수는?

[풀이]

규칙을 찾아보면 다음과 같다.

(어림할 수 있는 전체 물고기 수)=(첫날 꼬리표를 달아 준 잉어 수)×{(다시 잡은 잉어 수)÷(꼬리표가 달려있는 잉어 수)}

(1) $100\times(140\div20)=700$(마리)이다.

(2) $100\times(150\div10)=1500$(마리)이다.

(3) $200\times(275\div25)=2200$(마리)이다.

표집을 이용하여 해결하는 전략은 일종의 어림 전략이다. 다음 [예 3]을 해결해보자.

> **예 3** 학교에서 안경을 쓴 학생은 몇 명인지 알아보아라. 또 성이 '김'씨인 사람 수와 '박'씨인 사람은 각각 몇 명쯤 되는지 알아보아라. 그리고 파란색을 좋아하는 학생은 몇 명인지 알아보아라.

[풀이]

위와 같은 문제는 학생 수가 적을 경우는 일일이 세어 본 후에 그 수를 정확하게 알 수 있지만, 학생 수가 많을 경우는 대략 어림하여 그 수를 구할 수밖에 없다. 어림하여 구하는 방법은 몇 명을 표집한 후에 그 표본 집단에서 구하려는 대상자가 몇 명인지 세어 표본에 대한 비율로써 전체 대상으로 확대하여 해석하는 것이다. 예컨대, 우리 학교의 전교생 수는 500명인데, 이들이 좋아하는 과일을 조사해보자. 이때는 조사할 학생 수가 많아서 모든 학생들에게 일일이 물어볼 수 없으므로, 어느 반 학생 30명을 대상으로 조사하여 만약에 6명이 사과를 좋아하는 것으로 나타났다면, 이는 조사한 반 학생의 $\frac{6}{30}=\frac{1}{5}$이 과일 중에서 사과를 좋아한다는 것이다. 따라서 전교생 중에서 사과를 좋아하는 학생 수는 $500\times\frac{1}{5}=100$(명)쯤 된다고 말할 수 있을 것이다.

참고 자료 1 ·· 학습 환경

비형식적 문제들은 종종 실험을 통해 자료를 수집하고 분석하여 문제를 해결해야 한다. 문제해결 과정에서 자료를 수집하는 방법은 다음과 같다.

1. 문제해결 과정에서 적절한 시기에 자료를 사용하도록 계획하자.
2. 문제해결을 위해 2, 4명씩 그룹을 지어 자료수집 활동을 하게 한다.
3. 자료 수집에 긴 시간이 필요한 작업은 집에서 하도록 격려한다. 이는 학생과 학부모들이 함께 참여하도록 유도할 수 있는 좋은 방법이다.

연습문제

1. 산에 토종닭을 풀어서 사육하는 어느 농가에서 토종닭의 총 개체 수를 추측하기 위해 아래와 같은 방법을 사용하였다.

   (1) 50마리의 토종닭을 잡아서 인식표를 붙이고 풀어준다.
   (2) 몇 시간 후에 다시 100마리의 토종닭을 잡았더니 인식표를 붙인 닭이 10마리이었다.

   이 방법으로 추측할 수 있는 토종닭의 총 개체 수를 말하여라.

2. 병수는 아버지와 함께 코리안 시리즈의 경기를 보기 위해 야구경기장에 갔다. 경기장에는 3만 명의 관중이 입장했다고 한다. 병수는 이 중에서 초등학생이 몇 명인지 궁금하였다. 병수는 어떻게 이 문제를 해결할 수 있을까?

3. 위의 1, 2번과 같은 방법으로 해결할 수 있는 재미있는 문제를 만들어보고, 해결해보아라.

3.6 수의 성질을 이용하여 해결하기 전략

'수의 성질을 이용하여 해결하기' 전략은 수의 대소 관계, 홀수와 짝수의 규칙, 연산 법칙, 정수의 특징 등을 이용하여 문제의 실마리를 찾는 전략이다. 수의 성질에 대한 이해는 대체로 수가 포함된 문제를 해결하는 데 매우 효과적인 방법을 제공한다. 따라서 수의 성질에 대한 이해는 문제해결에 도움을 제공할 수 있다. 수의 성질을 이용하여 해결하는 전략은 다음과 같은 경우에 유용하다.

① 짝수, 홀수, 소수 등과 같은 특별한 형태의 수를 포함하고 있을 경우
② 문제가 어떤 수의 성질을 사용하여 간단하게 될 수 있을 때
③ 문제가 많은 계산을 포함하고 있을 경우

수의 성질을 이용하여 해결하는 전략이 어떻게 사용되는지 다음 문제를 풀어보자.

예 1 다음 물음에 답하여라.

(1) 숫자 1, 4, 6, 7을 이용하여 가장 큰 수를 만들어 보자.
(2) 숫자 1, 4, 6, 7을 이용하여 가장 작은 수를 만들어 보자.
(3) 위에서 만든 두 수의 차를 구해보자.

[풀이]

$$\begin{array}{r} 7\,6\,4\,1 \\ -\ 1\,4\,6\,7 \\ \hline \square\square\square\square \end{array}$$

답 6174

위의 [예 1]은 다음 [예 2]와 같이 문제를 확장할 수 있다.

예 2 숫자 1, 3, 7, 9에 대해서 위의 [예 1]과 같은 질문을 해보자. 즉, 숫자 1, 3, 7, 9를 이용해 가장 큰 수와 작은 수를 만들어 두 수의 차를 구해보자. 답이 [예 1]과 같이 6174가 나오는가? 나오지 않는다면 계산 결과로 나온 네 개의 수를 이용하여 다시 [예 1]과 같은 질문을 해보자.

[풀이]

1단계

$$\begin{array}{r} 9\ 7\ 3\ 1 \\ -\ 1\ 3\ 7\ 9 \\ \hline \boxed{8352} \end{array}$$

1, 3, 7, 9로 만든 가장 큰 수에서 가장 작은 수를 빼서 6174가 아닌 8352가 나온다. 따라서 문제에서 요구한대로 8, 3, 5, 2의 4개의 숫자를 이용하여 만든 가장 큰 수에서 가장 작은 수를 빼보자.

2단계

$$\begin{array}{r} 8\ 5\ 3\ 2 \\ -\ 2\ 3\ 5\ 8 \\ \hline \boxed{6174} \end{array}$$

처음 시도한 1단계에서는 6714가 되지 않았으나, 두 번째 시도에서는 6714가 된다. 어떤 규칙성이 있는지 생각해보자.

① 처음 시도에서 가장 큰 수부터 가장 작은 수의 차례로 네 자리 수를 순서대로 만든다. 첫째 자리의 숫자를 a, 둘째 자리의 숫자를 b, 셋째 자리의 숫자를 c, 넷째 자리의 숫자를 d라고 하면, 네 자리의 수는 $a-d=6$, $b-c=2$, … 등의 규칙으로 20개의 서로 다른 값을 가지는 a, b, c, d를 만들 수 있다.

② 이때, $a-d=4$와 $b-c=2$인 네 자리 수에서 2번 시도하여 6174를 구할 수 있으며, 다른 경우도 가능하다.

또한, 위의 [예 1]은 다음 [예 3]과 같이 문제를 확장할 수 있다.

> **예 3** 4개의 숫자 1, 4, 7, 9를 이용하여 만든 두 자리의 수를 곱하여 가장 큰 네 자리의 수와 두 번째 큰 네 자리의 수를 만들었을 때, 이 두 수의 차를 가장 빨리 구하는 방법에 대해서 설명하여라.

[풀이]

1, 4, 7, 9를 이용하여 2개의 두 자리 수를 만든 후, 그 두 수를 곱하여 가장 큰 네 자리 수와 두 번째 큰 네 자리 수는 6734, 6674이고, 이 두 수의 차는 60이다.

$$\begin{array}{r} 9\ 4 \\ \times\ \ 7\ 1 \\ \hline 6\ 6\ 7\ 4 \end{array} \qquad \begin{array}{r} 9\ 1 \\ \times\ \ 7\ 4 \\ \hline 6\ 7\ 3\ 4 \end{array} \qquad \begin{array}{r} 6\ 7\ 3\ 4 \\ -\ 6\ 6\ 7\ 4 \\ \hline 6\ 0 \end{array}$$

십의 자리에 있는 수와 일의 자리에 있는 수의 차를 생각해보자. 이 차의 10배가 2개의 두 자리의 수를 곱하여 가장 큰 네 자리의 수와 두 번째 큰 네 자리의 수의 차와 같다.

예컨대, 94×71과 91×74의 경우 십의 자리에 있는 수끼리의 차는 $9-7=2$이고 일의 자리에 있는 수끼리의 차는 $4-1=3$이므로 그 차는 $2\times3=6$이다. 이것의 10배는 $6\times10=60$이 된다. 따라서 94×71과 91×74의 차는 $6734-6674=60$이다.

참고 자료 1 ·· 문제 만들기

학생들 스스로 조건이 주어진 문제를 만들고, 그것을 해결해보도록 하자. 물론 학생이 만든 문제 중에는 문제가 성립하는 것도 있고, 그렇지 않은 것도 있을 것이다. 그렇지만 학생이 자신이 제시한 조건에 따라 문제를 만들고 계속해서 수를 탐색하여 답을 구하는 과정이 바로 "수학을 행하는" 것이다. 이러한 탐색은 자신이 스스로 전략을 만들고, 이를 활용하는 활동으로 문제해결력을 기르는 데 매우 유용하게 작용한다. 따라서 문제해결에서 다음과 같은 절차에 따라 수에 대한 탐구 활동을 수행할 것을 권장하자.

- 가장 큰 수부터 가장 작은 수의 순서로 수를 만들어 보게 한다.
- 어떤 규칙성이 있는지 생각해보도록 한다.
- 결과를 예상해보도록 한다.
- 예상과 반대되는 수들을 찾아보도록 한다.
- 종이나 연필, 또는 계산기를 이용하여 확인해보도록 한다.
- 예상과 결과가 다르다면 예상을 수정해보도록 한다.
- 친구에게 자신이 한 것을 설명하고 토론하도록 한다.
- 스스로 사고한 과정, 전략, 해답을 기록·발표하도록 한다.

참고 자료 2 ·· 문제해결 전략의 활용

문제 중에는 해결 과정에서 특별한 한 가지 전략이 주로 활용되는 경우가 있는 반면에 어떤 문제는 여러 가지 전략을 복합적으로 사용해야 해결이 가능한 경우도 있다. 예를 들어 식 세우기 전략이나 새로운 관점에서 생각하기 전략 등은 대체로 다른 전략과 함께 활용되는 경우가 대부분이다. 그런데 이와 같이 여러 전략의 활용을 요하는 문제들은 학생들에게 문제해결에 접근하는 방법의 탐구나 문제해결에 대한 과제집착력과 끈기 등을 갖도록 해주기 위한 것으로 대체로 이런 유형의 문제들은 강한 도전 의식을 자극하는 문제 장면으로 구성된다.

연습문제

1. 132를 자릿값을 바꾸어 거꾸로 나타내면 231이다. 이 두 수를 합하면 363과 같이 '대칭수'가 된다. 덧셈을 하여 '대칭수'가 만들어지는 다른 수들을 찾아보자. 또 수의 자릿값의 합을 구하고 그런 수들에서 규칙을 찾아보자.

3.7 다른 관점에서 생각하기 전략

문제해결에서 다른 관점으로 문제해결에 접근할 때, 더 효과적이고 흥미로운 방법으로 문제가 해결되는 경우를 볼 수 있다. 다시 말해 '다른 관점에서 생각하기' 전략은 문제를 해결하는 직접적이고 명백한 경로 대신에 다른 방법으로 접근할 때 더 빠르고 정확하며 효과적으로 정답을 산출해낼 수 있는 우회적 경로를 추측해보는 것이다. 물론 기존의 또는 더 명백한 문제해결 방법이 틀렸다는 의미는 아니지만, 때로는 다른 관점으로 문제를 해결하는 것이 더 적절한 수학적 사실을 제공하고 논의되어질 필요성을 지닌 흥미로운 수학적 추론을 요구할 수 있다. 일반적으로 수학 문제를 해결하는 방법은 한 가지로 정해져 있는 것은 아니다. 물론 여러 방법들 중에는 수학적으로 우아하고 단순미를 지닌 풀이가 있을 수 있지만, 다른 풀이들도 타당한 방법으로 여겨지고 학급 내에서 논의할 주제가 될 수 있을 것이다. 따라서 학생들은 문제해결에서 독창적인 방법을 사용하고 서로의 해결 방법을 비교해보도록 격려받아야 한다. 또한 문제해결에서 유의해야 할 것 중에 하나는 학생들이 가장 우아하고 최적화된 방법을 익혀 여러 문제를 오직 하나의 방법으로만 해결하는 것보다는 한 문제를 여러 방법으로 해결해보도록 지도하는 것이 수학교육적으로 타당하다는 사실이다.

그렇지만 학생들이 학교에서 받는 전형적인 문제해결 교육은 대체로 단 한가지의 틀에 박힌 방식으로 문제를 해결할 것을 요구한다. 이 요구는 학생들에게 문제의 해결 방안, 즉 모범적인 해답을 도출할 수 있도록 이끌겠지만 문제해결 지도의 모든 경우에 있어서 이 요구가 효과적인 방법이 되는 것은 아니다. 때때로 문제해결에서 다른 관점으로 생각하는 것이 틀에 박힌 방법보다 효과적으로 적용될 수 있다.

예를 들어, 선수 25명이 참가한 토너먼트 방식의 테니스 경기에서 얼마나 많은 경기를 해야 하는지 알아보자. 틀에 박힌 문제해결 방법대로 토너먼트 형태의 그림을 그리고, 각 경기의 승자를 임의로 표시하여 그들을 다음 경기로 진출시켜서, 단 한 명의 승자를 얻을 때까지의 과정을 반복한 후에 필요한 경기의 개수를 세는 것은 전형적이지만 상당히 비효율적인 방법이다. 그렇지만 이 문제의 풀이를 다른 관점에서 생각해보면 효과적이면서 수학적으로 의미있는 방법을 찾을 수 있다. 즉, 전체 경기에서 패배한 선수가 얼마나 많이 생기는지 생각해보는 것이다. 그러면 답은 24로 간단하다. 한 경기마다 선수 1명이 탈락하고, 우승자를 가리기 위해서는 24명의 선수가 져야만 하므로 필요한 경기 수는 24개가 될 것이다. 다른 관점에서 생각하는 전략이 어떻게 사용되는지 다음 문제를 풀어보자.

예 1 x가 6일 때 다음 식의 값을 구하여라.

$$(x-10)(x-9)(x-8)\cdots(x-3)(x-2)(x-1)$$

[풀이]

일반적으로 이 문제의 풀이는 식에서 10개의 각 항에 있는 x에 6을 대입하고, 대입한 결과로 나온 10개의 수를 찾아 모두 곱하는 것이다.
다른 관점에서 이 문제를 생각해보도록 하자. 10개의 항 중에는 $(x-6)$이 있다. 따라서 x에 6을 대입하면 항 $(x-6)$의 값이 0이 되기 때문에 구하고자 하는 전체 식의 값 역시 0이 된다.

다른 관점에서 생각하는 전략과 관련하여 다음 문제를 풀어보자.

예 2 식 $ab+bc+cd+ad$의 최댓값을 구하여라.
(서로 다른 수 a, b, c, d는 1, 2, 3, 4 중에 한 값을 갖는다.)

[풀이]

일반적으로 이 문제의 풀이는 조건의 a, b, c, d나 $ab+bc+cd+ad$에 대하여 가능한 모든 수를 나열해보는 것이다. 이 문제를 다른 관점에서 생각해보도록 하자.

$$\begin{aligned} ab+bc+cd+ad &= b(a+c)+d(c+a) \\ &= b(a+c)+d(a+c) \\ &= (a+c)(b+d) \end{aligned}$$

이제 a, b, c, d에 가능한 모든 수를 대입해보자.

$$(1+2)(3+4)=3\cdot 7=21$$
$$(1+3)(2+4)=4\cdot 6=24$$
$$(1+4)(2+3)=5\cdot 5=25$$

따라서 최댓값은 25이다.

참고 자료 1 ·· 문제해결 지도법

문제해결력을 함양하기 위해 교사와 학생은 다음과 같은 활동을 수행해야 한다.

① 교사활동

- 전략과 문제해결 순서를 계획하고 발달시키도록 격려하기

- 학생의 아이디어를 수용하고 확장시키기
- 문제해결 과정의 기록을 재검토하기
- 인내하고 협동하는 것 강조하기
- 브레인스토밍이 이루어지도록 안내하기
- 효과적인 발문 전략 사용하기
- 필요할 때 적절한 힌트나 단서 제공하기

② 학생활동

- 자신이 사용한 문제해결 순서를 확인하기
- 수학적 개념과 일반화를 이해하는 것이 중요함을 인식시키기
- 해결하기 어려운 문제에 집중하고 매달리게 하기
- 친구와 함께 문제를 해결하기
- 단계로 진행되는 문제를 만들거나 해결하기
- 해결할 문제를 다른 친구에게 제시하기

연습문제

1. $\begin{cases} 23x+321y=345 \\ 321x+123y=543 \end{cases}$ 일 때, $x+y$의 값을 구하여라.

2. 어느 도시의 인구는 한 해 120명의 비율로 감소하여 현재 6800명이다. 다른 도시의 인구는 한 해 80명의 비율로 증가하여 현재 4200명이다. 두 도시의 인구 수가 같아지는 데 몇 년이 걸릴지 구하여라.

3. 그림에서 ABCD는 한 변의 길이가 1인 정사각형이고 AFCB와 AECD는 각각 B와 D를 중심으로 하는 $\frac{1}{4}$원이다. 정사각형 ABCD의 가운데에 있는 미식축구 공 모양인 AECF의 넓이를 구하여라.

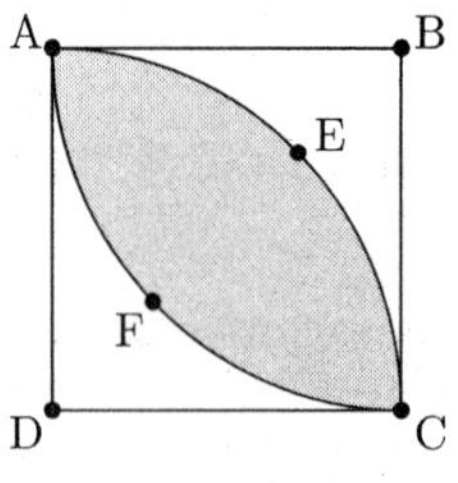

3.8 극단적인 경우를 생각하기 전략

일상이나 수학적 문제 상황 중에는 극단적인 사례를 살펴보는 것이 문제해결에 도움이 되는 경우가 있다. 예를 들면 문제에 제시된 변수들을 고정시킨 상태에서 어느 한 변수를 최대나 최소의 극단적인 한계 범위까지 변화시켜 보는 과정에서 문제해결에 유용한 통찰력을 얻을 수 있거나, 어떤 문제에 한해서는 바로 해를 구할 수 있다. 이렇게 '극단적인 경우를 생각하기' 전략은 문제해결을 위해 조건의 극단적인 부분까지 변수를 변화시키는 것이지만, 이 변화는 실제의 문제 상황 그 자체에는 영향을 주지 않는 범위에서 이루어지거나 극단적인 변화를 갖는 변수가 변수로써의 성질을 유지하는 단계까지만 가능하고, 또한 이 극단적인 변화가 다른 변수들에는 영향을 주지 않도록 해야 한다.

'극단적인 경우를 생각하기' 전략은 수학적 문제뿐만 아니라 일상의 문제들을 해결하는 데도 아주 유용한 전략 중의 하나이다. 예를 들어 일상에서 값이 정해지지 않은 물건을 구매할 때 흥정을 위해서 종종 최소 가격은 얼마이고, 최고 가격은 얼마일 수 있는지를 예상하고 구매를 결정해야 한다. 이때, 최소 가격과 최고 가격을 알아보는 것은 구매하고자 하는 물건 값에 대한 극단적인 경우를 추정하는 것이다. 그리고 이 극단적인 추정값을 고려한 다음 물건을 구매할 것인지 결정하게 된다. 다음은 극단적인 경우를 생각하는 전략을 활용한 문제의 예이다.

예 1 두 개의 동심원이 10만큼 떨어져 있다. 두 원에서 원주의 차이를 구하여라.

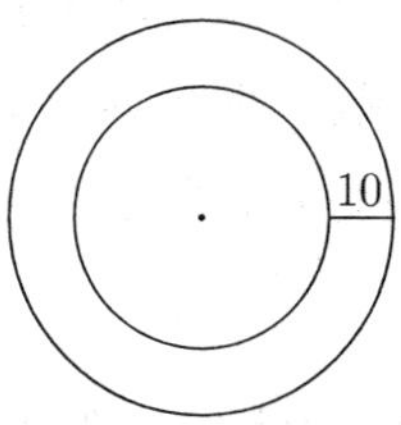

[풀이]

이 문제의 전통적인 문제해결 방법은, 첫 번째로 두 원의 지름을 찾고, 두 번째로 두 원의 원주를 계산한 다음, 세 번째로 이 두 원주의 차이를 구하는 것이다. 그렇지만 위의 두 원의 지름이 나와 있지 않기 때문에, 전통적인 문제해결 단계에 따라 문제를 해결하는 것은 생각보다 시간이 많이 소요되고 절차도 다소 복잡하다. 전통적인 방법에 따라 d를 작은 원의 지름이라 할 때, 큰 원의 지름은 $d+20$이다. 또한 두 원의 원주는 각각 $d\pi$, $\pi(d+20)$이다. 따라서 두 원주의 차는 $\pi(d+20)-d\pi=20\pi$이다.

극단적인 경우를 생각하는 전략을 활용해보자. 크기가 다른 두 원 중에 작은 원을 점점 작게 해서 극단적으로 작아질 때까지, 다시 말해 거의 점으로 된 원이 될 때까지 변화시켜 보자. 이때, 극단적으로 변화시킨 작은 원은 큰 원의 중심으로 볼 수 있다. 이제 두 원 사이의 거리는 큰 원의 반지름과 같게 된다. 따라서 처음 두 원의 원주의 차이는 극단적인 경우에서 이제 큰 원의 원주가 치환되며, 그 값은 20π이다.

위의 [예 1]의 풀이에서 극단적인 경우를 생각할 때와 전통적인 절차로 문제해결을 수행한 과정을 살펴보면, 두 과정은 모두 똑같은 답을 얻지만 전통적인 방법으로 두 원의 원주를 구한 풀이는 극단적인 방법보다 더 많은 시간과 노력을 요구한다는 것을 알 수 있다. 다음 [예 2]도 극단적인 경우를 생각하는 전략을 활용한 문제의 예이다.

> **예 2** 서랍 안에 8개의 푸른색 양말과 6개의 녹색 양말, 그리고 12개의 검은색 양말이 있다. 확인해 보지 않고, 2개의 검은색 양말을 반드시 뽑기 위해서 최소한 몇 개의 양말을 뽑아야 할까?

[풀이]

이 문제에서 극단적인 경우를 고려해보자. 검은색 양말을 뽑기 전에 8개의 푸른색 양말과 6개의 녹색 양말을 먼저 뽑는다면 그 다음에 뽑는 2개의 양말은 반드시 검은색 양말이다. 즉, 극단적인 상황에서는 2개의 검은색 양말을 반드시 뽑기 위해서는 최소한 16개의 양말을 뽑아야 한다. 물론 우연히 최초 두 번의 실행만으로 검은색 양말 2개를 뽑을 수도 있겠지만, 이 경우는 항상 일어나는 것은 아니다. 또한, 양말 10개를 임의로 뽑는다고 해도, 그 중에 검은색 양말 2개가 반드시 있을 것이라고 확신할 수 없다.

참고 자료 1 ·· 반성하기의 필요성

학생들이 문제를 해결한 후에 그들의 사고 과정과 사용한 문제해결 전략을 검토해보도록 하는 것은 더 나은 문제해결자로 나아가도록 돕는 가장 좋은 방법이다. 따라서 문제해결 이후에 학생들은 반성하는 단계를 반드시 가져야만 한다. 다음은 반성 단계에서 이루어지는 내용들을 살펴본 것이다(Reys 외, 2008).

① **문제에 대해 반성하기** : 문제의 맥락이나 구조에 대한 폭넓은 이해를 가져와 유사한 문제를 일반화하도록 할 수 있다.

② **답에 대해 반성하기** : 답이 타당한지 또는 합리적인지를 점검하는 것이다. 도출한 답에 대해서 건전한 수준에서 의심을 품어보는 것은 더 나은 문제해결자가 되기 위한 필요조건이다.

③ **해결 과정에 대해 반성하기** : 어떤 문제에 반드시 특정한 문제해결 전략이 사용되어져야 하는 것은 아니다. 즉, 문제를 해결하는 여러 전략들이 있을 수 있다. 따라서 문제를 여러 가지 전략으로 접근해보는 것이 필요하고, 나아가 전반적인 해결 과정에 대해서 폭넓게 반성해 보아야 한다.

④ **자신의 사고에 대해서 반성하기** : 훌륭한 문제해결자는 문제해결에서 메타 인지를 적절히 사용할 줄 알며, 이를 위해 문제를 해결하는 과정에서 자신이 가진 기능과 이미 알고 있는 것을 점검하고 그 지식과 기능을 어떻게 사용할 것인지에 대해서 생각하며, 자신들이 생각하고 행하는 것에 대해서 판단한다.

참고 자료 2 ·· '자신의 사고에 대해서 생각하기' 지도를 위한 방법

다음과 같은 질문들을 문제해결 장소에 붙여 놓아 필요할 때마다 참조하는 것은 '자신의 사고에 대해서 생각하기' 지도를 위한 타당한 방법이다(Reys 외, 2008).

① 이 문제는 내가 전에 보았던 문제와 비슷한가? 그렇다면 무엇이 같고, 또한 어느 부분이 어떻게 다른가?

② 이 문제는 예상했던 것보다 더 쉬웠는가 또는 어려웠는가? 그렇다면 왜 그런가?

③ 이 문제는 예상했던 시간보다 더 적은 시간이 걸렸는가? 많은 시간이 필요했는가? 그렇다면 왜 그런가?

④ 어디서 어려움을 겪었는가? 그 어려움을 어떻게 해결했는가? 내가 사용할 수 있었던 또 다른 방법이 있었는가?

⑤ 해결 방법에 대해서 얼마나 자신감을 가지고 있는가? 그렇다면 왜 그런가?

참고 자료 3 ·· 성공적인 문제해결자 되기

문제해결에서 긍정적 태도는 학생이 성공적인 문제해결자가 되는 데 중요한 역할을 한다. 따라서 교사는 학생이 성공적인 문제해결자가 되는 데 필요한 긍정적인 태도를 길러주도록 노력해야 한다. 대체로 학생들은 인내와 끈기가 조장되고, 새로운 시도를 수행하는 것과 서로 협동하는 것에 대한 보상이 이뤄지는 교실 분위기에서 성공적인 문제해결자로 커갈 수 있다. 이때, 교사는 문제해결 지도에서 학생들을 성공적인 문제해결자로 안내하는 긍정적인 교실 분위기를 만드는 중요한 역할을 담당한다. 이에 학생들을 성공적인 문제해결자로 이끌기 위해 문제해결에서 교사가 유의해야 할 사항을 정리하면 다음과 같다.

• **학생들은 문제를 해결하는 데 시간이 걸림을 이해해야 한다.** 만일 문제를 즉시 해결할 수 있다면 그것은 문제로써 가치가 작다. 이미 기억된 사실을 회상하거나 이미 익힌 기능을 사용하여 즉각 답을 얻는 것은 단지 질문이나 연습문제에 지나지 않는다.

• **다양한 방법으로 문제를 해결하도록 격려하라.** 한 가지 방법으로 5문제를 해결하게 하는 것보다 한 문제를 5가지 방법으로 해결하게 하는 것이 더 유익하다.

• **학생들의 생각을 유도하고 자극하는 발문을 하자.** 학생들의 해답을 모두 받아들이고 그들이 했

던 일과 왜 그렇게 했는지를 설명하게 하자.

- **사려 깊고 좋은 생각을 하는 학생에게 칭찬을 아끼지 말아야 한다.** 칭찬은 학습의욕을 갖게 하는 가장 좋은 방법 중의 하나이다.

또한, 다음은 성공적인 문제해결자가 갖추어야 할 수학적 태도와 성향을 정리한 것이다.

- **문제해결은 인내를 필요로 한다.** 항상 답을 빨리 찾는 것은 불가능하며 빨리 찾은 답은 자주 틀린다. 문제해결은 속도가 아니라 마지막 해답이 합당한지 그 여부에 의해 판단된다.
- **문제해결은 끈기를 필요로 한다.** 학생들은 해답을 찾을 때 여러 가지 전략들을 시도할 필요가 있다. 비록 즉시 답을 찾지 못할지라도 답을 찾을 수 있다는 자신감을 가져야 한다.
- **문제해결은 모험을 필요로 한다.** 해답을 찾을 수 있다는 희망을 가지고 그들의 직감을 시험해 보는 것이 필요하다. 문제해결은 해답을 찾는 데 종종 실패를 경험할 수 있는 과정이기 때문에 실수 및 오류에 대해 너무 강박 관념을 가져서는 안 된다.
- **문제해결은 행동을 필요로 한다.** 자주 아이디어를 나누고, 다른 사람의 생각을 인정하고, 함께 해답을 찾아야 한다.

연습문제

1. 주머니 안에 크기와 모양이 같은 푸른색 사탕 8개와 녹색 사탕 6개, 그리고 검은색 사탕 12개가 있다. 꺼내서 확인해보지 않고, 같은 색 사탕 2개를 반드시 뽑기 위해서 최소한 몇 개의 사탕을 뽑아야 할지 구하여라.

2. 그림에서 선분 AB는 두 동심원 중 큰 원의 현이며, 점 T에서 작은 원과 접한다. AB=8일 때, 두 원 사이의 어두운 부분의 넓이를 구하여라.

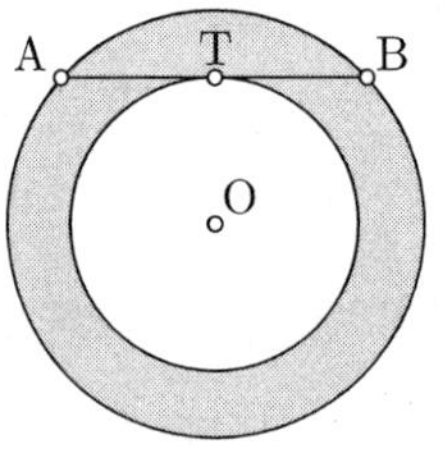

3. 이번 학기 동안 진규는 다섯 번의 수학시험을 봤는데, 각 시험의 점수는 0점에서 100점까지 가능하다. 그런데 진규가 다섯 번의 시험에서 평균 90점을 받았다면, 한 시험에서 받을 수 있는 가장 낮은 점수는 얼마일지 구하여라.

3.9 자료를 조직화하기 전략

문제에 제시된 여러 자료를 분석하기 위해서는 먼저 자료를 조직하는 단계가 필요하다. 이때, 조직할 자료는 수학적 문제에서 일반적인 형태인 수와 관련된 것일 수도 있고, 도형이나 표와 같은 시각 자료로 제시될 수도 있다. 그렇지만 어떠한 형태의 자료이든지 제시된 자료를 어떻게 조직하느냐에 따라 문제를 해결할 수도 있고 해결하지 못할 수도 있다.

예를 들어, 표는 문제에서 자료를 조직하는 방법 중 하나이다. 표는 자료를 기록하는 효과적인 방법이고, 자료가 지닌 규칙성을 바로 파악할 수 있는 기회를 제공한다. 또한, 표보다는 형식성이 떨어지지만 목록도 문제해결에서 자료를 조직하거나 규칙성을 찾기 위해 표 대신에 자주 사용하는 자료 조직화 도구이다.

조직화한 자료는 문제 분석에 도움이 되고, 해결 방안을 구안하는 길잡이의 역할을 하기도 한다. 즉, 자료의 조직화는 주어진 문제 상황에 대한 나열, 분석, 규칙, 예측을 가능하게 한다. 또한 자료를 조직화하는 것은 수학적 문제 상황뿐만 아니라 모든 일상의 문제해결에서도 적용된다. 다음은 자료를 조직화하는 전략을 활용한 문제의 예이다.

예 1 6개의 수 50, 40, 60, 50, 80, 20의 평균을 구하여라.

[풀이]

작은 순서부터 큰 순서가 되도록 수를 조직적으로 나열하면, 20, 40, 50, 50, 60, 80이다. 따라서 평균이 50임을 바로 알 수 있다.

다음 [예 2]는 자료를 조직화하는 전략을 활용한 문제의 또 다른 예이다.

예 2 다음 식을 계산하여라.

$$16^2-15^2+\cdots+4^2-3^2+2^2-1^2$$

[풀이]

자료를 조직화하여 순서대로 두 항씩 묶는다면

$$\begin{aligned}(16^2-15^2)+\cdots+(4^2-3^2)+(2^2-1^2) &= (16-15)(16+15)+\cdots+(4-3)(4+3)+(2-1)(2+1)\\ &= (1)(16+15)+\cdots+(1)(4+3)+(1)(2+1)\end{aligned}$$

$$=16+15+\cdots+4+3+2+1=136.$$

따라서 답은 136이다.

또한 [예 2]의 풀이 단계에서 $16+15+\cdots+2+1$을 계산할 때, 가우스가 사용한 방법으로 수를 조직화하여 $\frac{16(16+1)}{2}$으로 간단히 구할 수 있다. 그리고 추후에 조직화 전략을 토대로 1부터 n까지 연속한 자연수의 합을 일반화하는 방법인 $\frac{n(n+1)}{2}$에 대해서 다룰 수도 있다. 그렇지만 학생들이 처음부터 문제해결에서 자료를 효과적으로 조직하는 능력을 바로 지닐 수는 없다. 따라서, 예를 들면 어떻게 표를 만드는지, 어떤 항목으로 얼마나 만들 것인지, 어떻게 표를 읽는지와 같이 자료를 조직하는 능력은 교사에 의해 문제해결 지도에서 다루어져야 하고, 학생들은 학습하고 연습해서 문제해결에 활용할 수 있어야 한다.

참고 자료 1 ·· 학습 환경

다음과 같은 활동을 통해 학생들의 긍정적인 문제해결 태도와 창의적으로 문제해결에 접근하는 방법을 지도할 수 있다.

① 학생 스스로 문제를 해결하고 의사소통을 하여 서로의 문제해결 경험을 공유하고, 유사한 문제를 해결해보도록 하자.

② 의사소통을 통하여 서로의 아이디어를 공유하고, 학생 자신의 아이디어를 확인·검증 및 수정하는 문제를 해결하는 기회와 환경을 만들자.

③ 학생 개개인에게 자신이 시도한 전략의 가치를 인정해주고, 문제해결을 위한 충분한 시간을 제공하여 스스로 자신의 문제해결 전략과 과정의 가치를 인식하게 한 후, 문제해결에 온 힘을 쏟게 한다.

④ 문제해결 과정이나 학습 과정에서 발생하는 오류에 대해서 관대하게 포용해주고, 오류 발생 배경과 범위와 내용에 포함되어 있는 학생들의 아이디어를 적절히 이용하자.

⑤ 교사는 학생들이 질문하고 그 질문에 답하는 능력의 발달과 사고를 자극하기 위해서 다음과 같은 발문을 많이 해야 한다.

- 나는 ~하는지 궁금하다.
- ~라고 생각하는가?
- 문제해결 전략이나 답을 어떻게 찾았는가?
- ~이 가능한가?

이러한 발문은 학생들의 이해력을 증진시킬 뿐만 아니라 그들의 사고를 자극할 수 있고, 문제해결 전략이나 문제해결 과정 및 문제해결의 아이디어를 다시 한 번 더 생각해보고 반성하는 데 유용하다.

연습문제

1. 식 $(211 \cdot 555)+(445 \cdot 789)+(555 \cdot 789)+(211 \cdot 445)$의 값을 구하여라.

2. 거짓말만 하는 사람들과 옳은 말만 하는 사람들이 함께 사는 마을이 있다. 다음 정보만을 조직하여 이 사람이 거짓말만 하는 사람인지 아니면 옳은 말만 하는 사람인지를 정해보아라.

A : 나는 옳은 말만 하는 사람이고, 기껏해야 우리들 중의 한 명이 거짓말쟁이야.

B : A는 거짓말쟁이야.

C : A는 옳은 말만 하는 사람이야.

제4장
문제해결력의 개발

일반적으로 문제해결 과정은 다음 4개 단계가 순차적으로 수행되며, 문제해결이라는 목표에 도달한다.

1. 문제 상황이나 질문을 이해하기
2. 해결 계획을 수립하기
3. 문제를 해결하기
4. 결과를 반성하고, 평가하기

이 문제해결 과정은 앞 장에서 주로 다룬 문제해결 계획에서 사용되는 문제해결 전략과는 서로 다른 내용이다. 일반적으로 학생들의 문제해결력은 주의깊게 선택되고 지도된 학습 경험을 통하여 발달된다. 따라서 교사는 학생들의 문제해결력 지도를 위해서 문제해결 전략 이외에도 문제해결에 유용한 몇 가지 방법을 알고 있어야 한다.

이에 본 장에서는 먼저 문제해결에 유용한 방법으로 Musser와 Burger(1997)가 제시한 Polya의 문제해결 4단계 과정에 따른 각 단계별 활동에 대해서 자세히 분석해보고자 한다.

또한, 여러 단계를 거치면서 문제를 해결해야 하는 다단계 문제의 해결 계획을 세우는 데 유용한 몇 가지 방법들에 대해서 논해보고자 한다.

그리고 문제해결 과정에서 주어진 정보를 분석·해석하고, 이를 문제해결에 어떻게 적절히 활용할 것인가에 대해 '중간 단계에서 질문하기'와 문제해결 전략의 확장·심화·발전을 위한 방법으로 '문장제 문제 만들기' 및 '문제 변형하기'를 다룬다.

그리고 현실의 문제해결력을 향상시키기 위한 '응용 문제'와 확산적·창의적 사고력 및 사고의 유창성을 기르기 위한 '탐구형 문제의 해결 방법'에 대해서 살펴본다.

이 밖에도 문제의 구조를 파악하는 능력과 답을 일반화하는 능력 등 문제해결 능력의 폭을 넓힐 수 있는 주제들과 문제해결의 도구로써 '계산기의 활용'에 대해서 알아보고자 한다.

4.1 문제해결을 위한 4단계

학생들은 문제해결 과정의 매 단계마다 자신들의 사고를 문제와 관련된 활동에 초점을 맞출 필요가 있다. 따라서 자신들의 학습활동에 대한 결과물을 매 단계마다 확인·검토해보는 일은 성공적인 문제해결자가 되기 위한 중요한 절차이다. 매 단계마다 문제해결 활동을 확인·검토하기 위해서는 다음과 같은 항목들에 대해서 살펴보아야 한다.

① 가장 효과적인 전략을 활용하였는가?
② 계산 과정과 결과가 올바른가?
③ 문제해결에 사용된 자료가 옳은가?
④ 주어진 정보를 빠짐없이 활용하였는가?

Polya가 제시한 '문제 이해 → 계획 수립 → 계획 실행 → 검토 및 반성'의 문제해결 4단계는 학생에게 문제해결의 절차를 이해하고 자신의 문제해결 과정에 대해 반성하고 음미해볼 수 있는 기회를 제공한다. 이를 위해 학생들은 각 단계마다 문제해결에 대해 자기 자신이나 동료 및 교사에게 질문하면서 확인·검토를 하거나 그들이 행한 것이 무엇인지에 대해 반성을 해야 한다. 학생들이 문제를 해결하는 과정에서 수시로 지금까지 행한 활동이나 사고에 대해 문제 장면과 연결하여 확인·검토·반성하는 것은 문제를 완전히 해결한 후에 확인·검토·반성·음미해보는 것만큼이나 가치 있는 활동이다. 아래 [예 1]을 통해 문제해결 4단계 방법이 문제해결 과정에서 어떻게 적용되는지에 대해서 알아보자.

예 1 삼각형의 각 변에 있는 ○ 안에 숫자 1, 2, 3, 4, 5, 6 중 어느 한 숫자를 넣어 각 변의 ○ 안에 있는 세 수의 합이 모두 12가 되도록 하여라.(단 각 숫자는 한 번만 사용할 수 있다.)

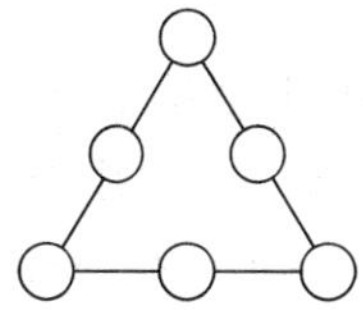

[풀이]

1단계 : 문제 이해

- 주어진 수는 어떤 수들인가?
- 한 변에는 ○가 몇 개씩 있는가?
- 세 수의 합은 얼마이어야 하는가?
- 각 숫자는 몇 번씩 사용할 수 있는가?

2단계 : 해결 계획 수립

어떤 전략을 이용하여 문제를 풀 것인가? 위 문제의 경우 여러 가지 해결 전략 중에서 적절한 전략이 머리에 떠오르지 않으므로 '예상하고 확인하기' 전략을 이용하여 풀어보자.

이 전략은 먼저 '해답이 얼마일 것이다.'라고 예상한 후 답이 맞는지 확인해야 한다. 만약 답이 틀리면 처음 예상한 것을 수정하여 다시 답이 얼마일 것이라 예상해보고 그 예상이 맞는지를 확인해보는 활동을 정답을 구할 때까지 반복해야 한다. '예상하고 확인하기' 전략에서 예상하기는 다음 3가지 접근 방법이 있다.

(1) 첫 번째 접근 : 임의로 예상하고 확인하기

• 2단계 : 해결 계획

'주어진 숫자는 1, 2, 3, 4, 5, 6이며, 삼각형의 각 변에 있는 세 수의 합은 반드시 12가 되어야 한다.'는 것을 생각하고, 종이를 6장 찢어서 1~6까지의 숫자를 쓰고 배열해본다.

• 3단계 : 계획 실행

[그림 1]에 제시된 정삼각형 모양으로 종이를 배열하고 합을 계산해보자. 세 수의 합이 12가 될 때까지 다시 배열해보아라.

(2) 두 번째 접근 : 체계적으로 예상하고 확인하기

• 2단계 : 해결 계획

숫자를 임의로 옮기는 것보다 가장 작은 수, 즉 1, 2, 3을 모서리에 놓고 시작해본다. 만약 세 수의 합이 12가 되지 않으면 숫자를 1, 2, 4 등으로 바꾸면서 시도해본다.

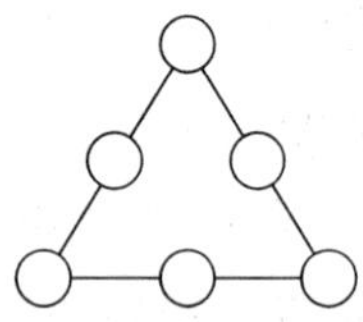
[그림 1]

• 3단계 : 계획 실행

숫자 1, 2, 3을 모서리에 놓으면 각 변에 있는 세 숫자의 합이 너무 작게 된다. 1, 2, 4도 마찬가지이다. 1, 2, 5와 1, 2, 6을 시도해보자. 각 변의 합은 여전히 작다. 답이 발견될 때까지 2, 3, 4와 2, 3, 5의 순서로 시도해본다. 모서리에 4, 5, 6을 놓고 시작해서 3, 4, 5 등을 시도해볼 수도 있다.

(3) 세 번째 접근 : 추리에 의한 예상하고 확인하기

• 2단계 : 해결 계획

1은 반드시 모서리에 있어야 한다는 가정에서 시작해서 결과를 조사해본다.

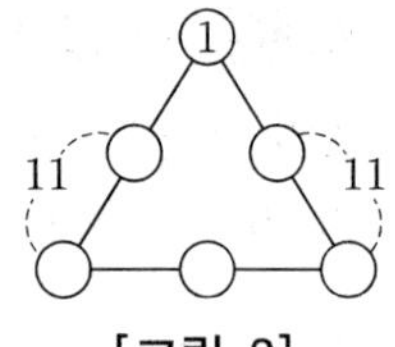

[그림 2]

• 3단계 : 계획 실행

① 처음으로 숫자 1을 모서리에 놓아보자. [그림 2]처럼 숫자 1이 모서리에 놓이게 되면, 나머지 5개의 숫자 중에서 합이 11이 되도록 두 개의 수를 찾아야 한다. 그러나 2, 3, 4, 5, 6 중 어느 두 수의 합이 11인 것은 오직 $6+5=11$뿐이다. 그러므로 1은 모서리에 올 수 없다. → ② 이번에는 숫자 2를 모서리에 놓아보자. 그러면 [그림 3]처럼 되며, 이때 남아 있는 숫자 중에서 합이 10이 되도록 두 수를 찾아야 한다. 그러나 어느 두 수의 합이 10인 것은 오직 $6+4=10$뿐이다. 그러므로 숫자 2를 모

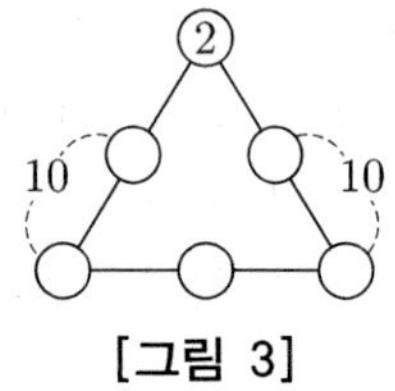

[그림 3]

서리에 놓을 수 없다. → ③ 이번에는 숫자 3을 모서리에 놓아보자. 그러면 [그림 4]처럼 된다. 그러나 나머지 숫자 중 어느 두 수의 합이 9인 것은 오직 $5+4=9$뿐이다. 따라서 모서리에 숫자 3을 놓을 수도 없다.
위 ①, ②, ③을 통해서 숫자 1, 2, 3은 모서리에 놓을 수 없음을 알 수 있다. 따라서 모서리에 놓을 수 있는 숫자는 4, 5, 6이다. → ④ 숫자 4, 5, 6을 모서리에 놓아보자. 그러면 [그림 5]처럼 숫자 5와 6 사이에 1을 놓고, 4와 6 사이에 2를 놓고, 4와 5 사이에 3을 놓게 되면 답을 구할 수 있다.

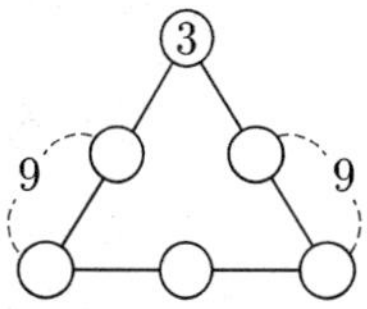

[그림 4]

- 4단계 : 해답의 검토
  3가지 다른 방법으로 '예상하고 확인하기' 전략을 사용해 이 문제를 어떻게 풀었는지 살펴보자. '임의로 예상하고 확인하기'는 처음 시작할 때 자주 사용하나 여러 번 시행착오를 거쳐야 하며, 그 횟수가 많으면 앞서서 시행한 것을 잊어버리기 쉽다. '체계적으로 예상하고 확인하기'는 시행한 모든 경우를 확인할 수 있으므로 좋다. 일반적으로 '추리에 의한 예상하고 확인하기'는 시간을 절약하고 가능한 해답에 관하여 더 많은 정보를 얻을 수 있으므로 앞의 두 가지 방법보다 더 좋다.

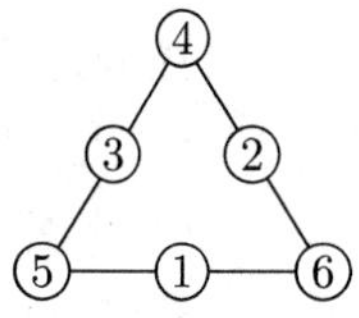

[그림 5]

또 다른 문제를 통해 문제해결 4단계에 대해서 알아보자.

> **예 2** 영수네 학교 4학년 1, 2반 학생 수의 합은 80명인데 1반 학생 수는 2반 학생 수의 $\frac{2}{3}$보다 5명이 많다고 한다. 1반의 학생 수는 몇 명인가?

[풀이]

〈방법 1〉 1단계 : 문제 이해 : 문제를 분석하기

- 4학년 1, 2반 학생 수의 합은 몇 명인가? : ______
- 1반 학생 수는 2반 학생 수보다 몇 명이 더 많은가? : ______
- 무엇을 구하려고 하는가? : ______

2단계 : 해결 계획 수립

- 어떤 전략을 이용하여 해결할 것인가? : ____________________
- 1반 학생 수와 2반 학생 수를 비교하는 선분 그림을 그려보자. 2반 학생 수를 1이라고 했을 때, 1반 학생 수는 얼마인지 선분 그림으로 나타내어라.

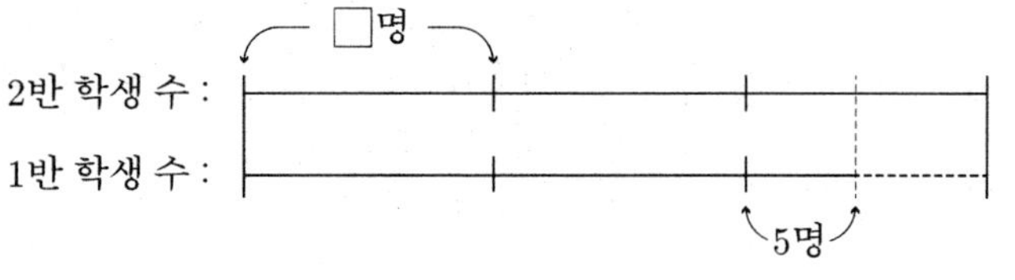

- 2반 학생의 $\frac{1}{3}$을 □명이라 하면, 2반 전체 학생 수는 몇 명인가?
  □를 사용하여 식으로 나타내어라. : ________
- 2반 학생의 $\frac{1}{3}$을 □명이라 하면, 1반 전체 학생 수는 몇 명인가?
  □를 사용하여 식으로 나타내어라. : ________
- 2반 학생의 $\frac{1}{3}$을 □명이라 하면, 1반과 2반 학생 수의 합은 몇 명인가?
  위 그림을 보고, □를 사용하여 하나의 식으로 나타내어라. : ________

3단계 : 해결하기

- □는 약 몇 명쯤 되겠는가? : ________
- 1반 학생 수는 약 몇 명쯤 되겠는가? : ________
- 2반 학생 수는 약 몇 명쯤 되겠는가? : ________
- 위 식에서 □는 얼마인지 계산해보자.
  $(\square+\square+\square+\square+\square)+5=80$에서 $\square=(80-5)\div5$, $\square=75\div5=15$(명)
  따라서 1반 학생 수는 $15+15+5=35$(명)이다.

4단계 : 해답 확인 및 반성

- 위 식의 계산 과정은 바른가? : ________
- $\square=15$인지 확인해보자. : ________
- $\square=15$라면, 2반 학생 수는 몇 명인가? : ________
- $\square=15$라면, 1반 학생 수는 몇 명인가? : ________
- 1반과 2반 학생 수의 합은 몇 명인가? : ________
- 2반 학생 수는 1반 학생 수보다 몇 명이 많은가? : ________
- 위에서 구한 답은 맞는가? : 맞다.
- 정답은 얼마인가? : ________

〈방법 2〉 1단계 : 〈방법 1〉과 동일

2단계 : 방정식을 세워서 풀어보자.

2반 학생 수를 A, 1반의 학생 수를 B라고 하고 방정식으로 나타내면 다음과 같다.

$A+B=80$ … ①

$B=\frac{2}{3}\times A+5$ … ②

3단계 : 해결하기

①과 ②에서 식 ①의 B 대신 $B=\frac{2}{3}\times A+5$를 대입하면, $A+\frac{2}{3}\times A+5=80$에서 $\frac{5}{3}\times A=75$, $5\times A=225$, $A=45$이고, $B=45\times\frac{2}{3}+5=35$이다.

4단계 : 해답 검토

- A = 45, B = 35를 위 식 ①에 대입하면 45 + 35 = 80이고, 2반 학생 수 45명의 $\frac{2}{3}$는 $45 \times \frac{2}{3} = 30$이다. 1반 학생 수는 2반 학생 수의 $\frac{2}{3}$보다 5명이 더 많으므로 30 + 5 = 35이다. 따라서 정답은 35명이다.
- 정답 : 1반 학생 수는 35명이다.

〈방법 3〉 1단계 : 〈방법 1〉과 동일

2단계 : 답을 예상하고 확인하면서 풀어보자.

- 2반 학생 수가 42명이나 48명이라고 예상하고 이것이 맞는지 확인해보자.

3단계 : 해결하기

- 2반 학생 수가 42명이라면 1반 학생 수는 2반 학생 수의 $\frac{2}{3}$, 즉 $42 \times \frac{2}{3} = 28$(명)보다 5명이 더 많으므로 (28 + 5) = 33(명)이다. 전체 학생 수가 80명이므로 42 + 33 = 75(명)이므로 2반 학생 수는 42명보다 많다.
- 2반 학생 수가 48명이라면 1반 학생 수는 2반 학생 수의 $\frac{2}{3}$. 즉 $48 \times \frac{2}{3} = 32$(명)보다 5명이 더 많으므로 (32 + 5) = 37(명)이다. 전체 학생 수가 80명이므로 (48 + 37) = 85(명)이므로 2반 학생은 48명보다 적다.
- 2반 학생 수가 45명이라면 1반 학생 수는 2반 학생 수의 $\frac{2}{3}$, 즉 $45 \times \frac{2}{3} = 30$(명)보다 5명이 더 많으므로 (30 + 5) = 35(명)이다. 전체 학생 수가 80명이므로 (45 + 35) = 80(명)이므로 2반 학생 수는 45명이다.

4단계 : 해답 검토

- 2반 학생 수가 45명이라면 1반 학생 수는 2반 학생 수의 $\frac{2}{3}$, 즉 $45 \times \frac{2}{3} = 30$(명)보다 5명이 더 많으므로 (30 + 5) = 35(명)이다. 전체 학생 수가 80명이므로 (45 + 35) = 80(명)이므로 2반 학생 수는 45명이고 1반 학생 수는 35명이다.
- 정답 : 1반 학생 수는 35명이다.

문제해결 전략들은 문제에 따라 위 1단계부터 3단계의 어디서든 일어날 수 있다. 어떤 문제들은 모든 4단계가 필요하지 않을 수도 있다. 어떤 문제들은 첫 번째 단계에서 직접 계산이 되고, 또 다른 문제들은 그림으로 나타낸 것을 분석하여 답을 구할 수도 있으므로 계산이 필요 없는 문제도 있다. 위의 4단계는 답을 구하기 위한 것만이 아닌 문제해결 단계에서 학생들의 주의를 집중시켜서 문제해결을 바르게 하기 위함이다.

참고 자료 1 ·· 문제해결 과정의 평가

학생들이 제시한 문제의 답에만 초점을 둘 것이 아니라 문제를 해결하는 과정에 초점을 맞추어 다음과 같은 방법으로 평가할 수 있다.

① 학생들에게 문제를 제시하고 문제와 그 해결 과정을 말하게 해라. 즉 문제와 그 해결 절차에 대해 그들의 생각을 자신의 말로 표현하게 해라. 이러한 절차는 학생들이 자신의 생각을 문장으로 세련되게 옮기는 데 도움을 주며, 또한 그들이 다른 사람들의 생각을 들어봄으로써 새로운 아이디어를 얻을 수도 있으며, 자신의 생각에 대해 수정·검토할 기회를 가질 수 있다.

② 가끔 답을 요구하지 않는 문제도 제시할 필요가 있다. 그리고 문제 장면을 장면도, 선분도, 면적도 등 그림이나 도표로 나타내거나 계산식으로 나타내도록 하여라. 이러한 방법은 학생들이 문제해결 과정에서 유용한 특별한 기능들을 향상시킬 수 있다.

③ 3점이 총점일 경우 배점 방법은 대체로 다음과 같다.

- 문제를 이해하기 위해 문제 분석이나 문제 장면을 이해할 수 있도록 시각적으로 표현한 경우 : 1점
- 계산식을 바르게 세우고 풀이 과정이 올바른 경우 : 1점
- 정확한 형식으로 올바르게 답을 구했을 경우 : 1점

4.2 다단계 문제해결

다단계 문제는 문제해결을 위해 하나 이상의 단계를 거쳐야 하며, 각 단계에서 구한 답들이 서로 연결되어 처음 주어진 다단계 문제의 답에 이르게 된다. 따라서 다단계 문제를 해결하기 위해서 학생들은 먼저 길게 문장으로 또는 단계로 제시된 수학적 관계들을 파악하고 이해할 필요가 있다. 그리고 학생들은 문제를 해결하기 위한 계산 절차를 결정하고, 결정된 계산 순서를 확인해야 한다. 또한 이 과정에서 학생들은 다단계 문제해결을 위해서 폭넓은 수학적 지식을 활용해야 하며, 문제해결을 위해 여러 번의 시도와 도전을 거쳐야 하고, 더 긴 시간 동안 문제해결에 집중해야 한다. 마지막으로 각각의 단계에서 일어나는 오류는 정답에 커다란 영향을 미치므로, 각 단계별로 해결 과정에서 오류가 발생하지 않았는지를 수시로 검토·확인해야 한다.

가끔 학생들은 다단계 문제해결에서 중간에 포기하는 경향이 있으므로 교사들의 세심한 관찰과 배려가 있어야 한다. 특히 초등학교 중학년부터는 다단계 문제해결 경험을 강화시킬 필요가 있다. [예 1]을 통해 다단계 문제와 그 해결 과정에 대해서 알아보자.

예 1 6학년 1반 학생 26명이 학교 실습지에서 한 사람이 4kg씩의 고추를 땄다. 고추를 딴 학생의 $\frac{1}{2}$은 그들이 딴 고추를 1kg에 4500원씩 받고 팔았다. 나머지 학생 중 남학생은 7명이고, 여학생은 6명인데 남학생 7명은 1kg에 5000원씩 받고 2kg만 팔았으며, 여학생 6명은 1kg에 3500원씩 받고 1kg만 팔았다. 그들은 고추 판 돈을 월이율 5%로 모두 은행에 저금했다. 4개월 후 아이들은 은행에서 찾은 돈과 남은 고추를 1kg에 4000원씩 받고 판 돈을 합쳐서 수학여행을 가기로 하였다. 학생 1인당 수행 여행 경비는 반올림하면 약 몇 천원이 들겠는가?

[풀이]

위 문제를 해결하기 위해서는 적어도 다음과 같은 수학적 지식과 사실을 알고 있어야 한다.
(자연수×자연수), (자연수×분수) 또는 (자연수×소수), (자연수÷자연수), 원리합계 구하는 공식, 반올림하기.
문제해결 4단계 중에서 '해결 단계'의 활동만을 구체적으로 제시하면 다음과 같다.

① 26명이 딴 고추의 무게는 얼마인가? $26 \times 4 = 104(\text{kg})$

② 26명의 $\frac{1}{2}$는 얼마인가? $26 \times \frac{1}{2} = 13$(명)

③ 26명의 $\frac{1}{2}$이 판매한 고추의 무게와 그 가격은 얼마인가? 13(명)$\times 4(\text{kg}) \times 4500$(원)$= 234000$(원)

④ 남학생 7명이 판매한 고추의 무게와 그 가격 및 팔고 남은 고추의 무게는 얼마인가?
7(명)$\times 2(\text{kg}) \times 5000$(원)$= 70000$(원)
(남은 고추 무게의 합)$= 7 \times (4-2) = 14(\text{kg})$

⑤ 여학생 6명이 판매한 고추의 무게와 그 가격 및 팔고 남은 고추의 무게는 얼마인가?

$6(\text{명}) \times 1(\text{kg}) \times 3500(\text{원}) = 21000(\text{원})$

(남은 고추 무게의 합) $= 6 \times (4-1) = 18(\text{kg})$

⑥ 26명의 $\frac{1}{2}$과 남학생 7명과 여학생 6명이 판매한 돈의 합계는 얼마인가?

$(234000 + 70000 + 21000) = 325000(\text{원})$

⑦ 위 ⑥과 이자의 합계는 얼마인가?

$\{325000 + (325000(\text{원}) \times 0.05 \times 4(\text{개월})\} = 390000(\text{원})$

⑧ 남학생 7명과 여학생 6명이 남겨두었던 고추를 판매한 돈의 합계는 얼마인가?

$32(\text{kg}) \times 4000(\text{원}) = 128000(\text{원})$

⑨ 위 ⑦과 ⑧의 합계는 얼마인가?

$(390000 + 128000) = 518000(\text{원})$

⑩ 학생 1인당 여행 경비는 얼마인가?

18000(원)÷26(명)=19923.07(원)이다. 이것을 반올림하여 몇 천으로 나타내면 1인당 여행 경비는 약 20000(원)이 든다.

위와 같이 다단계 문제는 주어진 조건 및 정보 사이의 관계를 파악하는 것뿐만 아니라 각 단계에서 바르게 계산하는 것이 매우 중요하다. 만일 어느 한 단계에서 오류가 발생하면 옳은 답을 구할 수 없기 때문이다. 따라서 다단계 문제에서는 매 단계별로 올바른 답을 구하였는지를 점검해 보아야 한다. [예 2]와 같이 문제는 단순하지만 절차가 복잡한 또 다른 다단계 해결 절차를 거쳐야 하는 문제를 풀어보자.

예 2 길이가 480cm인 끈을 다음 그림과 같이 5회 접어서 이등분하여 자르면 긴 토막은 몇 cm인가?

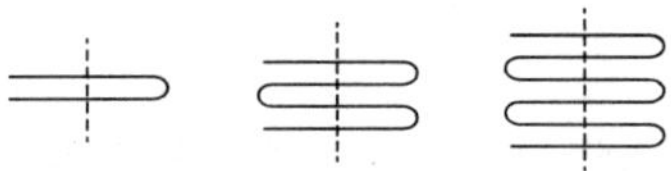

접는 횟수 1회 2회 3회

[풀이]

길이가 480cm인 끈을 차례대로 자르는 경우를 생각해보자.

- 한 번 접어서 중간에서 자르면 이 끈은 길이가 긴 부분이 1개, 짧은 부분이 2개 생기며, 이때 끈의 수는 $(2+1)$개이고 2개의 짧은 끈의 길이의 합은 1개의 긴 끈의 길이와 같다.
- 두 번 접어서 중간에서 자르면 이 끈은 길이가 긴 부분이 3개, 짧은 부분이 2개 생기며, 이때 끈의 수는 $(2+2+1)$개이고 2개의 짧은 끈의 길이의 합은 1개의 긴 끈의 길이와 같다.
- 세 번 접어서 중간에서 자르면 이 끈은 길이가 긴 부분이 5개, 짧은 부분이 2개 생기며, 이때 끈의 수는

(2+2+2+1)개이고 2개의 짧은 끈의 길이의 합은 1개의 긴 끈의 길이와 같다.

- 네 번 접어서 중간에서 자르면 이 끈은 길이가 긴 부분이 7개, 짧은 부분이 2개 생기며, 이때 끈의 수는 (2+2+2+2+1)개이고 2개의 짧은 끈의 길이의 합은 1개의 긴 끈의 길이와 같다.
- 다섯 번 접어서 중간에서 자르면 이 끈은 길이가 긴 부분이 9개, 짧은 부분이 2개 생기며, 이때 끈의 수는 (2+2+2+2+2+1)개이고 2개의 짧은 끈의 길이의 합은 1개의 긴 끈의 길이와 같다. 따라서 다섯 번 자른 후 긴 끈의 길이는 $480 \div 10 = 48$(cm)이다.

따라서 답은 10cm이다.

다단계 문제에서 방정식을 만들거나 대수식 문장제를 성공적으로 풀기 위해 필요한 것은 변수를 이해하고 사용하는 능력이다. [예 3]과 같은 형식의 문제를 다룸으로써 학생들은 변수의 의미를 이해하고 독립변수와 종속변수 사이의 분명한 차이를 알 수 있다.

예 3 다음 (a)～(h)에 들어 갈 알맞은 수를 조사하여 '사실에 맞도록' 써 넣어라.

토요일 저녁에 명희네 가족 (a)명이 영화를 보러 극장에 갔다. 명희는 어른 입장권 (b)장을 한 장에 (c)원씩 주고 샀으며, 어린이 입장권 (d)장을 한 장에 (e)원씩 주고 샀다. 그녀는 입장권을 사는 데 모두 (f)원을 지불하였다. 그리고 팝콘 한 봉지를 (g)원 주고 사 먹었다. 명희가 영화를 보기 위해 쓴 돈은 모두 (h)원이다.

[풀이]

풀이는 각자 해결해보자.

위의 [예 3]과 같은 문제의 해결에는 다음과 같은 지도가 필요하다.

- 학생들이 직접 경험한 것을 중심으로 하여 문제를 해결하고, 문제해결에서 어떻게 괄호 안에 쓰일 수들을 결정했는지를 토의하게 한다.
- 학생들은 이와 같은 유형의 문제에서 비록 몇 개의 수를 선택할지라도 다른 수들은 이전에 선택된 수에 의해 형성된 계산 절차를 따르게 됨을 알아야 한다. 예를 들어, 학생들이 (a)라는 수를 선택했을 때, (a)는 독립적인 변수이다. 그렇지만 일단 (a)가 결정되고 나면 (b)+(d)는 (a)와 같아야만 한다. 유사하게 (c)와 (e)는 독립적인 변수이지만 (f)는 (b), (c), (d), (e)에 종속적이다. 왜냐하면 (f)=(b)×(c)+(d)×(e), (g)는 독립적이기 때문이다. 또한 (h)는 (f), (g)에 종속적이다. (h)=(f)+(g)이기 때문이다.

참고 자료 1 ·· 숫자를 넣는 형식의 문제

학생들이 문제를 주의 깊게 읽도록 자극하기 위해서 문제해결에서 문제의 수학적 관계를 이해하는 데 초점을 맞추고, 답의 정당성을 합리적으로 고려하도록 학생들에게 문제 장면에 제시된 숫자들을 넣거나 바꾸는 형식의 문제를 제시할 수도 있다. 즉, 다음 [예 4]와 같이 숫자를 넣는 형식의 문제를 해결해보는 경험은 이후에 다단계 문제의 해결에 도움을 줄 수 있다.

예 4 다음 ____부분에 들어갈 알맞은 수를 골라라.

200, 500, 600, 700, 1100, 3000, 5000

진호는 1장에 ______원짜리 티셔츠 ______장과 반바지 1개를 ______원 주고 샀다. 반바지 값은 티셔츠 1장 값보다 ______원이 더 비싸다. 진호는 점원에게 ______원을 주었다. 거스름돈을 얼마나 받아야 하는가?

[풀이]

풀이는 각자 생각해보자.

4.3 중간 질문하기

문제해결력 중에 중요한 하나는 문제에 대해 질문하는 것이 아니라 문제에 주어진 정보를 분석·해석하고, 이를 활용하여 스스로 발문하고 그 질문에 대답할 수 있는 능력이다. 문제해결 과정 중 수시로 문제를 바르게 해결하고 있는지에 대한 끊임없는 발문과 대답은 궁극적으로 문제해결자의 위치가 문제로부터 해답으로 조금씩 옮겨가고 있는 것이다. 중간 질문하기와 관련하여 다음 [예 1]을 살펴보자.

예 1 현수는 할인 가격으로 3개에 690원인 사과를 18개 샀다. 이 사과를 할인하지 않고 사려면 한 개의 가격은 320원이다. 현수가 할인한 사과를 사면 얼마의 이득을 보는가?

[풀이]

1개에 320원인 사과 3개의 가격은 $(320 \times 3) = 960$(원)이다. 현수가 사과 3개에서 얻은 이익은 $(960 - 690) = 270$(원)이다. 따라서 사과 18개를 살 때의 이익은 $270 \times 6 = 1620$원이다.

위의 [예 1]과 같은 다단계 문제는 문제해결의 중간 단계에서 질문을 요구받거나, 중간 단계의 계산에 대해 답을 산출하여 원래 주어진 문제를 해결해야 한다. 위 문제의 경우는 다음과 같은 발문을 생각해볼 수 있다. 이와 같은 발문이나 이와 유사한 발문에 대해 해답을 구한 후, 원래 주어진 문제에 대한 답을 구할 수 있다.

- 사과 18개를 3개씩 묶으면 몇 묶음인가?
- 사과 3개의 가격이 690원이면 18개의 값은 얼마인가?
- 사과 1개의 가격이 320원이면 18개의 값은 얼마인가?
- 3개에 690원이면 사과 1개의 가격은 얼마인가?
- 3개에 690원인 사과 1개 가격과 1개에 320원인 사과 1개의 가격 차이는 얼마인가?

다음 [예 2]에서는 어떤 중간 질문이 필요할지 생각해보자.

예 2 일을 하는 능력이 같은 학생 2명이 화단의 잡초를 뽑는 데 1시간 30분이 걸린다고 한다. 만일 이들과 같은 능력을 가진 5명의 학생이 화단의 잡초를 뽑는다면 시간은 얼마나 걸리겠는가?

[풀이]

중간 질문과 예상 답변에 따라 문제를 해결하면 다음과 같다.

- 학생 1명이 화단의 잡초를 뽑는 데 걸리는 시간은 얼마인가?
  (2명이 화단의 잡초를 뽑는 데 걸리는 시간의 2배, 즉 3시간 걸린다.)
- 학생 5명이 화단의 잡초를 뽑는 데 걸리는 시간은 얼마인가?
  (3시간의 $\frac{1}{5}$, 즉 $\frac{3}{5}$시간이 걸린다.)
- $\frac{3}{5}$시간은 몇 분인가?
  ($\frac{3}{5}$시간$\times 60$, 즉 36분이다.)

학생들은 위와 같이 어떤 복잡한 문제를 푸는 과정에서 중간 질문을 함으로써 문제를 더 쉽게 해결할 수 있게 된다. 문제해결 과정에서 적절한 중간 질문은 문제에 주어진 조건이나 정보를 명확히 분석하고 있는지, 적합한 계획을 수립·적용하고 있는지, 문제해결이 올바른 방향으로 수행되고 있는지를 파악할 수 있게 해준다. 또한 학생들은 주어진 문제 장면에 적합한 새로운 문제와 질문들을 스스로 만들어 보아야 한다. 이를 위해 교사는 학생들이 어떤 문제를 만드는지 살펴보고, 그 문제에 대한 답을 구하기 위하여 어떠한 활동과 생각을 하는지 살펴보아야 한다. 예컨대, [예 3]과 같은 문제 장면에 제시된 정보를 이용해 새로운 문제나 발문을 만들어 보면 아래의 (1), (2)와 같다.

> **예 3** 진희는 명자가 가진 것의 2배를 가지고 있다. 정희가 가진 공기돌이 24개이고, 명자는 정희보다 8개를 적게 가지고 있다. 진희는 공기돌을 몇 개 가지고 있는가?

[풀이]

풀이는 각자 생각해보자. 새로운 문제나 발문은 다음과 같다.

(1) 정희는 명자보다 공기돌을 몇 개 더 가지고 있는가?

(2) 그들이 가지고 있는 공기돌은 모두 몇 개인가?

초등학교 고학년 학생들에게는 [예 4]와 같이 좀 더 복잡한 문제 장면을 제시하고, 이를 해결하기 위한 여러 가지 중간 질문을 만들어 보며, 이 질문을 해결하는 과정을 기반으로 주어진 문제를 해결하게 할 수 있다.

예 4 한 시간에 25km를 달릴 수 있는 모터보트를 타고 강 상류에서 하류로 60km를 항해하다가 다시 출발지점으로 돌아가려면 평균 시속은 얼마이어야 하는가?(단 강물은 한 시간에 5km씩 흐른다.)

[풀이]

해답은 24km/h이다. 풀이는 각자 생각해보자.

참고 자료 1 · · 질문하는 능력 기르기

학생들은 주어진 자료에서 질문을 추출하는 능력을 발달시킬 필요가 있다. 이를 위한 지도 방법은 다음과 같다.

- 교과서나 익힘책 등의 손쉬운 문제를 해결해보도록 해라. 그리고 문제해결에 사용되는 수량에 관련된 문장을 칠판에 쓰고 학생들에게 질문을 만들도록 해보아라.
- 문제에서 요구하는 질문에 관심을 두지 말고 문제를 읽어라. 문제의 해답을 학생 스스로 결정해보도록 해라. 학생들에게 질문을 만들도록 해보아라.
- 학생들에게 몇 가지 자료를 제시해라. 그들에게 자료로부터 결정하는 모든 일을 쓰도록 해라.

4.4 문제 만들기

주어진 수학 문제를 보고 새로운 문제를 개발하거나 현실적 상활을 수학 문제로 바꾸는 문제 만들기는 창조적 활동 중의 하나이고, 학생들이 함양해야 할 특별한 수학적 능력이다. 문제 만들기 지도는 처음에는 이미 만들어진 문제, 수학적 정의나 정리, 익숙한 현실 상황에서 시작하여 점차 어려운 수학적 상황 및 비수학적 상황의 문제 만들기로 진행하는 것이 바람직하다. 다음은 문제 만들기 방법을 정리한 것이다.

(1) 문장제 문제 만들기

대부분의 문장제는 하나의 질문으로만 이루어져 있다. 그러나 한 문제 장면에서 하나 이상의 질문을 새롭게 만들어봄으로써, 즉 다단계의 질문이나 또한 주어진 장면의 수량을 이용하여 다양한 수준의 문제를 만들어보는 것은 문장제 해결력을 기르는 데 매우 유용하다. 예를 들어 아래와 같은 장면 1, 2, 3에서 조건에 부합하는 문장제를 만들어보게 하는 활동이 필요하다.

장면 1 : 병수는 바구니에 귤 6개와 사과 4개를 담았다.

조건 : 덧셈 또는 뺄셈을 이용할 수 있는 문장제 문제를 만들어보아라.

장면 2 : 25마리의 고양이와 17마리의 개와 32마리의 쥐가 있다.

조건 : 다음을 포함하는 질문을 만들어보아라.

- 좀 더 많은 단어를 이용한 덧셈 또는 뺄셈 문제를 만들어보아라.
- 새로운 단어를 추가하여 두 자리 수의 덧셈 또는 뺄셈 문제를 만들어보아라.
- 10보다 작은 답이 나오는 문제를 만들어보아라.

장면 3 : 가로는 3m, 세로는 6m, 높이는 5m인 창고가 있다.

조건 : 답이 30m^2인 문제를 만들어라. 또 답이 66m^2인 문제를 만들어보아라.

학생들에게 그들의 경험을 이용한 문제를 만들고, 그 문제의 해결 전략이나 방법을 설명하도록 해야 한다. 또한 수학적 개념이 포함된 다양한 수준의 문제를 만들도록 지도·안내해야 한다. 이러한 과정이 수시로 이루어지지 않는다면 대다수의 학생들은 항상 교과서 유형의 문제만 만들거나 풀어볼 것이다. 그렇지만 다음과 같이 주어진 조건을 만족하는 문제 만들기 활동은 학생들의 상상력과 사고력을 촉진시킬 수 있다.

조건 : 답이 34(203, $2\frac{2}{5}$, 또는 0.26)인 덧셈 문제

조건 : 답이 12(96, 351, $2\frac{2}{5}$, 또는 3.04)인 곱셈 문제

조건 : 답이 72(45.32, 35m, 또는 5.3kg)인 문제

(2) 그림이나 조작적 모델을 이용하여 문제 만들기

저학년 학생들에게는 [예 1]과 같이 조작적 모델을 이용한 조작 활동을 통하여 해결할 수 있는 문제를 제시하는 것이 좋다.

> **예 1** 필통에 연필이 몇 자루 들어 있다. 3자루를 꺼냈더니 5자루가 남았다. 필통에 연필이 몇 자루가 있었는가?

[풀이]
풀이는 각자 생각해보자.

또한 학생들이 현실 상황을 문장제로 나타내고, 문장제 해결을 위해 산가지나 바둑돌과 같은 조작적 모델을 이용하여 해결한 후, 문제 장면을 창조적으로 재구성해보는 경험을 갖도록 하는 것이 필요하다. 이때, 문제해결의 초기 단계에서 학생들에게 조작적 모델을 활용한 경험을 바탕으로 문제를 만들어보게 하는 경험은 [예 2]와 같은 문장제 해결에 매우 유익하게 작용한다.

> **예 2** 진호는 장난감 10개를 2개씩 묶으려고 한다. 모두 몇 묶음이나 될까?

[풀이]
풀이는 각자 생각해보자.

위와 같은 문제를 다음 [그림]과 같이 나타낸 후, 직접 동그라미로 묶어 보고 몇 묶음인지 답하도록 하는 경험과 이러한 경험을 더욱 확대하여 학생 스스로 좀 더 융통성과 창조성이 첨가된 문제를 만들어보도록 하는 활동이 필요하다.

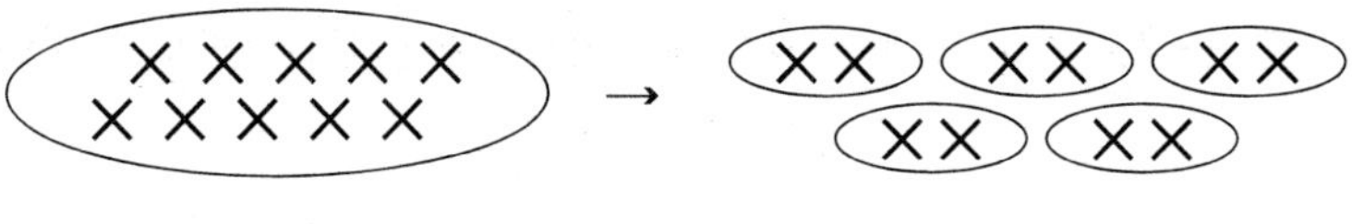

위 활동을 좀 더 확대하여 다음과 같은 그림을 제시한 후, 이를 활용하여 문장제를 만들어보도록 하는 경험도 문장제 해결력 신장에 매우 유익하다.

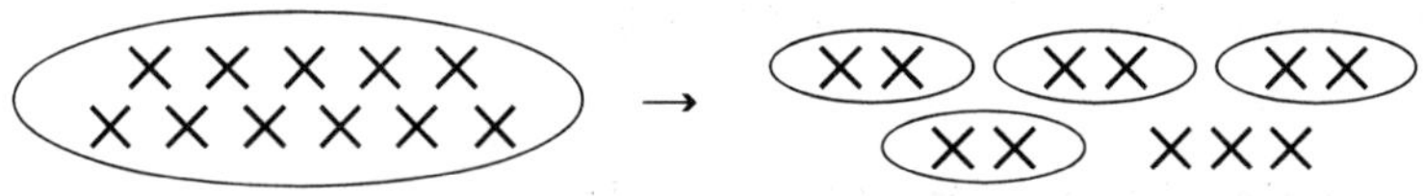

예를 들어 학생들은 위 그림에서 [예 3]과 같은 문제를 만들 수 있다.

예 3 명희가 4명의 친구에게 2개씩 나누어 주었더니 사과 3개가 남았다. 명희가 가지고 있던 사과는 모두 몇 개인가?

[풀이]

풀이는 각자 생각해보자.

(3) 단어와 숫자를 이용하여 문제 만들기

마지막으로 다음과 같이 주어진 단어와 수를 몇 개만 또는 모두 이용하여 문제를 만들어보는 활동을 전개할 수 있다.

민수, 정호, 종수, 경희
72, 31, 42, 20, 1/2, 2/3

참고 자료 1 · · 문제 만들기

학생들이 자신의 문제를 만들어보는 것은 문제를 이해하고 제시된 자료를 분석·해석하는 능력과 문제해결 전략을 수립·개발하는 능력뿐만 아니라 수학적으로 사고하는 능력을 기르는 데 매우 유익하다. 따라서 교사들은 간단해보이지만 다음과 같은 활동을 수행할 필요가 있다.

- '$24+8=32$'처럼 식을 제시하고 이를 이용하여 해결할 수 있는 문장제를 만들어보도록 해라.
- 표, 그래프 혹은 지도 등의 자료를 제시하고 주어진 자료로 풀 수 있는 문제를 만들어보도록 하여라.
- 학생들에게 한 문제를 주고 같은 유형의 비슷한 문제를 만들어보도록 하여라.

참고 자료 2 ·· 문제 만들기

교사가 문제를 만들 때 다음 사항들을 참조한다면, 학생들의 관심을 높이고, 성공적인 결과를 가져오며, 긍정적인 태도를 함양할 수 있는 좀 더 효과적인 문제 만들기를 할 수 있다.

- 가능하면 반 학생의 이름을 사용하도록 하라.
- 학교 활동과 같은 익숙한 상황을 이용하도록 하라.
- 학생들의 수준에 맞는 용어와 문장 구조를 사용하도록 하라.
- 대부분의 학생들이 잘 알고 있을 것 같은 내용을 사용하도록 하라.
- 숫자는 학생 수준을 고려하여 조심스럽게 사용하도록 하라.
- 질문의 위치를 고려하라. 예를 들어, 문장제에서 질문을 첫 부분에 위치시키는 것이 뒷부분에 위치시키는 것보다 문제해결이 더 어렵다.

4.5 문제를 변형하기

문제의 변형은 새로운 장면의 문제를 만들거나 관련성이 있는 문제를 만들기 위해 주어진 원문제의 진술을 수정하는 것이다. 교사에 의해 제공된 원래 문제를 변형하는 활동은 두 가지 면에서 유용하다.

첫째, 주어진 문제와 이전에 해결한 문제와의 유사성을 찾게 함으로써 문제해결 전략이나 방법을 일반화시키는 것을 돕는 것이다.

둘째, 추가적인 정보를 활용하여 새로운 문제를 만들거나 이전의 문제해결 전략이나 방법을 확장시킬 수 있다.

문제의 변형은 학생들의 흥미나 수준에 맞게 변화시킴으로써 학생들은 제시되는 문제에 대해 흥미를 갖게 될 것이며, 이는 문제를 해결해보고 싶은 호기심이나 의욕을 갖게 할 수 있을 것이다. 문장제가 갖추어야 할 중요한 요건 중의 하나는 학생들이 문제 그 자체에 대해 흥미와 호기심을 갖게 하는 일이다. 아무리 좋은 문제라고 하더라도 학생들이 풀어보고 싶은 마음이 없다면 그 문제는 문제로써 가치가 작다. 문제 장면이 학생들의 흥미와 호기심을 자극하기 위해서는 그들의 경험이나 관심과 관련된 장면에서부터 시작해야 할 것이다.

예컨대, 저학년의 경우, 가족이나 친구 및 동물이나 인형 등 그들의 생활 주변의 상황을 좋아할 것이며, 중·고학년의 경우는 문학이나 역사 및 과학에 관련된 내용에 많은 호기심을 가진다. 그리고 학생들로 하여금 문제를 변형하여 만들게 하는 것도 유익하다. 이것은 문제의 확장으로 사용될 수 있으며, 학생 개개인의 욕구를 충족시키기 위한 보충 활동으로써 사용될 수 있다. 문제를 변형시키는 방법은 다음과 같다.

- 상황을 바꾼다.
- 숫자를 바꾼다.
- 조건을 바꾼다.
- 원하는(찾아내고자 하는) 정보를 바꾼다.
- 상황, 숫자, 조건, 원하는 정보의 조합을 바꾼다.

문제를 변형시키는 방법에 대한 예를 들면 다음 [예 1]과 같은 문제에서 아래와 같은 문제를 만들어낼 수 있다.

예 1 똑같은 길이의 두 개의 양초에 똑같이 불을 붙였다. 하나는 다 타는 데 9시간이 걸렸고, 또 다른 하나는 6시간이 걸렸다. 몇 시간 후에 늦게 타는 양초의 길이가 빨리 타는 양초의 길이의 두 배가 되었을까?

[풀이]

풀이는 각자 생각해보자.

(a) **상황** : 양초를 태우는 것 대신 탱크에 물이 빠지는 것을 이용하자.

(b) **숫자** : 9와 6을 12와 8로 바꾸어 보자.

(c) **조건** : 하나의 초가 처음부터 다른 초의 길이의 두 배였다고 가정하자.

(d) **원하는 정보** : 4시간 30분 후에 하나의 초의 길이가 다른 초의 길이의 두 배가 되었다면, 각각의 초가 모두 타는 데 걸리는 시간을 구하게 한다.

(e) 상황, 숫자, 조건, 원하는 정보의 조합을 바꾸어서 다른 문제를 만들어낼 수 있다.

위와 같이 다섯 가지 방법을 이용하여 학급의 여러 집단에 각각 다른 문제를 내게 할 수도 있다. 또한, 위 문제를 확장하여 다음 [예 2]와 같은 형태의 변형된 문제를 만들어볼 수도 있다.

예 2 1. 두 시간 후에 천천히 타는 양초는 빨리 타는 양초보다 얼마나 더 길겠는가?

2. 똑같은 길이의 두 양초에 동시에 불을 붙였을 때, 하나는 다 타는 데 6시간이 걸렸고, 다른 하나는 3시간이 걸렸다면, 몇 시간 후에 천천히 타는 양초의 길이는 빨리 타는 양초의 길이의 두 배가 되겠는가?

3. 파란색 양초는 빨간색 양초 길이의 2배이다. 파란색 양초가 다 타는 데 4시간이 걸리고, 빨간색 양초가 다 타는 데 6시간이 걸린다면, 3시간 30분 후에 각각의 양초의 길이는 얼마인가? 그리고 파란색 양초의 길이는 빨간색 양초 길이의 몇 분의 몇인가?

[풀이]

풀이는 각자 생각해보자.

참고 자료 1 ·· 문제해결력 신장 방안

문제해결의 방법을 결정하기 위해서 학생들은 핵심 단어에 의존하기보다 오히려 문제 상황을 분석하도록 권고해야 한다. 우리가 수학을 적용해야 할 실생활 장면은 수학적인 용어나 기호와 함께 제시되는 것보다는 일상적인 언어로 제시되거나 표상·표현되는 경우가 훨씬 더 많다.

합, 차 곱, 몫 등 수학적인 용어로 표현되기보다는 더하거나 빼기, 비교하기나 곱하기와 나누기 등 수학적인 활동이 요구되는 용어 및 모두, 합계, 얼마나 많이, 몇 배 하면, 몇 개씩 … 등 생활 용어를 사용하는 경우가 더 많다.

수학적 용어와 일상의 용어를 능숙하게 연결시키기 위해서 수학적 용어가 함의하고 있는 일상적인 용어의 목록을 만들어보는 것은 문장제 해결력을 기르는 데 매우 유익할 것이다.

예컨대, 학습 과제로 덧셈과 관련된 용어의 목록으로써 '모두, 총, 합계, 다같이, 얼마나 많이'와 같은 일상적인 용어들을 모으고, 이를 핵심적인 단어로 활용하여 문장제를 만들어보는 일은 문장제 해결력 신장에 도움을 줄 수 있다. 그렇다고 이러한 용어들이 모두 덧셈 문제를 나타내는 것은 아니다. 따라서 유사한 의미로 쓰여 있음에도 불구하고 실제로는 덧셈을 요구하는 단어로 쓰이지 않은 경우가 있음을 알아 둘 필요가 있다. 이러한 경우는 학생들이 실생활 장면의 문제를 만들어보는 과정에서 찾고, 느낄 수 있을 것이다.

참고 자료 2 ·· 문제해결력 신장 방안

다음은 좀 더 복잡한 문제를 해결하는 능력을 신장하기 위한 방안을 정리한 것이다.

- 1단계 : 매일 칠판에 손쉬운 문제를 제시하라. 또한, [예 3]에서 줄친 것과 같은 추가적인 정보를 제공하여 다른 문제를 만들어보게 하라. 그리고 학생들이 첫 번째 질문을 해결한 후, 두 번째 질문에 답을 하도록 하라.

> **예 3** 명수는 공기돌을 9개 가지고 있다.
> 친구가 명수에게 공기돌을 5개 더 주었다. 그가 가진 공기돌은 모두 몇 개인가?
> <u>명수는 공기돌 7개를 잃었다.</u> 그가 갖고 있는 공기돌은 몇 개인가?

[풀이]

풀이는 각자 생각해보자.

- 2단계 : 1단계의 절차를 반복하지만 첫 질문을 없애라. 예를 들어 [예 4]와 같은 문제에서 학생들로 하여금 생략된 질문이 무엇인지 찾게 하라. 찾은 질문에 대답하도록 하라.

> **예 4** 레스토랑에 탁자가 6개 있는데 각 탁자에는 7명이 앉아 있다. <u>{13명이 떠났다면 남은 사람은 몇 명인가?}</u>

[풀이]

풀이는 각자 생각해보자.

- 3단계 : 2단계의 절차를 반복하고, 추후에는 문제의 문장 순서를 바꾸거나 또는 내용을 생략하라. 예를 들어 [예 5]와 같은 문제에서 학생들로 하여금 생략된 문장이 무엇이며, 문제의 어느 위치에 있어야 하는지 찾도록 하라. 그리고 그 문장을 질문에 답하는 데 사용하도록 하라.

> **예 5** {빈 병이 35개이다.} 사이다가 5상자가 있다. 한 상자에는 사이다가 42병씩 들어 있다. 사이다가 들어 있는 병은 몇 병인가?

[풀이]

풀이는 각자 생각해보자.

4.6 응용문제

수업에서 진술형 문제, 즉 문장제를 지도하는 이유는 실용성과 응용성이다. 실용성은 실생활에서 부딪히는 문제 장면에서 문제를 효율적이고 합리적으로 해결하기 위해 학습한 수학적 내용을 직접적으로 활용하는 것이며, 응용성은 실생활 문제 장면의 문제를 해결하기 위해 이미 학습한 수학적 내용뿐만 아니라 타 교과의 지식을 통합적으로 활용하는 것으로, 문제해결을 위한 자료를 수집·분석·처리하는 일과 수학학습 과정에서 형성되는 어떤 정신적인 습관이나 성격 및 문제를 해결하는 데 논리적으로 사고하고 형식화하는 능력까지 포함한다고 볼 수 있다. 이렇게 분류한다면 문장제의 성격에 따라 전자를 적용문제, 후자를 응용문제라고 할 수 있을 것이다.

이때, 응용문제는 모든 학년 수준에서 포함되어야 하는 중요한 문제 유형이다. 응용문제는 학생들이 결정을 내리기 위해서 자료를 수집하고 분석하는 것이 요구되는 실제 상황이다. 일반적으로 응용문제를 풀 때는 다음과 같은 단계가 적용된다고 할 수 있다.

단계 1 : 문제를 이해하도록 하라.
단계 2 : 만족해야 할 조건, 가정, 그리고 필요한 자료를 확정하도록 하라.
단계 3 : 필요한 자료를 고르거나 수집하도록 하라.
단계 4 : 부분적인 문제를 파악하고 해를 구하도록 하라.
단계 5 : 지금까지의 해결 과정을 검증하도록 하라.
단계 6 : 해답에 대한 확신에 찬 결정을 내리도록 하라.

이때, 두 번째와 세 번째는 응용문제 해결에 매우 중요한 단계이다. 다음 [예 1]은 중학년에 적합한 응용문제의 한 예인데, 이 예를 통해 응용문제해결에 대해서 알아보자.

> **예 1** 우리 집은 야구 경기장 건너편에 있다. 나는 친구와 함께 야구 경기가 시작되기 전과 경기가 끝난 후에 레모네이드를 만들어 팔면 돈을 벌 수 있다고 생각한다. 레모네이드 한 잔의 값을 얼마로 하면 좋을까?

[풀이]

풀이는 각자 생각해보자. 위의 응용문제를 해결하기 위해서 학생들은 아래와 같은 가정을 설정하고, 또한 자료를 수집할 것이다.

- 아마도 부모님은 모든 필요한 재료, 즉 물, 얼음, 그릇을 제공할 것이다.

- 종이컵 1개 값은 50원이며 12개가 필요하다.
- 종이컵에는 80cc를 담을 수 있다.
- 레몬 2개 값은 350원이며, 설탕 1봉지 값은 250원이다.
- 레모네이드 1주전자에는 레몬 4개와 설탕 1컵이 필요하다.
- 1주전자는 8컵을 담을 수 있다.
- 한 경기당 50~75명 정도의 고객에게 판매할 것을 예상한다.

응용문제의 특성은 실생활 장면과 관련성이 있다는 것이다. 대부분의 응용문제는 해를 구하기 위해서 여러 단계의 복잡한 계산과정을 포함한다. 그래서 학생들이 응용문제를 실제와 같이 해결할 수 있도록 계산기 사용을 허용하도록 해야 한다. [예 1]을 해결하기 위해서는 아래와 같은 몇 가지 계산 과정을 수행할 수 있어야만 한다.

- 얼마나 많은 주전자를 만들어야 하는가?
- 레몬이 몇 개 필요한가?
- 레몬에 드는 비용은 얼마인가?
- 컵 하나의 비용은 얼마인가?
- 레모네이드 한 컵을 만드는 데 필요한 비용은 얼마인가?

좋은 응용문제는 단지 하나의 정답만을 가지지 않고 정답이 여러 가지일 수 있는데, 이것은 학생들이 처음에 수립한 가정과 정보에 의해 좌우된다. 즉, 응용문제는 학생들이 설정한 가정에 따라, 그리고 주어진 조건을 어떻게 조절하고 조합하는가에 따라 가장 최적의 조건을 선택·결정할 수 있다. [예 1]의 응용문제에 대해서 같은 학급의 학생들이라도 150원이나 1250원처럼 다른 답을 가질 수 있지만 이 각각의 해들은 학생들이 가정한 상황에 따른 조건에 부합하는 것이어야만 한다.

아래에는 몇 가지 응용문제가 제시되어 있는데, 이 문제들은 학년과 학생 수준에 맞게 수정되어야 한다. 또한 이 응용문제의 학습은 수학과 다른 교과의 주제를 통합할 수 있는 수단으로도 활용될 수 있다.

- 학교에서 1km 이내에 위치한 곳으로 현장 학습을 계획하고 있다. 목적지를 정하고 출발할 시간과 학교에 돌아올 시간을 결정하여라.
- 선생님께서 교실에 페인트를 칠할 수 있도록 허락을 하셨다. 이 작업을 하는 데 비용이 얼마나 들지 알아보아라.
- 당신의 학급은 소풍을 계획하고 있다. 음식과 기타 경비를 위해 1인당 얼마를 회비로 납부하도록 할 것인지 결정하여라.

참고 자료 1 ·· 가정학습

학생들이 문제해결 전략을 사용하는 연습을 많이 할 수 있도록 월요일에 문제를 제시하고 금요일에 풀이를 발표하도록 해보자. 이를 위해 교사는 학생들에게 자극을 주고 도전 의식을 부여할 수 있도록 지도해야만 한다.

응용문제의 해결을 위해 학생들은 신문, 잡지, 상품 광고지, 표나 그래프, 지도, 참고서, 사전 등의 교육자원으로부터 자료를 수집하고 분석하며 활용할 수 있어야 한다. 따라서 학생들이 가정학습을 할 때, 문제는 혼자서 풀 수도 있으나 동료나 부모님의 도움을 받는 것도 가능하다는 것을 알 수 있도록 지도해야 한다. 누군가와 함께 문제를 푸는 것은 서로를 이해하는 데 도움을 준다. 특히 부모, 형제의 도움은 그들이 자녀나 동생을 이해하는 계기가 될 뿐만 아니라, 그들을 학생들의 학습에 적극적인 지원자가 될 수 있도록 동기를 부여할 수도 있다.

금요일에는 정답과 사용된 전략에 대해 토론하는 기회를 가져야 한다. 학생이 적절한 전략을 사용하여 올바른 답을 찾아냈으면 2점을 주고, 답은 틀렸지만 전략이 맞는 경우에는 1점을 준다. 이런 과정을 통해 학생들의 응용문제해결 능력은 향상되고, 학부모들은 아이들을 도우는 시간이 얼마나 즐거운지에 대해 생각할 것이다.

4.7 탐구형 문제

대부분의 학생들은 모든 문제의 답은 오직 한 가지이며, 수학 문제를 해결하기 위해서는 따라야 할 순서나 알고리즘이 하나만 존재한다고 믿는 경향이 있다. 그리고 모든 수학 문제는 완벽하게 해결되어야 하고, 빨리 풀어져야 한다고 생각한다. 따라서 문제해결 지도에서는 문제해결에 대한 관점을 넓혀 주는 경험을 제공하는 것이 중요하다. 유용한 방법 중의 하나는 다음과 같은 탐구형 문제를 해결해보도록 하는 것이다.

예 1 한 직사각형의 둘레가 36이다. 이 정사각형의 넓이는 50보다 크다. 이런 사각형을 그릴 수 있는가?

예 2 주어진 정보를 사용하여 최대한 많은 문제를 작성하고 풀어보아라.
진호와 명희는 각자 자전거를 타고 등교한다. 진호는 학교에서 8km 떨어진 곳에 살며, 명희는 12km 떨어진 곳에 산다. 진호는 16분만에 등교를 한다.

예 3 당신은 주머니에 동전을 가득 가지고 있다. 음료수 자판기에서 음료수를 뽑는 데 360원이 든다. 동전을 최대한 많이 사용하기 위해 어떤 동전을 사용할 것인가?

[풀이]

풀이는 각자 생각해보자.

위의 [예 1]은 단 하나의 답만을 가지지 않는 문제의 좋은 예이다. 둘레가 36이고 넓이 50보다 큰 직사각형은 여러 개가 있다. 이 문제를 다룰 때 학생들은 여러 가지 경우를 생각해보아야 한다. 한 가지 방법은 둘레가 36인 모든 직사각형을 고려하는 것이다. 그리고 교사는 다음과 같은 고민과 발문이 필요할 수 있다. '얼마나 많은 직사각형이 포함될까?', '학생들은 그것들을 그릴 수 있을까?', '각각의 직사각형의 넓이는 얼마인가?', '직사각형의 넓이가 50보다 큰 것은 몇 개인가?'

더불어 우수한 학생들에게는 변의 길이가 자연수일 필요는 없다고 제시하는 것도 적절하다. 왜냐하면 학생들은 수준 높은 수학 문제를 접하거나 만들 기회가 거의 없기 때문이다.

[예 2]는 학생들이 자신의 문제를 만들 수 있는 기회를 제공해 줄 수 있는 문제이다. 그들이 만든 문제는 학급 전체, 혹은 소집단 숙제로 사용할 수도 있다. 문제해결에 내포된 계산 기능의 연습 이외에, 다음 질문의 일부 또는 전부에 학생들이 주의를 기울이도록 할 수 있다.

주어진 정보로 문제를 풀 수 있을까? 만약 풀 수 있다면 해답은 얼마인가? 만일 풀 수 없다면 어떤 정보가 더 필요한가? 이 문제를 풀기 위해 당신은 어떤 가정을 하였는가? (예: 진호와 명희는 같은 속도로 자전거를 타는가? 경사면을 올라가야 하는가, 내려가는가?)

[예 3]은 실제로 매우 다양한 문제를 만들 수 있는 좋은 예이다. 학생들은 각각 다른 방법으로 문제에 접근할 것이다. 서로 다른 접근과 해결은 "최대한 많은 동전을 사용하는"이 의미하는 것에 대해 달리 이해할 수 있다. 학생들은 무게, 부피, 겉넓이, 혹은 음료수를 사는 데 사용된 동전 수 등에 주의를 기울일 수 있다. "주머니에 동전이 가득 들어 있다."의 의미를 다르게 이해할 수도 있다. 예컨대, 어떤 학생은 장면 설정에 제약을 두어서 주머니에 구체적으로 10원짜리 동전, 50원짜리 동전, 100원짜리 동전, 500원짜리 동전 수를 정할 수 있다. 이때, 학생들이 문제를 설명하는 데 충분한 시간을 준 다음, 학생들이 문제를 풀기 전에 주의 깊게 식을 세우는 것에 대한 중요성을 이해시키기 위해 서로 달리 해석할 경우 학급 토론을 가지는 것이 타당하며, 문제를 충분히 정의한 다음에 필요한 계산을 하는 것이 좋다. 즉, 탐구형 문제는 학생들이 토론을 함으로써 문제를 구성하고 해결하는 상황을 제공해야만 한다. 그리고 탐구형 문제를 성공적으로 해결하기 위해서 학생들은 상황을 관찰하고, 질문하는 데 참여하는 것이 필요하다. 즉, 교사는 학생들에게 질문을 만들어 답을 구하도록 해야 한다.

마지막으로 탐구형 문제의 해결에서는 학생들이 창의성을 발휘하여 질문하고 수학적인 답을 찾게 해야 한다. 또한 탐구형 문제의 해결은 문제 찾기, 문제 만들기, 문제를 형식화하기, 문제 해석하는 능력을 개발하는 기회를 제공해야 한다. [예 4]와 같은 탐구형 문제에서 찾을 수 있는 질문들을 제시하면 다음과 같다.

예 4 병호 아버지는 매년 어린이날 500원짜리 동전을 준다. 올해 그는 500원짜리 동전 100개를 가지고 있다. 그는 집으로 찾아오는 어린이들에게 동전을 2개씩 주려고 한다. 얼마나 많은 학생이 병호 아버지로부터 동전을 받을 수 있을까?

[풀이]

풀이는 각자 생각해보자.

- 만약 병호 아버지가 500원짜리 동전을 3개씩 준다면 답은 어떻게 되겠는가?
- 병호 아버지가 500원짜리 동전을 75개만 가지고 있으며, 각 어린이에게 2개씩 준다면 답은 어떻게 되겠는가?
- 동전 대신 과자를 75개 가지고 있다면 답은 어떻게 바뀌는가?

참고 자료 1 ‥ 학습 환경

탐구형 문제의 해결에서 학생들이 자유롭게 질문하고 토론하는 분위기는 중요한 역할을 한다. 문제의 정의와 문제 조건에 대해 능동적으로 토론하기 위해서 협동적으로 문제를 해결하도록 집단을 구성하는 것이 필요하다. 학급 토론은 학생들이 문제의식을 가지도록 하며 그들 역할의 중요성을 자각하게 하는 데 도움을 준다. 탐구형 문제의 해결과정에서 질문하는 자세를 권장함으로써 학생들의 문제해결 능력을 향상시키고, 수학적 상황에 대해서 좀 더 능동적으로 사고하게 하며, 고정되고 닫힌 관념을 변화시킬 수 있다.

4.8 문제의 구조를 파악하기

많은 학생들은 문제를 접할 경우 종종 문맥이나 문제의 구성과 같은 크게 중요하지 않은 것에 초점을 맞추는 반면에 '문제의 전체적인 구조를 파악하는 것'에 대해서는 어렵게 여긴다. 학생들이 문제의 구조를 파악하는 데 초점을 맞추도록 하기 위해서는 몇 가지 방법을 생각할 수 있다. 먼저 다음과 같은 유형의 문제를 살펴보자.

예 1 45명이 야구 경기장에 가기 위해 승용차 1대에 5명씩 타고 가려고 한다. 승용차는 몇 대가 필요한가?

예 2 민호는 야구 경기에 출전한 학생 45명에게 쿠키를 5개씩 나누어 주려고 한다. 쿠키를 몇 개 준비해야 할까?

예 3 야구팀을 응원하기 위해 각 팀별로 응원 선수가 3명씩 있다. 만약 응원 선수가 18명이라면 야구팀은 몇 팀인가?

[풀이]

풀이는 각자 생각해보자.

위 문제와 관련해서 학생들에게 아래와 같은 질문을 한다고 생각해보자.

- [예 1]과 [예 2]에서 서로 비슷한 점과 차이점은 무엇인가?
- [예 2]와 [예 3]에서 서로 비슷한 점과 차이점은 무엇인가?

학급에서 이러한 질문에 대해 토론하는 것은 문제 핵심에 초점을 맞추는 활동이다. 예컨대, [예 1]과 [예 2]는 같은 문맥과 숫자로 구성되어 있지만, [예 1]은 나눗셈을 해야 하고, [예 2]는 곱셈을 해야 한다. [예 1]과 [예 3]은 서로 다른 문맥과 숫자로 구성되어 있으나 같은 나눗셈 연산을 필요로 한다.

문제의 구조를 파악하기 위해 문제들이 어떤 점이 서로 비슷하며 어떤 점이 다른지 분석·판단하는 활동이 필요하다. 이 활동은 학생들의 판단 기준에 의존하게 되는데, 문제해결 과정에 있어서 학생들의 이 판단 기준은 매우 중요하다. 또한, 학생들은 수학적으로 가치 있는 문제를 구별하는 기준을 설명할 수 있어야 한다. 이러한 활동들은 학생들에게 문제들의 구조와 문제들 사이의 관계를 파악하는 기회를 제공해 줄 수 있고, 새로운 수학 수업의 기회를 제공하며, 학생들의 문제해결력을 신장시킬 수 있는 기초를 제공해 준다.

학생들이 문제를 이해하도록 하는 한 방법은 새로운 문제와 이전에 풀었던 문제를 서로 비교해 보도록 하는 것이다. 학급 토론은 학생들에게 문제해결에서 그들이 예상했던 것이 올바른지를 확인하게 하는 데 도움을 준다. 특히 새로운 문제와 이전에 풀었던 문제를 비교·분석하는 활동은 이전에 풀었던 문제로부터 얻은 정보와 경험과 지식을 어떻게 사용할 것인지를 결정하는 데에도 적절한 도움을 준다. 따라서 만약에 학생들이 문제를 해결하는 것을 망설이거나 문제해결을 포기하려고 할 경우, 이미 해결했던 유사한 문제를 생각해보도록 할 필요가 있다. 또한 아래와 같은 활동들은 문제의 구조를 파악하고 문제해결력을 신장하는 데 도움을 제공한다.

① 문제의 구조를 관찰하고 비교할 수 있는 기회를 주는 활동
② 구조적 특성을 가진 문제에 대해 생각하게 하는 활동
③ 유사한 유형의 문제들을 하나의 묶음으로 만드는 활동

참고 자료 1 ·· 학습 환경

경험이 풍부하거나 부족한 문제해결자를 위한 구체적인 지도 방법을 제시하면 다음과 같다.

(1) 경험이 부족한 문제해결자를 위해서는 :
- 문제를 제시할 때 학생들에게 동기를 부여하라.
- 좀 더 구체적이고 실생활에 관련된 문제를 사용하라.
- 계산기 사용을 권장하라.
- 문제를 이해하는 데 있어서 학생들에게 더 많은 조언을 주어라.
- 문제에 관련된 힌트나 직접적인 힌트를 주어라.
- 문제를 몇 개의 작은 부분으로 나누어라.

(2) 경험이 많은 문제해결자를 위해서는 :
- 문제의 좀 더 확장된 면을 제공하라.
- 해를 구하기 위한 다른 방법들을 평가해보도록 고무하라.
- 더 많은 추상적이고 순수 수학 문제를 사용하라.
- 직접적이고 문제에 국한된 힌트를 제공하지 마라.

4.9 전략을 일반화하기

문제를 해결하는 것은 복잡하고 성가신 일 중의 하나이다. 왜냐하면 문제를 어떻게 해결해야 하는지에 대한 뚜렷한 전략(방안)이나 접근 방법이 확실하지 않을 때, 문제 상황은 복잡하고 다양한 생각들을 요구하기 때문이다. 그렇지만 앞서 언급했던 여러 가지 문제해결 전략들은 어떤 문제에 대한 즉각적인 답이나 해결 방안을 제시해 준다기보다는 문제를 해결하기 위하여 어떠한 노력을 해야 하며, 이러한 노력을 하는 과정에서 새로운 창의적인 아이디어를 만들어 내는 수학적 힘과 자신감을 갖게 하는 데 이용된다. 그런데 또한 이 문제해결 전략들은 각각의 전략을 이용하여 문제를 해결해보고, 자신의 독창적인 문제해결 전략을 고안·실현해보는 경험을 확장하여 이를 또 다른 문제해결에 적용할 수 있는 능력, 즉 학습한 전략을 일반화하고, 일반화할 수 있는 전략을 개발하는 데 그 목적을 두고 있다. 따라서 문제해결에서 교사는 학생들에게 일반화된 해결 전략을 찾도록 격려할 필요가 있다. 관련하여 다음 [예 1]을 살펴보자.

예 1 탁자 위에 21개의 카드가 쌓여 있다. 두 사람이 쌓아 둔 카드 중에서 한 번에 1장씩, 2장씩, 혹은 3장씩을 가져갈 때, 마지막 장을 가져가는 사람이 이기는 게임(Nim 게임)을 생각해보자. 이 게임에서 항상 이기는 전략을 생각해보아라.

[풀이]

풀이는 각자 생각해보자.

우선 위의 문제에서 학생들은 게임을 시작하기 전에 몇 번의 연습 게임을 경험할 필요가 있을 것이다. 학생들은 연습 게임에서 "마지막 카드를 가져가야 한다."라는 의미에 대해 혼란스러워 할 수도 있고, 만약 본인 차례에 탁자 위에 있는 2장의 카드가 있다면 이기기 위해 2장의 카드를 모두 가져가야 한다는 것을 이해하지 못할 수도 있다. 그렇지만 몇 번의 실수와 혼란을 통해 학생들은 본인 차례가 되었을 때 4장의 카드가 남아 있으면 안 된다는 것을 파악할 수 있는데, 이것은 마지막에 1장이나 2장이나 3장을 가져가야 하는데 몇 장을 가져가든 간에 본인이 이기지 못한다는 사실을 실수와 혼란에서 체득한 관찰을 통해 알았기 때문이다. 그렇지만 이 사실은 처음부터 21장을 쌓아놓고 차례로 경기를 하였을 경우는 마지막 남은 카드 수가 몇 장일 경우가 가장 불리한지를 알기가 쉽지 않지만, '거꾸로 풀기' 전략을 사용하였을 경우에는 손쉽게 발견할 수 있는 것이다.

일단 학생들이 21장의 카드로 Nim 게임에서 이기기 위한 전략을 발견하였다면, 이를 일반화하도록 도와 줄 다음과 같은 문제들에 도전할 필요가 있다.

- 25장, 26장, 27장이나 그 이상의 카드를 이용하여 Nim 게임을 해보도록 하여라. 자신이 생각한 전략이 여전히 유효한가? 만약 그렇지 않다면 전략을 어떻게 바꿔야 할까? 만약 n장의 카드를 이용하여 Nim 게임을 할 경우 이기는 전략을 세워 보아라.
- 21장의 카드를 이용하여 Nim 게임을 해보아라. 그러나 이때는 경기자가 한 번에 1장, 2장, 3장, 4장의 카드를 가져갈 수 있다면 게임에 이기기 위해서 어떤 전략을 사용할 것인가? 만약 한 번에 5장까지 가져갈 수 있다면 게임에 이기기 위해서 어떤 전략을 사용할 것인가?
- 앞의 두 문제를 결합·확장하여 n장의 카드를 가지고 게임을 하되 한 번에 1장부터 $m(m < n)$장까지 가져갈 수 있다면 게임에서 이기기 위해서 어떤 전략을 사용할 것인가? 설명하도록 하여라.
- 모든 게임을 반복해보자. 그리고 마지막에 카드를 가져 간 사람이 지도록 하려면 어떤 전략들이 필요할 것인가? 그 전략을 설명하여라.

학생들이 이 게임을 하면서 이기는 것과 지는 것, 혹은 점수를 얻거나 잃는 것 그 자체보다는 전략들을 찾거나 만드는 데 더 열중하게 될 때 일반화에 이르기가 쉽다. Nim 게임에서 이기는 것은 답을 찾는 것과 같으며, 전략을 발견하는 것은 문제를 푸는 것과 동일하다. 교사는 학생들이 문제를 풀 때 일반화를 이끌 수 있는 가설을 설정하도록 격려하고 도움을 주어야 하는데, 그 방법은 다음과 같다.

- 가치를 판단하려고 하지 말고, 학생들이 제안한 모든 가설을 받아들여라.
- 학생들의 참여와 표현을 칭찬해라.
- 전략의 일반화가 가능한 경우와 그렇지 않은 경우를 보여주는 반례를 찾아 다른 사람들을 납득시키기 위한 노력에 편안함을 느끼는 분위기를 조성하라.
- 개인차를 고려하여 지도하라. 학생의 개인차에 따라 문제를 단순하거나 복잡하게 하기 위해 문제의 조건들을 변화시킬 필요가 있다. 예를 들어, 처음으로 Nim 게임을 하는 학생들은 매우 혼란스러워 할 수 있다. 이때 우선 13장의 카드를 가지고 시작해보도록 하고 다음에는 17장을 가지고 게임을 해보도록 할 수 있다. 또한 카드를 1장이나 2장씩만 가져가도록 게임의 규칙을 제한할 수도 있다.

참고 자료 1 ·· 문제를 이해하기

이전에 언급했다시피 문제를 이해하는 활동은 문제해결에서 중요한 역할을 한다. 아무리 뛰어난 학생이라고 하더라도 제시된 문제가 어떤 장면의 문제이며, 문제에서 요구하는 것이 무엇이며, 주어진 정보나 조건은 무엇인지 … 등 문제 자체를 이해하지 못한다면 문제해결은 불가능할 뿐만 아니라 문제로써 가치를 상실하게 된다. 학생들이 문제를 이해하는 능력을 기르기 위해서 다음과 같은 활동을 하도록 지도할 필요가 있다.

- 문제를 다시 읽고 다른 사람에게 문제의 내용과 주어진 조건 및 요구하는 것이 무엇인지에 대해서 설명하도록 해라.
- 문제의 의미를 이해할 수 없을 경우는 실제로 행하여보거나 모의실험을 해보도록 하여라.
- 이해할 수 없는 개념이나 용어가 있을 경우는 그 의미를 명백히 밝히도록 하여라.

예컨대, Nim 게임에서 많은 학생들은 쌓아 둔 카드 수가 얼마이며, 몇 장씩 가져갈 수 있는지, 또는 처음에 몇 장을 가져가는 것이 유리한지에 대해 바르게 이해하지 못한다면 학생들은 문제해결에 실패할 가능성이 크다. 첫 번째 학생이 처음에 몇 장을 가져가는 것이 유리한지를 알고 가져가는 장수를 조절한다면 Nim 게임에서는 첫 번째 학생이 이기게 된다. 그렇지만 두 번째 학생이 만약 이기는 전략을 알지 못한다면 첫 번째 학생은 저절로 이길 수 있다. 경기를 하면서 상대의 '실수'로부터 어떤 이익을 얻을 수 있는지를 인식하는 것은 학생들에게는 쉬운 일이 아니고, 이기는 데 사용했던 전략이 일반화할 수 있는 전략으로 발전되어 가고 유사하거나 같은 게임을 시도하고 반복해봄으로써 알게 되는 것이다.

문제해결자가 본인이 가진 고정된 관점을 바꾸어 보려는 시도는 문제해결의 또 다른 중요한 요소이다. 학생들에게 이러한 습관을 갖도록 하기 위해서는 학생들에게 그들 스스로 묻고 답하는 습관을 갖도록 할 필요가 있다. 또한, 교사가 제공하는 약간의 힌트나 질문은 학생들의 편견이나 고정된 생각에서 관점을 변화시키는 데 도움을 줄 것이며, 전략을 일반화시키는 데도 기여를 할 수 있다. 위 Nim 게임에 대해서 학생의 발문이나 교사가 제공하는 힌트에 대한 예를 들면 다음과 같다.

- 이 문제를 다른 방식으로 접근하거나 생각할 수 있는가?
- Nim 게임에서 질 때 카드가 얼마나 남아 있는가?
- 카드를 몇 장 가져가야 하는가?

참고 자료 2 ·· 게임의 교육적 가치

전략 게임은 학생들의 사고력 계발과 문제해결의 집중력을 높이는 데 효과적이다. 수학학습에서 게임의 이점을 6가지로 요약하면 다음과 같다.

① 게임은 경쟁적인 자기 동기화 과정과 함께 기계적인 훈련이나 연습을 대신할 수 있다.
② 게임의 상황은 새롭거나 필요한 것을 익히기 위해 학생들에게 많은 기회를 제공한다.
③ 게임은 학생들을 새로운 문제해결 기술이나 수학을 자세히 알아야 할 상황으로 이끌 수 있다.

④ 게임은 학생들이 교사에게 전적으로 의지하는 상황에서 벗어나도록 도와준다. 이는 학생을 수동적으로 받아들이는 입장에서 능동적인 참가자로 만들어 준다.

⑤ 게임은 주제를 소개하거나 복습하는 데 흥미 있는 방법이다.

⑥ 게임은 교사의 도움 없이 학생들이 서로 배울 수 있는 환경을 제공한다.

4.10 계산기를 이용하기

계산기는 강력한 문제해결 도구이다. 왜냐하면 계산기는 아주 큰 수를 쉽고 빠르게, 그리고 지필 계산에 뒤지지 않을 만큼 정확하게 계산을 해 줄 뿐만 아니라 계산한 결과를 저장할 수도 있다. 따라서 계산기를 문제해결에 활용한다면 학생들은 문제의 이해와 분석, 문제해결 계획의 수립, 결과를 확인하는 데 좀 더 많은 시간적·정신적 여유를 가질 수 있으며, 확장된 문제를 해결하는 데 있어서도 계산에 따르는 정신적 부담감을 줄일 수 있다.

살펴본 바와 같이 문제해결과 관련지어 계산기는 문제해결 학습 그 자체에 초점을 맞추도록 도와줄 수 있다. 즉, 문제해결 학습에서 계산기의 활용은 문제해결 과정에 필수적으로 따르는 산술 계산에 대한 부담을 줄여주고, 양적인 계산에 집중하는 정신적 부담을 덜어줌으로써 문제의 분석이나 해결 전략에 대해 탐구할 수 있는 시간을 늘려 줄 수 있다. 교사는 이외에도 수학학습 지도에 여러 장점을 지닌 계산기를 교실수업에서 사용할 수 있는 기회를 제공해야 한다. 계산기를 이용하여 다음 [예 1]과 같이 연속된 자연수의 덧셈을 하는 문제를 풀어보자.

예 1 2개의 숫자 A, B가 $A+B=8$이고, $AB-BA=18$이다. 숫자 A, B는 각각 얼마인가? (단, $A>B$, AB는 십의 자리가 A이고, 일의 자리가 B인 수이다.)

[풀이]

① 문제의 이해 : 99보다 큰가? 10보다 작은가?

② 해결 계획 결정(수립) : ㉠ 두 숫자의 합이 8인 두 수를 생각해보자.
㉡ 합이 8인 두 수의 쌍을 만들어보자.

③ 계획의 수행

쌍	확인	판단
(1, 7)	$71-17=54$	$54\neq18$
(2, 6)	$62-26=36$	$36\neq18$
(3, 5)	$53-35=18$	$18=18$
(4, 4)	$44-44=0$	$44\neq18$

④ 반성

- 두 자리의 수가 있다. 이 두 자리 수를 구성하는 두 숫자의 합이 11이고, 이 두 수를 거꾸로 쓰면 원래 수보다 27이 작다. 이 두 수를 구하여라.
- 두 자리의 수가 있다. 이 두 자리 수를 구성하는 두 숫자의 합이 5이고, 이 두 수를 거꾸로 쓰면 원래 수보다 9가 크다. 이 두 수를 구하여라.

학생들은 일상의 자주 접할 수 있는 장면에서 지필 계산이나 암산보다는 계산기를 이용하여 계산하는 것이 더 편리하다는 것을 경험할 수 있어야 한다. 계산기를 이용하여 다음 [예 2]를 풀어보자.

예 2 (1) 다음 물음에 답하여라.

- 1분 동안에 너의 맥박은 몇 번 뛰는가?
  내 맥박은 1분 동안에 ________번 뛴다.
- 1시간 동안에 너의 맥박은 몇 번 뛰는가?
  내 맥박은 1시간 동안에 ________번 뛴다.
- 네 맥박이 1,000,000번 뛰는데 시간은 얼마나 걸리겠는가?
  __________시간 걸린다.

(2) 나는 프로 축구단의 선수이다. 나는 한 경기에 출전할 때마다 2,550,000원을 받으며, 한 번 골인시킬 때마다 상금으로 3,250,000원을 받고, 우리 편이 경기에 이길 때마다 상금으로 950,000원씩 받기로 하였다. 나는 지난해에 16경기에 출전하여 15개의 공을 골인시켰고, 우리 팀이 18회에 걸쳐 경기에 이겼다. 내가 지난 해에 벌어들인 돈은 얼마이겠는가?

[풀이]

풀이는 각자 생각해보자.

문제해결에서 계산기 활용의 장점은 다음과 같다.

① 개념 발달을 도울 수 있다.
② 계산 결과를 즉시 확인해봄으로써 지필 계산력을 신장시킬 수 있다.
③ 계산의 의미 파악과 연산 결정 능력을 기를 수 있다.
④ 계산 방법이나 순서 및 계산 법칙을 발견할 수 있다.
⑤ 실제적인 문제 장면이나 통계적 자료를 다룰 수 있다.
⑥ 사고 및 행동의 알고리즘화에 도움을 줄 수 있다.
⑦ 규칙성을 찾는 활동을 통하여 수학적 사고력(추론)을 신장시킬 수 있다.
⑧ 어림셈이나 암산 능력을 신장시킬 수 있다.
⑨ 복잡하고 지루한 계산으로부터 벗어날 수 있어서 계산에 따른 정신적 부담을 줄일 수 있다.
⑩ 문제해결학습을 강화할 수 있다.

참고 자료 1 ·· 계산기 활용에 있어서 고려해야 할 점

계산기를 이용하여 계산을 한다고 해서 모든 과정이 자동적인 절차에 따라 수행되는 것은 아니다. 예를 들어 계산기를 사용하는 문제 장면에서 먼저 어떤 연산이 이루어져야 하는지를 결정하는 것, 즉 적절한 연산자를 선택하는 활동이 선행되어야 한다. 따라서 계산기를 이용한 계산에서도 학생들은 기본적으로 지필에 의한 계산 방법을 알고, 문제해결을 위해 어떠한 계산이 이루어져야 하는지, 그리고 각 연산자의 의미를 아는 것이 필요하다. 특히 계산기를 초등학교에 도입할 때는 다음과 같은 점에 유의해야만 한다.

① 계산기 사용은 암산 방법의 계발 및 암산력의 뒷받침이 있어야 한다.

② 계산기 사용을 권고하기에 앞서서 연산자의 의미와 기능을 알고, 문제 장면에 따라 어림값을 구할 것인가, 정확한 값을 구할 것인가를 판단할 수 있어야 한다.

③ 적절한 계산 방법의 선택 능력이 요구된다. 다시 말해, 어림셈을 할 것인가, 지필 계산을 할 것인가, 계산기를 이용할 것인가를 판단하는 능력에 더 많은 관심을 기울여야 한다.

제5장
문제해결력을 기르기 위한 교수 활동

학생들의 문제해결력을 기르기 위해서는 문제해결 지도에서 교사로서 학생들에게 기대하는 것이 무엇인지를 명확히 해야 한다. 일반적으로 학생들은 교사가 하고자 하는 것이 무엇인지를 파악하여 그에 따라 행동하는 경향이 있다. 따라서 문제해결 지도에서 교사는 우선 학생들에게 기대하는 것이 무엇인지를 면밀히 검토해야 하며, 그 다음에는 교수 활동에서 교사 자신이 학생들에게 기대하는 것과 일치하도록 행동해야 한다.

먼저 문제해결 지도에서 모든 학생이 잘 할 수 있다는 기대감을 보여주는 교사는 재능이 있는 학생이나 부족한 학생들에게도 그들의 수준에서 문제해결을 이룰 수 있도록 문제를 개발하고 지도하여 평가를 수행할 것이고, 이에 따라 학급의 모든 학생들의 인지적 수준과 수학적 성장을 높일 수 있다.

또한 문제가 주어졌을 때, 학생들이 계획을 세우고, 계획에 따른 자신들의 활동을 수행하며, 수행하는 활동에 대해 스스로에게 질문을 던져보고, 필요한 경우에 실행 중인 문제해결 전략을 조정하며, 조정한 결과에 따른 해답과 문제해결 과정이 논리적인지를 검토하고 반성하는 과정을 통해 문제해결력을 기르기를 원한다면 교사의 교수 활동도 이와 같은 과정과 학생들의 문제해결력 신장에 적합하도록 이루어져야 할 것이다.

예를 들어, 문제해결 지도에서 학생들에게 적절한 수준의 문제를 제시하며, 여러 종류의 문제해결을 위해 학급 구성원을 다양한 집단으로 조직하고, 조직한 집단에서 문제를 이해하고 해결 계획을 세우는 데 충분한 시간과 의사소통의 기회를 제공하며, 학생들이 어려움에 직면할 때 다른 문제해결 전략과 방법을 탐구하도록 격려하는 활동을 수행해야 한다.

그리고 교사는 학생들의 문제해결력 평가에서 정답을 확인하는 것뿐만 아니라 문제해결에 대한 그들의 신념, 학습 동기, 학생들의 사고과정에 대한 평가를 수행해야 한다. 또한 이에 따른 평가 방법으로써는 자필평가뿐만 아니라 관찰, 면담, 포트폴리오 등 다양한 방법을 포함해야 한다.

본 장에서는 “교수(teaching)는 학습(learning)이 달성된 만큼만 이루어진 것이다.”는 격언과 같이 학생들의 문제해결력 신장을 위해 문제해결 지도에서 요구되는 교사의 교수 활동에 대해서 언급해보고자 한다.

5.1 문제해결을 위해 학급 구성원 조직하기

소집단에서 학습할 때에 개개의 학생들은 전체 집단에서보다 활동에 참여하고 토론에서 말을 할 수 있는 기회가 더 많아지게 되므로, 결국 소집단 활동에의 참여는 학생들에게 자신의 아이디어를 수정·보완하거나 확신을 가질 수 있는 수단이 된다. 또한 대다수의 학생들은 소집단에서 활동할 때 더욱 안정감을 느끼며, 이를 통해 자신의 아이디어나 질문을 표현하고, 다른 학생의 아이디어를 공유하는 것이 자연스럽게 표출된다. 따라서 문제해결 학습을 위한 학급집단의 편성은 되도록 소집단 협력학습 형태로 구성하는 것이 효과적이다. 구체적으로 소집단 협력학습의 교육적 가치를 요약하면 다음과 같다.

① 서로의 아이디어를 공유할 수 있다.
② 학습자 개개인은 자신의 아이디어를 집단 구성원들에게 검증받을 수 있다.
③ 교사는 학생들이 무엇을, 어떻게 생각하고 있는지를 시간을 갖고 파악할 수 있으므로 효율적인 교수를 위한 정보를 얻을 수 있다.
④ 학습자 상호간에 원만한 인간관계를 형성시킬 수 있다.

구체적으로 소집단 협력학습에서 학생 상호간의 협력적인 집단 활동을 가능하게 해 줄 수 있는 적합한 과제를 선택하는 방법은 다음과 같다.

- 소집단 협력학습에서는 아이디어를 공유하고 과제를 해결하는 데 있어 집단 구성원 서로에게 도움을 줄 수 있는 문제를 선택한다.
- 다양한 전략이나 교구의 활용이 가능한 문제를 선택한다.
- 문제와 결과를 어떻게 표현할 것인지를 집단 구성원들이 모두 이해할 수 있는 문제를 선택한다.
- 적절한 시기에 집단 구성원들이 발견한 것을 게시·발표하게 한다.
- 각 집단에서 발견한 것이나 다른 집단에서 해결한 결과에 대해 청취·요약하기 위한 토론 시간을 갖는다.

저학년과 고학년에서 소집단 협력학습의 기회를 제공할 수 있는 다음 문제를 풀어보자. 다음 [예 1]은 저학년에서 소집단 협력학습을 통해 다룰 수 있는 '기회 발견하기' 문제이다.

> **예 1** 진수는 10원짜리, 50원짜리, 100원짜리 동전을 가지고 있다. 380원짜리 아이스크림을 사려고 한다. 위 동전을 이용하여 돈을 지불하는 방법을 생각해보자.

[풀이]

풀이는 각자 생각해보자.

저학년 학생들은 동전이나 단추, 기타 실생활에서 사용하는 구체물과 이미 학습한 수학의 기본적인 사실(fact), 개념·원리·법칙을 이용하여 일상생활에서 일어나는 실제적인 현상과 연결시킬 수 있는 기회가 필요하다. 위의 [예 1]과 같은 문제는 학생들이 실제로 동전을 이용하여 돈을 지불하는 방법을 생각할 수 있으며, 다른 학생이 지불하는 방법과 비교해보는 경험을 통해 의사소통 능력을 기를 수 있고, 최적화의 원리나 문제해결의 다양한 기법을 경험할 수 있다. 또한 문제를 해결한 후, 집단에서 제시한 방법을 기록·설명해보도록 하거나 동료들과 토론을 통해 집단이나 자신의 방법에 대해 반성·검토할 수 있다. 다음 [예 2]는 고학년에서 소집단 협력학습을 통해 다룰 수 있는 문제이다.

예 2 학생들에게 0에서부터 9까지의 어느 두 수를 적도록 한다. 이 두 수를 더한 합에서 일의 자리에 나타난 숫자만 기록한다. 예컨대, 다음 [보기]처럼 어떤 학생이 '8과 9'를 가지고 시작했다면 ① 숫자 8과 9를 차례대로 적고, ② 8과 9의 합에서 일의 자리의 숫자는 '7'을 그 다음에 적는다. ③ 그리고 다시 8과 9 중에서 두 번째 숫자인 9와 7의 합에서 일의 자리의 숫자 6을 적고, ④ 다시 7과 6의 합에서 일의 자리의 숫자인 3을 적는다.

〈보기〉

8976392…

위와 같은 방법을 반복하여 숫자를 계속 적은 수 '8976392…'에서 반복되는 패턴이 나올 때까지 하게 된다. 그리고 각각의 집단에게 다음과 같은 질문을 한다.

1. 네가 시작할 수 있는 가능한 수의 쌍이 몇 개나 될까?
2. 네가 발견할 수 있는 가장 짧은 띠는 무엇인가?
3. 가장 긴 띠는 무엇인가?
4. (짝수–홀수)로 된 띠를 조사하여라.
5. 다른 더 많은 질문을 만들어보아라.

[풀이]

풀이는 각자 생각해보자.

위의 [예 2]와 같은 '수 띠 만들기' 활동에서 집단의 학생들은 덧셈을 하면서 규칙성을 발견하게 된다. 학생들은 집단 구성원별로 과제를 분배하여 실행해보고, 자신이 추측한 것을 비교·검토할 수 있으며, 다른 집단 구성원들과 비교·확인할 수도 있다.

교실에서 소집단 협력학습을 진행하기 위해서는 다음과 같은 몇 가지 규칙을 적용하는 것이 유용하다. 아래에 제시한 각 규칙은 학생들이 학습활동 결과를 설명하거나 토론을 하는 과정에서 효과적으로 적용할 수 있다.

- 본인의 행동과 학습에 대해서 책임을 져야 한다.
- 자기에게 질문하거나 도움을 청하는 다른 구성원들을 기꺼이 도와야 한다.
- 집단의 모든 학생들이 같은 질문이나 도움을 요청할 경우에 한정해서 선생님에게 질문이나 도움을 요청할 수 있다.

위에서 세 번째 규칙은 소집단 협력학습에서 교사의 역할을 말하는 것이다. 일반적으로 학생들은 개인적으로 교사에게 도움을 요청하는 경우가 많다. 그렇지만 이럴 경우에 학생 개개인에게 도움을 주는 것보다 그 학생이 속한 집단 내에서 집단 구성원들에게 도움을 요청하여 문제를 해결하도록 권고하고, 학생들 스스로 문제를 해결할 수 없을 경우만 교사가 도움을 주는 것이 바람직하다. 예를 들어 개개의 학생들의 문제해결에 간섭하거나 지나치게 힌트를 제공하는 것은 학생이 해야 할 일을 대신해 주는 역할밖에 되지 않으며, 학생들의 의지력이나 독립심, 학습에 대한 끈기, 탐구하고 몰두하려는 습성을 방해하는 활동이다. 따라서 가급적이면 대부분의 문제해결을 각 집단 내에서 학생들 스스로 해결할 수 있도록 인내를 갖고 지켜볼 필요가 있다. 단, 모든 집단의 학생들이 문제해결에 대한 어려움을 갖고 있을 경우에 한해서 교사가 제한적으로 토론할 것과 조사할 것, 그리고 탐구할 것 등에 대해서 학생들에게 확인시켜 주는 것은 바람직한 방법이다.

참고 자료 1 ·· 소집단 협력학습 운영

학생들이 동료들과 함께 활동하고 배울 수 있도록 하는 것은 학생들의 전인적 발달의 측면에서도 중요한 활동이다. 소집단 협력학습에서는 활발한 학습활동을 격려하고 협력학습의 효과를 높이기 위해서 학생들의 능력에 따른 동질집단별 편성보다는 이질집단으로 구성하는 것이 더 효과적이다. 물론 학습 능력의 차이로 인하여 학습 능력이 부족한 학생은 학습 능력이 우수한 학생의 의견에 대해 맹목적으로 지지하는 경우도 있고, 때에 따라서는 열등의식을 가질 수도 있다. 그러나 이것은 협력학습을 위한 운영상의 문제이지 소집단 협력학습 활동의 효과를 감소시키는 사례는 아니다. 이와 같이 이질집단으로 구성하고 수업을 진행하면서 얻을 수 있는 이점은 우선 집단에서 우수한 학생은 그렇지 못한 학생을 설득하고 이해시키기 위해서 자신이 갖고 있는 지식과 능력을 최대한 발휘·확인할 수 있는 기회를 갖게 될 것이고, 우수하지 못한 학생은 자신이 오해하고 있거나 이해가 부족한 내용에 대해서 다른 학생의 아이디어로 수정·보완할 수 있는 기회를 가질 수 있다.

소집단 협력학습에서는 모든 학생들이 활동에 참여하도록 역할 분담을 균등하게 배분해야 하며, 각 집단별로 부과된 문제해결 결과는 구성원 모두가 공유한 경우만 인정하는 방법, 즉 자기 집단에서 해결한 문제를 다른 집단이나 학급 전체에 발표·설명할 경우 집단 구성원 중에서 어느 누구든지 자기 집단을 대표하여 명료하게 발표·해설할 경우에 한해서 문제를 해결한 것으로 인정하는 학급 내의 규칙을 만들어 활용할 필요가 있다.

5.2 문제를 이해할 수 있도록 도와주기

학생들에게 문제를 제시하고 그 문제를 해결하도록 지도했을 때, 어떤 학생들은 무엇을 어떻게 해야 하는지 모르고 망설이는 경우가 종종 있다. 이렇게 누군가가 도와주기를 기다리거나 교사가 무엇을 어떻게 해야 할 것인지에 대해 말해 주기를 기다릴 경우에 교사는 그들을 문제해결로 유도하기 위한 방법으로 문제를 다시 읽어보도록 하고 학생 자신의 언어로 문제 상황을 본인의 입장에서 재진술하도록 권고할 필요가 있다. 이 방법은 문제해결의 과정에서 문제의 이해를 위한 충분하지는 않지만 유익한 전략이 될 수 있다.

문제의 이해를 돕기 위해서 교사는 문제 장면에서 주어진 정보나 조건이 무엇이며, 문제에서 요구하는 것이 무엇인지를 파악하기 위한 활동, 즉 문제를 분석하도록 학생들에게 권고해야 한다. 이 과정에서 생소한 용어나 기호가 있을 경우에 교사는 그에 대한 이해를 돕는 힌트나 조언을 해야 하며, 학생들이 주어진 조건 사이의 관계를 파악하도록 해야 한다. 또한 문제의 이해를 돕기 위해서 문제 장면을 시각화하는 일, 즉 그림(장면도, 면적도, 선분도, 수직선, … 등)으로 나타내거나 표, 다이어그램, 목록표로 나타내기, 과거에 해결한 문제 중에서 유사한 유형의 문제를 회상하기, 문제 장면에서 필요한 정보와 그렇지 못한 정보를 분류하기, 실생활의 장면 및 자신의 경험과 관련짓기, … 등의 활동은 문제를 이해하는 데 도움이 될 것이다.

교사는 자신의 관점에서 학생들에게 일방적으로 질문하는 것보다 학생들의 이해를 도울 수 있는 힌트나 학생들이 요구하는 특별한 질문에 대해서 관심을 가져야 한다. 즉, 교사는 "무엇을 아느냐?"와 같은 일반적인 관점에서의 질문보다는 다음 [예 1]과 같이 학생 스스로 사고를 자극하고, 사고한 것을 분석·종합할 수 있는 메타인지적 발문에 초점을 두어야 한다.

예 1 곱이 18이고, 차가 7인 두 수가 있다. 이 두 수를 구하여라.

[풀이]

풀이는 각자 생각해보자. 이 문제에서 가능한 질문은 다음과 같다.

- 곱이 18이다.
- 곱이란 무엇인가?
- 곱이 18인 두 수를 생각해보라.
- 차가 7이다. 차란 무엇인가?
- 차가 7인 두 수를 생각해보라.
- ~의 대답에 대해 너는 어떻게 생각하니?

- 3과 5, 7 중에 조건을 만족하는 수가 있는가?
- 6과 3은 주어진 조건을 만족하는가? 왜 그렇다고 생각하는가?
- 10과 3은 주어진 조건을 만족하는가? 왜 그렇다고 생각하는가?
- 주어진 조건을 만족하는 수를 찾아보아라. 그리고 왜 그렇다고 생각하는지 설명하여라.

문제해결에서 모든 단계가 중요하지만 어떤 문제이며, 문제에서 요구하는 것이 무엇인지를 파악하는 것, 즉 문제를 이해하는 것이 문제해결 계획을 세우거나 문제를 푸는 것보다 우선되어야 한다. 또한, 교사가 학생의 이해를 확인하기 위한 차원에서 질문을 할 경우에 교사는 질문의 절차에 대해서 사전에 관심을 가질 필요가 있다. 따라서 교사는 각각의 문제에서 질문을 할 사항에 대해 사전에 면밀한 계획을 세워야 한다.

참고 자료 1 ·· 문제를 이해하는 전략

문제를 이해하고 해결 계획을 세우는 데 도움이 되는 전략으로는 문제 장면을 그림(장면도, 선분도, 면적도, 도표, … 등)으로 나타내거나 모의실험 및 실제로 행해보는 것, 부분과 전체 사이의 관계를 파악해보는 것, 처리하기 쉽고 친숙한 수로 나타내보는 것 등이 있다. 이 전략들은 수를 사용하지 않으면서 학생들이 주어진 문제 상황에 대해서 주도적으로 문제를 파악할 수 있도록 이끌 수 있다. 다음 [예 2]는 그림으로 나타내면서 문제를 이해하는 과정에서 요구되는 발문들을 정리한 것이다.

예 2 진호는 한 변이 10cm인 정사각형 모양의 타일 24장을 일정한 규칙에 따라 배열하여 무늬를 꾸미려고 한다.

[풀이]

풀이는 각자 생각해보자. 이 문제에서 가능한 질문은 다음과 같다.

① 네가 진호라고 생각해라. 그리고 너는 타일을 어떻게 배열하여 무늬를 꾸밀 것인지를 생각해보아라.

② 네가 처음 생각한 것에 대해서 설명해보아라.

- 어떻게 배열하려고 하는가?
- 어떤 모양이 되겠는가?

③ 4×5의 모양을 꾸밀 수 있는가?

- 모든 타일을 사용하였는가?
- 꾸민 모양을 그려 보아라.
- 꾸민 모양의 둘레와 넓이를 구하여보아라.

④ 4×4의 모양을 꾸밀 수 있는가?

- 모든 타일을 사용하였는가?
- 꾸민 모양을 그려 보아라.
- 꾸민 모양의 둘레와 넓이를 구하여보아라.

⑤ 타일을 모두 이용하여 꾸밀 수 있는 모양은 몇 가지가 있는가?

- 꾸민 모양을 그려 보아라.
- 꾸민 모양의 둘레와 넓이를 구하여보아라.
- 둘레가 가장 긴 것은 어떤 모양인가?
- 넓이가 가장 넓은 모양부터 차례대로 그려 보아라.

부분과 전체 사이의 관계를 분석하는 활동은 문제해결을 위한 전략의 하나이다. 더불어 부분과 전체 사이의 관계를 분석하는 활동은 분수, 소수, 덧셈과 뺄셈 등과 같은 수나 계산뿐만 아니라 백분율, 농도, 밀도 등의 비율에 관련된 문제를 이해하는 데에도 유용하다. 다음 [예 3]과 같은 비율에 관련된 문제를 부분과 전체라는 관점에서 분석해보자.

예 3 민호는 60000원짜리 MP3를 사기 위해 45000원을 예금하였다. 현재 가격에서 얼마쯤 할인하여 판매하면 MP3를 살 수 있을까?

[풀이]

풀이는 각자 생각해보자. 이 문제에서 가능한 질문은 다음과 같다.

- 전체량은 얼마이며 부분의 양은 얼마인가?
- MP3 가격은 얼마인가? 또 민호가 모은 돈은 얼마인가?
- MP3 가격과 민호가 모은 돈 사이의 관계를 비교할 수 있는 선분 그림을 그려라.
- MP3 가격에 대하여 민호가 모은 돈은 얼마인가? 분수와 몇 %로 나타내어라.
- 60000원을 몇 % 할인하면 45000원인가?
- 25%를 할인하면 살 수 있는가?
- 25%를 할인한 가격은 얼마인가?
- 30%를 할인하여 산다면 거스름돈을 얼마나 돌려받을 수 있는가?

대체로 학생들은 소수나 분수에 비해 자연수와 더 친숙하기 때문에 수량에 대한 정보를 자연수로 나타낸 것보다는 소수나 분수로 나타낸 것을 어렵게 생각하는 경향이 있다. 즉, 학생들은 자연수로 문제가 주어질 때 좀 더 손쉽게 문제의 전체적인 구조를 이해한다. 따라서 학생들에게 소수와 분수로 제시된 문제는 자연수로 고쳐 문제의 구조를 이해하도록 지도할 필요가 있다. 다음 [예 4]는 수량에 대한 정보가 소수와 분수로 제시된 것인데, 소수나 분수로 제시된 정보를 자연수로 고쳐서 문제를 이해하고, 이를 바탕으로 원래 주어진 소수나 분수가 있는 문제를 풀어보자.

예 4 ① 진호는 손님을 초대하여 음료수를 대접하였다. 초대한 손님의 $\frac{17}{23}$이 준비한 음료수를 똑같이 나누어 마셨는데 남은 음료수의 양을 알아보니 3L였다. 처음 준비한 음료수의 양은 얼마인가?

② 명호는 운동장에 난 잡초를 뽑는다. 잡초를 모두 뽑으려면 $13\frac{5}{7}$일이 걸리는데 오늘 전체의 $\frac{3}{11}$을 뽑았다. 며칠을 더 잡초를 뽑아야 할까?

[풀이]

풀이는 각자 생각해보자.

위의 [예 4]와 같은 문제를 해결할 경우 가급적이면 간단한 수를 사용하는 전략을 이용하여 문제를 이해한 후, 주어진 문제를 해결하는 것이 문제해결에 쉽게 접근할 수 있는 방법이다.

참고 자료 2 ·· 성공적인 문제해결자가 되기 위한 권고 사항

성공적인 문제해결자가 되기 위한 권고 사항은 다음과 같다.

- 문제해결의 도전을 받아들여라.
- 자신의 말로 문제를 다시 나타내 보아라.
- 조사하고 탐구하고 생각하는 시간을 가져라.
- 문제를 바르게 해결하고 있는지에 대해 자신에게 묻고 답하는 과정을 통해 오류를 점검하고 문제해결에 자신감을 가져라.
- 남에게 의지하거나 도움을 받으려 하지 말고, 많은 문제들을 자기 힘으로 풀어라.
- 수가 너무 복잡하거나 큰 수일 경우, 간단한 수를 사용하여 문제를 풀어라.
- 면밀한 해결 계획을 수립하고, 이를 실현하는 시간은 많이 걸릴 수 있다는 사실을 인정하라.
- 자기가 생각한 대로 문제가 풀리지 않는다고 쉽게 포기하거나 좌절하지 말아라.
- 문제를 해결하는 전략이나 방법은 다양하다. 한 가지 방법에 집착하지 말아라.
- 문제를 해결하는 여러 종류의 전략과 그 특질에 대해서 생각해보아라.
- 여러 가지 전략 중에서 가장 효율적인 전략을 찾도록 노력하라.
- 문제해결에 접근하는 방법이나 전략을 바꾸는 것을 두려워하지 마라.
- 문제를 풀기 전에 답이 얼마쯤일까를 예상해보아라.
- 문제를 체계적으로 정리·분석하는 것은 문제를 이해하고, 해결 전략을 수립하는 데 도움을 줄 수 있다.

- 문제를 푸는 경험은 매우 가치 있는 일이다. 많은 문제를 풀어보아라. 그리고 문제를 풀 수 있다는 자신감을 가져라.
- 자신이 의도한 대로 문제해결이 이루어지지 않는다면 문제를 이해하는 처음 과정부터 차례대로 다시 생각해보아라.
- 문제를 해결한 후에는 항상 결과에 대해서 반성·검토하는 습관을 가져라.
- 가장 효율적인 방법이나 오류를 일으킬 수 있는 부분을 기억·기록해 두어라.
- 스스로 주어진 정보나 조건을 바꾼 변형된 문제를 풀어보기도 하고, 문제를 만들고 풀어보는 습관을 가져라.
- 다른 사람을 도와줄 때 훌륭한 해결 방법을 직접 말하지 말고, 의미있는 단서를 제공하라.
- 다른 사람을 도와주고 단서를 제공해주는 일은 새로운 통찰력을 얻는 데 도움이 된다.
- 실수를 두려워하지 말아라. 그리고 수치심을 가지지 말아라. 우리가 하는 모든 일 중에는 실수가 따르기 마련이다. 우리는 실수한 것을 알고 그것을 바로잡는 동안에 문제해결력은 길러진다.
- 문제를 푸는 것을 즐겨라. 문제를 푸는 것은 긍정적인 경험이다.
- 해답을 구하는 데 너무 집착하지 말아라. 사고력이나 문제해결력은 문제를 해결하는 과정에서 길러지는 것이지 정답을 통해서 길러지는 것이 아니다.
- 수학은 눈으로 보고 귀로 듣는 것만으로 잘할 수 없다. 수학은 눈으로 보고, 귀로 듣고, 머리로 생각하고, 손으로 만지고 쓰면서 이치는 깨닫는 과목이다.
- 많은 문제를 풀기보다는 한 문제를 풀더라도 머리를 쓰면서 생각을 많이 해야 할 문제를 풀어라.
- 한 문제를 10가지 방법으로 해결하는 것은 10문제를 한 가지 방법으로 해결하는 것보다 훨씬 가치있는 경험이 된다.

5.3 학습부진아를 도와주기

일반적으로 학습부진아들은 수학에 대한 불안감과 학습 기피증을 갖고 있으며, 수학학습에 대해 심각한 경우 다음과 같은 몇 가지 특징적인 신체적 반응을 나타낸다고 알려져 있다.

- 생리학적으로 땀이 나든가, 울든가, 몸을 떨거나 한다.
- 억압된 감정이 행동으로 나타나 손톱을 물어뜯거나 손가락을 빨거나, 교사와 눈을 마주치지 않으려고 한다.
- 알고 있는 것처럼 과장하거나 관심이 없는 체하거나, 수학활동에서 꾸물거리는 경향이 있다.
- 모든 내용과 과정을 암기하려고 하거나 문제해결을 완벽히 하려고 시도하며, 연필을 깎는다든지 화장실에 간다든지 하는 등의 특이 행동을 보인다.
- 매우 조용해지거나 움츠려들기도 하며, 수학과 관련 없는 과제를 하기도 한다.
- 한 곳에 가만히 앉아 있거나 벽이나 종이만 응시하기도 하며, 마치 혼수상태에 빠진 것 같은 행동을 보이기도 한다.
- 학습 과제지를 살펴보면, 학습활동이 끝나기 전에 기록이 전혀 안 된 혹은 첫 부분만 쓰여진 과제지를 제출하거나 과제지에 낙서나 의미없는 내용을 가득 기록한다(Suydam, 1984).

위의 신체적 증상이나 행동 등은 학습부진아의 수학불안을 발견할 수 있는 방법이다. 학습부진아들이 지닌 수학에 대한 학습장애의 원인을 먼저 살펴보면 다음과 같다.

- 학문적 문제 : 읽는 기술, 이해력, 쓰기와 말하기의 표현력 등의 부족
- 인식의 문제 : 활동 기회, 기억력, 학습에 대한 자기 확신 등의 부족
- 사회·정서적인 문제 : 사회성의 부족, 과도한 활동성, 학습에 대한 무기력증

아래 [예 1]을 통해 학습부진아의 문제해결력을 돕기 위한 방안들을 살펴보면 다음과 같다.

예 1 진호는 비스켓을 26개 가지고 있다. 3마리의 강아지에게 똑같이 나누어 주려고 한다. 한 마리에게 몇 개씩 줄 수 있으며, 남는 것은 몇 개인가?

[풀이]

풀이는 각자 생각해보자.

① 문장제 문제를 분석하거나 논의하기 위해 소집단에서 셀 수 있는 구체물을 이용하며, 조작의

기본 개념을 강조하는 어휘를 사용해서 활동을 하도록 한다. 또한 예를 들어 아래와 같이 학생들이 조작하는 수학적 사실을 말이나 글로 표현할 때 격려를 해준다.

"26을 3으로 나누어라."

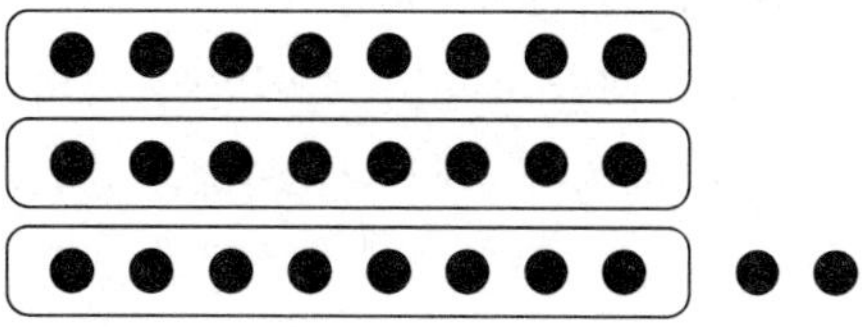

② 주어진 문제를 표현하는 활동을 돕기 위해 여러 연산이 제시된 식, 예를 들면 $26-3$, $26\div3$, 26×3, $26+3$ 중에서 알맞은 수식을 고르도록 한다. 학생이 구체물의 조작을 하지 않거나 잘못된 표현을 할 경우, 가능하면 조작적 활동을 수행하도록 지도하고, 또한 그 활동을 어떻게 표현할 것인가를 고민해보도록 한다.

③ 앞의 절차를 되풀이한다. 문제를 이해한 학생들은 적절한 수식으로 표현하여 해결하도록 하고, 구한 답을 확인할 수 있는 적합한 수학적 모델을 사용하도록 지도한다.

④ 주어진 수를 변환시켜 유사하지만 새로운 문제를 만들고, 이 문제를 학생들에게 유사한 사고와 활동을 수행할 수 있도록 다시 제시해준다.

⑤ 문제해결에 필요한 연산자를 다시 확인하도록 하고, 학생들의 사고와 활동을 다시 검토할 수 있는 적절한 수학적 모델을 제시한다.

일반적으로 수학부진아들은 다음과 같이 수학에 대한 부정적인 태도를 가지고 있다.

- 나는 수학을 잘하지 못한다. 나는 수학적 재능이 없다. 나는 우둔하여 선생님이 설명해주시는 것에 대해 완벽한 신적(神的)인 존재이므로 감히 선생님 수준의 수학을 결코 할 수 없다.
- 수학수업의 대부분(약 70%)은 반복 연습과 그 적용에 초점을 두며, 연습장과 지필에 의존하고 있다. 즉 지루한 계산이나 반복된 연습, 학습과제가 과중하며, 틀에 박힌 알고리즘을 적용하여 신속·정확하게 계산해야 한다.
- 수학은 많은 부분을 암기와 모방(교사나 우수한 학생)에 의존해야 하며 답은 하나이고 모든 문제는 답이 있다.
- 수학학습은 조용한 분위기에서 머리로만 해야 하며, 혼자서 문제를 해결해야 한다.
- 수학을 잘하는 사람은 따로 있으며, 문제를 해결하는 데는 마술적인 기법이 있다.

위와 같은 수학에 대한 부정적인 태도를 극복하기 위한 방안을 간단히 제시하면 다음과 같다.

- 다양한 구체적인 자료와 물리·조작적 모델을 활용하여야 한다.

- 브레인스토밍과 같은 다양하고 폭넓은 토론의 기회를 제공해야 한다. 이를 통하여 학생들이 알고 있는 것과 생각하고 있는 것, 할 수 있는 것 등에 대한 정보를 수집할 수 있다.
- 학생들에게 새로운 사실에 대한 배우려는 동기와 심적인 자극을 제공해야 한다.
- 학생들의 창의적인 사고와 활동적인 참여의 기회를 제공해야 한다.
- 평가에 대한 부담이나 기억에 대한 부담을 줄여가야 한다.
- 교사는 학급 전체가 어려움에 대해서 인식하도록 해야 한다(어느 한 학생만 어려움에 처해 있지 않도록 한다).
- 교사는 수학이 어렵다거나 복잡하다거나 하는 대화를 해서는 안 된다(그리고 다른 사람의 그런 대화는 막아야 한다).
- 교사는 학부모나 혹은 다른 사람으로부터의 부정적인 메시지(예, 수학은 중요하지 않아! 수학은 너무 어려워! 등)를 제어하는 방법을 알아야 한다.
- 수학을 가르칠 때 다양한 방법 및 전략과 교구를 사용해야 한다.
- 지나치게 많은 시간을 집중하거나 경쟁을 조장하거나 실생활과의 관련이 없는 내용을 강조하지 말아야 한다.

참고 자료 1 ·· 수학 불안감 극복하기

수학 불안감을 극복하기 위해서는 학생들이 그들 수준에서 문제해결의 성공을 이룰 수 있는 문제나 활동을 제공하는 것이 필요하다. 다음은 수학 불안감을 극복하기 위한 방안을 제시한 것이다.

- 일상적인 과제의 한 부분으로써 기본적인 수학적 사실에 대해 복습을 시켜야 한다. (예컨대, 답이 7인 문제를 다섯 문제 찾아서 풀어라.)
- 매 2주일에 한 번씩 결손 학생과 부진 학생들에게는 수세기로 해결이 가능한 과제를 제시하고, 십진 블록과 같이 답을 확인할 수 있는 적합한 교구를 사용하였는지를 확인하여야 한다. 또한 이 학생들에게 수행하고 있는 것이 무엇인지를 설명하도록 하고, 이 과정에서 적절한 수학적 용어를 사용하도록 지도한다.
- 되도록 수학적 기호가 제시되지 않으며 확실한 답이 있는 수량에 관한 문제를 제공해야 한다. 또 아래와 같은 문제를 제시하고 적절한 기호를 선택·결정하고 왜 그렇게 했는지에 대해 질문을 통하여 수학적 기호로 표현하고 추론하는 능력을 기르도록 해야 한다.
- 학생들이 그들의 사고와 활동을 스스로 검토할 수 있도록 적합한 교구를 사용하도록 지도한다.
- 정기적으로 학생들이 문제 장면의 기본적인 구조에 대해서 탐구하는 데 초점을 맞출 수 있는 문제와 기회를 제공해야 한다.

- 의사소통 능력이 부족한 학생이 어떤 생각을 하는지 알 수 있도록 다음과 같이 그 학생이 사칙 연산 +, −, ×, ÷ 중 어떤 계산을 할지 결정한 것을 신호로 표현하도록 지도해볼 수 있다. "나누기를 해야 한다면 엄지손가락을 펴고, 그렇지 않으면 엄지손가락을 내린다."

참고 자료 2 ·· 문제해결의 기본 기술

학생들은 문제해결을 시도할 때 종종 계획대로 되지 않는 경우를 경험하게 된다. 이와 같이 적절한 해결 계획이 떠오르지 않거나 해결 과정에서 장애가 발생하거나 난관에 부딪칠 경우, 학생들은 문제해결에 대해서 불안해하거나 문제해결 자체를 포기할 수 있다. 문제해결이 계획한 대로 되지 않는 학생들을 위한 교사의 적절한 도움은 그들이 문제해결자로 성장하는 데 중요한 역할을 한다.

일반적으로 학생들이 교실에서의 문제해결 경험이 계획대로 되지 않을 때 교사는 제안과 격려로 학생들을 안내할 수 있다. 또한 학생들은 문제가 풀렸을지라도 계획한 대로 문제를 풀었는지를 반성하는 것이 필요하다. 그리고 학생들은 계획대로 되지 않는 그 불안한 순간에서 어떤 새로운 전략을 개발하고, 무엇을 어떻게 해서 문제를 성공적으로 해결하였는지에 대해서 서로 경험을 나누거나, 교사가 주어진 문제의 해결 과정에서 다음 단계로 이행할 수 있는 효과적인 전략을 계속해서 강조하는 것은 모든 학생들을 훌륭한 문제해결자로 만드는 한 방법이다.

마지막으로 훌륭한 문제해결자가 되기 위해 학생들은 문제해결에서 다음과 같은 활동들을 수행할 필요가 있다.

- **자신의 아이디어를 간단히 메모하도록 한다.** : 어떻게 문제를 해결할 것인지에 대한 계획을 간단하게 메모하도록 해라. 중요한 정보를 기입하거나 문제를 그림이나 도표 등으로 나타내야 할 것이다.
- **자신의 언어로 문제를 재진술하도록 한다.** : 문제해결을 시작하는 방법에 자신이 있는가? 문제를 다시 읽고 자신의 언어로, 그리고 자신의 입장에서, 즉 문제의 주인공이 자신이라고 생각하고 문제를 다시 진술해보도록 하라. 문제를 풀기 전에 문제를 이해하는 것이 필요하다.
- **불필요한 정보를 선을 그어 지워본다.** : 큰 숫자, 분수, 또는 소수를 포함한 문제들이 혼란스럽지는 않는가? 혼란스러운 수 대신에 단순한 수로 고쳐서 나타내어 보아라. 그리고 문제를 어떻게 푸는지 이해하라. 일단 문제를 어떻게 푸는지 이해하고 나서 또 다른 복잡한 수를 간단한 수로 나타낸 후 문제를 풀어 보도록 해라.
- **휴식을 취하도록 한다.** : 계속해서 문제를 푸는 것은 짜증스러워 한다. 몇 분간 휴식을 취하도록 해라. 문제와 상관없는 다른 것들을 생각해라. 그리고 문제를 새롭게 보고 다시 시작할 준비를 해라.

- **손으로 다루는 조작도구를 사용하도록 한다.** : 문제에서 항목을 나타내는 데 일상생활에서 다루는 물건(클립, 이쑤시개, 동전)을 사용하도록 해라. 손으로 다루는 교구를 가급적 많이 활용하여 문제를 해결하도록 해라.
- **문제에 대해 말하도록 한다.** : 자신에게 또는 다른 사람에게 소리 내어 말하도록 해라. 문제를 설명하고 해야 할 일이 무엇인지 생각하도록 해라. 분별력 있게 말하는지 알아보기 위해 스스로에게 묻고 답하도록 해라.
- **비슷한 문제에 대해 생각하도록 한다.** : 이와 유사한 문제를 풀어 본적이 있는가를 생각해보도록 해라. 그 문제는 어떻게 풀었는가? 그 때의 전략을 이용해 풀어보도록 해라. 풀려지는가? 풀려지지 않는다면 왜 그런지를 살피도록 해라.
- **다른 전략을 시도해본다.** : 아직 시도해보지 않은 가능할 것 같은 새로운 전략을 시도하고 알아보도록 해라.
- **스스로 격려하도록 한다.** : 힘들게 푼 문제를 회상하도록 하라. 해답을 찾기까지 힘들었지만 끝까지 붙들고 노력했던 시간을 기억하라. 문제를 풀 수 있다고 스스로에게 격려하도록 해라.

5.4 재능이 있는 학생을 위한 문제 확장하기

수학적으로 재능이 있는 학생은 보통 수준의 학생들에 비해 좀 더 다양한 전략을 고안·적용할 수 있는 능력을 지니고 있다. 따라서 재능이 있는 학생들에게는 10개의 문제를 한 가지 방법으로 해결하도록 하기보다는 한 문제를 10가지 방법으로 해결하도록 격려하는 것이 이 학생들의 문제해결력 신장에 긍정적인 영향을 준다고 알려져 있다. 이와 같이 수학적으로 재능이 있는 학생들의 문제해결력 신장을 위해서는 교사는 먼저 이들이 다음과 같은 성향을 지니고 있다는 사실을 고려할 수 있어야만 한다.

- 전통적인 학습 내용을 일반 학생들에 비해 더 빨리 이해하고 활용할 수 있다.
- 학습한 내용을 새로운 상황에 적용시킬 수 있으며, 일반적 수준의 문제해결에서 적용되는 알고리즘을 빨리 일반화한다.
- 문제해결 과정에서 중간 단계를 생략하는 경향이 있으며, 예상치 못한 독창적인 방식으로 문제를 해결하는 경향이 있다.
- 문제해결을 위한 도구로써 구체적인 자료의 활용에 의존하기보다는 추상적으로 다루려는 경향과 그러한 능력을 가지고 있다.
- 수학적인 추론 과정을 단축할 수 있고 또한 사고의 과정을 뒤바꿀 수도 있다.
- 자신이 흥미를 갖는 한 문제에 대해 장시간 집중할 수 있으며, 문제해결 방법이 만족스럽지 않을 경우 그 대안을 빨리 찾는다.
- 수학 퍼즐과 수학적 게임에 도전 의욕이 강하고 실제로 즐겨한다.

수학적으로 재능이 있는 학생들을 지도하는 방안으로 다양한 전략을 활용하여 문제를 해결하는 방법에 대해서 살펴보자. 먼저 다음 [예 1]은 4가지 전략을 활용하여 문제를 해결한 것이다.

예 1 어느 날 밤 왕은 잠이 오지 않아 왕실 부엌에 갔는데, 망고가 가득 담긴 그릇을 발견했다. 배가 고파서 망고의 1/6을 먹었다. 그 이후 같은 날 밤 왕비도 배가 고프고 잠은 오지 않았다. 그녀 역시 망고를 발견하고 왕이 남긴 망고의 1/5를 먹었다. 그 이후 첫째 왕자도 잠이 깨서 부엌으로 가서 남은 망고의 1/4를 먹었다. 다시 그의 동생인 둘째 왕자가 남은 망고의 1/3을 먹었다. 마지막으로 셋째 왕자가 남은 것의 1/2를 먹고, 하인들을 위하여 단지 3개의 망고를 남겼다. 처음 그릇에는 망고가 몇 개 있었는가?

[풀이]

[전략 1] 예상하고 확인하면서 해결하기

이 전략은 왕이 부엌에 들어오기 전에 그릇에 몇 개의 망고가 있었는가를 추측하는 것부터 시작한다. 만약 처음 추측이 틀렸다면 또 다른 추측과 확인을 반복하거나 전략을 바꾸어야 한다. 잘못된 추측이 반복될 경우나 마구잡이 방식의 추측을 할 경우 교사는 그럴듯한 추측을 권고해야 한다. 어떤 학생은 왕이 망고의 1/6을 먹으려면 6으로 나누어져야 한다고 추측을 하여 해결하기도 하고, 또 다른 학생은 처음 망고 수는 6의 배수라고 생각하고 24개라고 추측했을 때 남는 망고가 3이 아니라 4개임을 알고, 18이라고 추측하여 답을 찾기도 할 것이다.

[전략 2] 그림을 그려서 해결하기

어떤 학생은 [그림 1]처럼 망고 더미를 직사각형을 그려서 시작한다. 왕이 1/6을 먹었으므로 직사각형을 6개의 조각으로 나누고 그 중 한 조각을 없앤다. 5개의 조각이 남는데 여왕이 1/5을 먹었으므로 다시 한 조각을 없애고, 첫 번째 왕자부터 차례로 남아 있는 것 중의 1/4, 1/3, 1/2을 먹은 후에 남은 직사각형은 1조각인데 이것은 전체의 1/6이며, 3개의 망고 수를 나타내므로 처음의 망고 수는 $6 \times 3 = 18$이다.

또 다른 학생은 [그림 2]처럼 먼저 6개의 원을 그리고 왕이 먹은 1/6을 나타내는 한 원에 색칠을 하였다. 그리고 여왕이 남은 것의 1/5을 먹었으므로 남은 5개의 원 중 하나에 색칠했다. 그려놓은 6개의 원래 원이 다 색칠이 될 때까지 계속했다. 그리고 나서 마지막 원이 3개의 망고를 나타내기 때문에 칠해진 각 원은 3을 나타내므로 답은 $3+3+3+3+3+3=18$이다.

- 왕이 1/6을 가져갔다.
- 여왕이 1/5을 가져갔다.
- 첫째가 1/4을 가져갔다.
- 둘째가 1/3을 가져갔다.
- 셋째가 1/2을 가져갔다.
- 3개가 남았다.

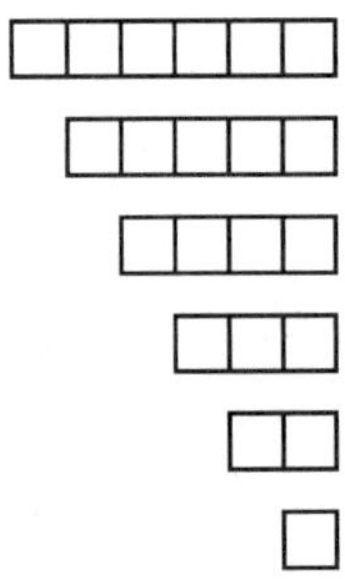

[그림 1]

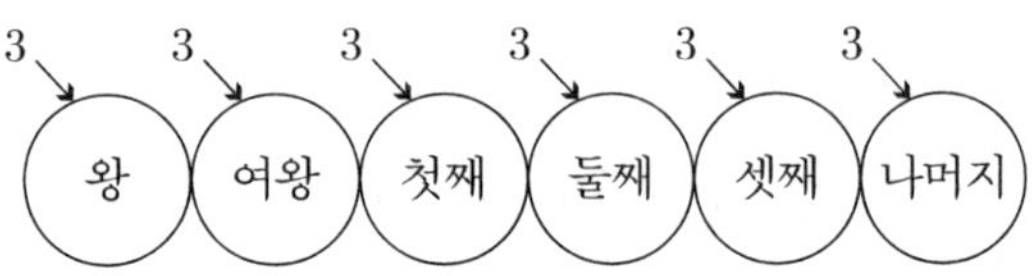

[그림 2]

[전략 3] 거꾸로 풀어서 해결하기

이 전략은 마지막 남은 3개로부터 역연산을 해가면서 처음 있었던 망고 수를 구하는 방법이다. 그 과정을 알아보면 다음과 같다.

① 셋째 왕자는 둘째 왕자가 먹고 남은 망고 수의 1/2을 먹었더니 3개가 남았으므로, 셋째 왕자가 먹기 전의 망고 수는 6개이다.

② 둘째 왕자는 첫째 왕자가 먹고 남은 망고 수의 1/3을 먹었더니 6개가 남았으므로, 이것은 둘째 왕자가 먹기 전의 망고 수의 2/3가 6개이므로 둘째 왕자가 먹기 전의 망고 수는 $6 \times 3/2 = 9$개이다.

③ 이와 같은 방법으로 거꾸로 계산해 가면 첫째 왕자가 먹기 전의 망고 수는 $9 \times 4/3 = 12$개이고, 여왕이 먹기 전의 망고 수는 $12 \times 5/4 = 15$개이며, 왕이 먹기 전의 망고 수는 $15 \times 6/5 = 18$개이다.

[전략 4] 방정식 세우기

이 방법은 방정식을 배운 학생들이 사용할 수 있는 전략이다. 왕이 먹기 전 그릇에 담겨있었던 망고 수를 x라 하자.

① 왕이 $1/6x$를 먹었으므로 $(x-1/6x)=5/6x$개가 남는다.

② 여왕이 $5/6x$의 $1/5$을 먹었으므로 $(5/6x-1/5\times5/6x)=4/6x$개가 남는다.

③ 첫째 왕자가 $4/6x$의 $1/4$을 먹었으므로 $(4/6x-1/4\times4/6x)=3/6x$가 남는다.

④ 둘째 왕자가 $3/6x$의 $1/3$을 먹었으므로 $(3/6x-1/3\times3/6x)=2/6x$개가 남는다.

⑤ 셋째 왕자가 $2/6x$의 $1/2$을 먹어서 망고가 3개 남았으므로 $(2/6x-1/2\times2/6x)=3$에서 $1/6x=3$을 풀면 $x=18$이다.

문제의 확장

위 [예 1]의 규칙을 일반화시키기 위해서 주어진 문제에서 여러 가지 변수들을 변형시켜 새로운 문제로 확장하면 다음과 같다.

- 10명이 망고를 가져간다고 할 경우 : 원래 문제에서처럼 첫 번째 사람이 1/10을 가져가고 그 다음 사람이 남은 망고의 1/9을 가지고 그 다음 사람이 남은 망고의 1/8을 가지는 식으로 3개의 망고가 남을 때까지 계속한다. 원래 그릇에는 몇 개의 망고가 있었을까?
- 10명부터 시작해서 9명, 7명으로 명수를 바꿀 경우 : 원래 문제에서처럼 망고문제를 풀어보아라. 각 문제마다 처음 망고가 몇 개 있었는지를 알아보라. 마지막에 3개의 망고가 남고 몇 명이 망고를 가져갔는지를 안다면 원래 그릇에는 몇 개의 망고가 있었는지를 알 수 있는 규칙을 찾아서 표현해보아라.

교사는 수학적 재능이 우수한 학생들에게 수준 있는 학습 경험을 제공하기 위한 방안을 고민하고 시도해봐야 한다. 일반적으로 문제해결은 다양한 수준의 능력에 따른 요구를 충족시킬 수 있는 매우 유용한 도구라 할 수 있다. 또한 실생활과 관련해서 확장된 문제들은 학생들에게 도전감과 흥미를 제공한다. 문제의 확장을 위한 방법은 다음과 같다.

① 패턴을 찾고 일반화를 시도하기

② 수학 이외의 분야에서 사용하는 개념이나 어휘를 소개하기

③ 발산적 사고하기(창의성)

④ 판단에 대해 표현할 수 있는 토론의 기회를 제공하기

다음은 위에 제시한 문제 확장의 방법에 의하여 각각의 예들에 대해서 학년에 따라 확장될 수 있는 문제들의 사례를 제시한 것이다.

◉ 규칙성 찾기와 이를 일반화하기

예 2 다음 [그림 1]과 같은 삼각형 모양의 패턴블록(pattern blocks)을 사용하여 [그림 2]와 같이 더 큰 삼각형을 만들고자 한다. 블록이 몇 개가 더 필요할까?

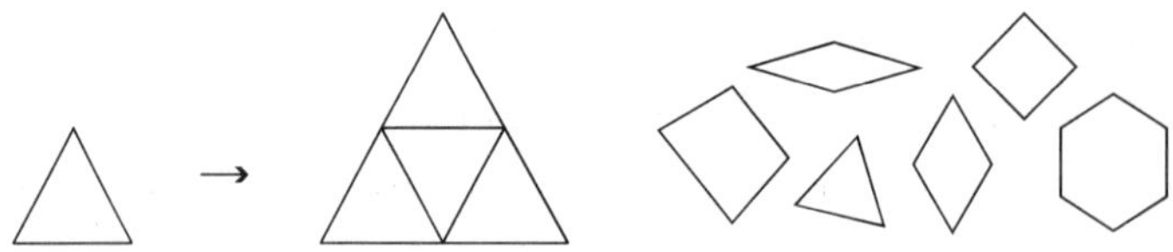

[그림 1] [그림 2] [그림 3]

[풀이]

풀이는 각자 생각해보자. 이 문제는 학년 수준에 따라 다음과 같이 확장될 수 있다.

[저학년 문제의 확장]

- [그림 2]보다 더 큰 삼각형을 만들 수 있는가?
- 만약 [그림 2]처럼 큰 삼각형을 만들었을 때, 밑바닥에 9개의 삼각형이 있다면 몇 개의 삼각형이 필요하겠는가?

[중학년 문제의 확장]

- 큰 정사각형을 만들려면 작은 정사각형이 몇 개 필요한가?
- 만약 바닥에 작은 정사각형이 12개가 있다면 큰 정사각형을 만드는 데 작은 정사각형의 개수는 몇 개인가?
- 큰 정육각형을 만들기 위해 몇 개의 작은 육각형이 필요할까? (만들 수 없다면 왜 만들 수 없는지는 설명할 수 있는가?)

[고학년 문제의 확장]

- [그림 3]의 2가지 블록을 사용하여 정육각형을 만들 수 있을까?
- 정육각형은 어떤 블록을 결합하여 만들 수 있는가? 필요한 도형은 각각 몇 개인가?
- 3가지 블록으로 정육각형을 만들 수 있을까? 4가지 혹은 5가지 블록으로 만들 수 있을까?

◉ 새로운 개념과 연결하기

예 3 쪽수가 167쪽인 책을 펴서 이 책의 양쪽에 있는 쪽수를 합하였더니 137쪽이었다. 펼친 책의 왼쪽에 있는 쪽수를 말하여라.

[풀이]

풀이는 각자 생각해보자. 이 문제는 학년 수준에 따라 다음과 같이 확장될 수 있다.

[저학년 문제의 확장]

- 책의 첫 부분에서 오른쪽이 1쪽이고, 왼쪽이 2쪽이라면 39쪽은 어느 쪽일까?
- 86쪽은 오른쪽일까? 왼쪽일까? 또 이 책은 모두 몇 쪽인가?

[고학년 문제의 확장]

- 이 책을 폈을 때 나타난 쪽수가 3의 배수가 될 확률은 얼마인가?
- 책의 쪽수를 나타내는 숫자의 합이 10보다 클 확률은 얼마인가?
- 책의 오른쪽에 있는 쪽수를 나타내는 숫자 중에서 십의 자리의 숫자가 일의 자리의 숫자보다 클 확률은 얼마인가?
- 어떤 책이 있다. 이 책의 중앙을 폈을 때 나타난 쪽수의 곱이 16002라면, 이 책의 쪽수는 몇 쪽인가?

◉ 발산적 사고하기(창의성)

예 4 한 농부가 닭, 고양이, 곡식이 담긴 상자를 가지고 강을 건너고자 한다. 이 보트는 농부 자신과 한 가지 물건만 실을 수 있다. 고양이와 닭을 함께 두면 고양이가 닭을 잡아먹고, 닭과 곡식을 함께 두면 닭이 곡식을 먹어버린다. 어떻게 하면 모두가 안전하게 강을 건널 수 있는가?

[풀이]

풀이는 각자 생각해보자. 이 문제는 [예 5]와 같이 간단한 계산 문제에서 추론 문제로 확장될 수 있다.

예 5 농부의 물건이나 동물을 더해 보아라.
이 모든 것이 안전하게 운반되기 위해 몇 번 왕복해야 하는가?
농부는 어떤 종류의 물건(혹은 동물)을 싣고 가야 하는가?
또는 어떤 종류의 것을 싣지 말아야 하는가?

[풀이]

이 문제의 풀이는 각자 생각해보자.

5.5 문제해결력 평가하기

NCTM(1995)의 《학교수학을 위한 평가 규준》에서는 평가의 목적을 다음과 같이 4가지로 분류하고 있다.

① 학습목표에서 추구한 바의 수행 정도를 알아보고 관리한다.
② 교사가 교육적 결정을 내릴 수 있는 기반을 제공한다.
③ 학생들의 성취 수준을 알아본다.
④ 학습 프로그램에 대한 교육적 가치를 판단하는 기반을 제공한다.

학생들의 문제해결력을 평가하기 위해서는 정답을 확인하는 것뿐만 아니라 문제해결에 대한 그들의 신념, 학습 동기, 학생들의 사고과정에 대한 평가를 포함해야 한다. 또한 이에 따른 평가 방법으로써는 자필평가뿐만 아니라 관찰, 면담, 포트폴리오 등 다양한 방법을 포함해야 한다.

관찰은 교사가 수학 문제의 해결을 위하여 사고하고 있는 개인이나 집단에 대해 관찰하면서 정보를 얻는 것이다. 이 방법은 수학적인 지식과 문제해결의 수행 능력과 같은 인지적 영역뿐 아니라 수학에 대한 태도와 신념과 같은 학습자의 정의적 영역까지를 평가할 수 있는 장점이 있다. 그러나 관찰하려는 구체적인 평가 규준이나 내용을 사전에 신중하게 계획하지 않으면, 피상적인 행동의 관찰에 치우치게 되어 오류를 범할 가능성이 있다.

면담은 한 개인이나 소집단을 단위로 하여 평가할 수 있다. 학생들에게 문제가 주어지고 그들이 문제를 풀면서 사고하는 방법을 말하도록 한다. 소집단으로 면담한다면 그 집단 전체에 대한 평가와 함께 집단 구성원 개개인의 문제해결력에 대해서도 차등을 두어 평가할 수 있다. 관찰평가와 마찬가지로 학생들의 수학적인 지식과 문제해결 수행 능력과 같은 인지적 영역뿐 아니라 수학에 대한 태도와 신념과 같은 학습자의 정의적 영역까지를 평가할 수 있다. 관찰평가가 학생의 활동에 대해 교사의 일방적인 작용에 의해 이루어진다면, 면담은 교사와 학생이 상호작용하면서 이루어지는 방법으로 시간이 더 소요되지만 관찰평가에 비해 더 상세한 정보를 얻을 수 있다.

발문과 질문은 학생들의 사고를 자극함으로써 문제해결을 도움을 주기 위해서 실시한다. 또 문제해결에 관한 학생의 태도와 사고를 평가하기 위한 질문을 어떻게 해야 하는지 생각해보아야 한다. 특히 면담을 할 경우, 다음과 같은 유형의 물음은 학생들의 사고에 대한 질적·양적 정보를 판단하는 데 유용하다.

- 어떻게 ~을 했는가?
- 왜 ~을 했는가?
- 무엇을 하려고 시도했는가?
- 어떻게 ~을 알았는가?

- ~을 해본적 있는가?
- ~라고 확신하는가?
- ~에 관해 어떻게 느끼는가?
- ~을 어떻게 나타나게 했는가?
- 무엇을 생각하는가?
- 왜 ~라고 생각하는가?

문제해결에 대한 관찰이나 면담평가에서 교사가 고려해야 할 사항을 제시하면 다음과 같다.

■ 문제 이해 단계

- 문제 장면을 자신의 말로 재진술할 수 있는가?
- 관련된 사실과 질문을 구별할 수 있는가?
- 문제 장면을 연결시킬 수 있는 현상이나 물리·조작적 모델을 갖고 있는가?
- 문제를 진술하는 장면이나 용어를 분명히 이해하고 있는가?
- 문제에서 요구하는 사실을 분명히 파악하고 있는가?

■ 계획 수립

- 문제에 대한 적절한 전략을 선택할 수 있는가?
- 대안적인 전략을 제시할 수 있는가?
- 다른 사람들에게 자신이 선택한 전략의 타당성을 설명할 수 있는가?
- 다른 전략과 유사한 점을 설명할 수 있는가?

■ 계획 실행

- 답을 예상할 수 있는가?
- 계산기나 물리·조작적 교구를 적절하게 활용할 수 있는가?
- 문제해결 과정을 수시로 검토하고 있는가?

■ 반성·음미

- 답에 의미있는 기호나 단위를 사용하는가?
- 계산과정을 검토하는가?
- 문제의 조건에 비추어 답의 정당성을 제시하는가?
- 대안적인 전략을 선택·적용할 수 있는가?
- 전략을 일반화하거나 관련된 문제를 해결할 수 있는가?
- 문제를 변형·확장할 수 있는가?

다음은 [예 1]과 같은 문제의 해결 과정에서 가능한 평가 항목을 제시한 것이다.

> **예 1** 10m 깊이를 가진 우물의 밑바닥에 개구리가 있다. 첫째 날 5m를 점프하고 밤에 4m 미끄러져 내려갔다. 만약 매일 이렇게 시도를 한다면 며칠 만에 우물 밖으로 나올 수 있을까?

[풀이]

풀이는 각자 생각해보자.

■ 문제의 이해 능력을 평가하기 위한 평가 항목
- 네 자신의 말로 물음을 바꾸어 보아라.
- 이 문제의 의미를 다른 사람에게 이해시킬 수 있는가?
- 이 문제를 이해하는 데 도움이 된 것은 무엇인가?
- 10이 정확한 답이 아니라는 것을 어떻게 아는가?

■ 자료를 처리하는 능력을 평가하기 위한 평가 항목
- 우물의 깊이는 얼마인가?
- 문제를 해결하기 위해 필요한 자료가 어느 것인가?

■ 적절한 전략을 선택하려는 능력을 평가하기 위한 평가 항목
- 문제를 해결할 수 있는 전략은 몇 가지가 있는가?
- 어떤 전략을 이용하면 가장 효율적일까?

■ 계획 실행하는 학생들의 능력을 평가하기 위한 평가 항목
- 문제를 해결하기 위해 전략을 사용했는가?
- 문제를 풀기 위해 처음에 무엇을 했는가?
- 문제의 답을 설명하여라.

■ 올바른 답을 결정하기 위한 능력을 평가하기 위한 평가 항목
- 이것이 문제의 정답으로 확신할 수 있는가?
- 다른 대답은 없다고 생각하는가?

■ 학생의 태도와 신념을 평가하기 위한 평가 항목
- 이런 유형의 문제를 푸는 것은 재미있는가?
- 문제를 풀고 난 느낌은 어떠한가?
- 문제를 해결하기 위한 다른 방법이 있다고 생각하는가?

지필평가에는 분석 채점법과 총괄 채점법을 생각할 수 있다. 분석적 채점법은 문제해결 과정의 각 단계에 점수를 할당하는 방법으로 평가 척도는 다음 [표 1]과 같으며, 총괄적 채점법은 문제해결에 대하여 단일한 점수를 산출하는 것으로 답만이 아닌 풀이 전체를 대상으로 하므로 총괄적이

며, 문제해결에 수반되는 사고과정과 관련된 특정한 기준에 의하여 하나의 점수를 배정하므로 단일화된 것으로 평가 척도는 다음 [표 2]와 같다.

[표 1] 분석적 채점법 척도

문제 이해	• 0점 : 문제를 완전히 이해하지 못함 • 1점 : 문제의 일부분을 잘못 이해하지 못하거나 잘못 해석함 • 2점 : 문제를 완전히 이해함
문제 계획	• 0점 : 시도하지 않았거나 완전히 잘못된 계획을 수립함 • 1점 : 부분적으로 잘못된 이해한 것을 바탕으로 한 계획 수립함 • 2점 : 올바르게 수행된다면 정답을 산출할 수 있는 계획을 수립함
해답 도출	• 0점 : 답을 쓰지 않았거나 잘못된 계획으로 인한 오답을 함 • 1점 : 답을 잘못 옮겨 쓰거나, 계산의 오류, 다단계 문제에서 일부만 정답을 함 • 2점 : 정확한 기호를 사용하며 정답을 함

[표 2] 총괄적 채점표

0점	• 문제해결을 시도하지 않음, 즉 백지 상태 • 문제에 있는 자료를 그대로 베껴 쓰기만 함 • 틀린 답만 써 놓고 다른 어떤 것도 기입되지 않음 • 의미 없는 수치를 나열함
1점	• 문제를 부분적으로는 이해하고 있으나 풀이 과정이 중단됨 • 전략은 바르지 못하나 전략을 이용하여 문제를 풀려고 시도함 • 하위 목표에 도달하려고 노력했으나 도달하지 못한 경우
2점	• 문제를 완전히 이해한 듯 보이나 답에 도달하지 못함 • 적절한 전략이 사용되었으나 답에 도달하지 못함 • 하위 목표에는 도달하였으나 더 이상 나아가지 못한 경우 • 답은 옳으나 잘못된 전략을 사용했거나 해결 과정이 불완전함 • 답은 옳으나 해결 과정이 전혀 나타나 있지 않음
3점	• 적절한 전략을 사용했으나 답이 부정확하거나 답을 나타내지 않음 • 적절한 전략이 사용되었으나 답이 부정확하거나 답을 나타내지 않음 • 적절한 전략을 사용하여 정답을 구했으나 해결 과정이 완전하지 못하거나 계산상의 오류가 있음
4점	• 적절한 전략을 선택·적용했으나 수행과정에서 극히 부분적인 표기나 사소한 계산상의 오류가 있음 • 적절한 전략이 선택되고 실행되었으며 정답이 올바르게 제시된 경우

참고 자료 1 ·· 총괄적 채점 기준

총괄적 채점 기준(Holistic Rubric)은 문제해결의 전 과정에서 이루어지는 학생들의 모든 활동 능력을 종합적으로 평가하는 일이다. 문제해결은 물리·조작적 활동과 정신적 활동을 통해서 이루어진다. 학생들의 문제해결 기능과 능력을 평가하고자 할 때, 고려해야 할 사항은 매우 다양하고 광범위하지만 몇 가지 핵심적인 요소를 언급하면 다음과 같다.

첫째로, 문제를 해결하는 방법은 유일한 것이 아니다. 학생들은 가장 효율적인 전략을 선택하고 사용할 수 있는 능력을 평가해야 한다.

둘째, 정답은 물음에 합당해야 한다. 따라서 정확한 계산과 정답을 처리할 수 있어야 한다. 문제에 따라서는 정답이 한 가지 이상일 수 있다.

셋째, 학생들은 문제해결에 대하여 설명할 필요가 있다. 학생들이 문제해결에 대한 생각에 대하여 서로 대화할 수 있는 능력은 교사에게 더 정확한 정보와 자신의 능력에 대한 확신을 제공할 것이다.

[표 3] 전략에 대한 총괄적 채점 기준

예상되는 결과 :
1. 적절한 전략을 사용했다.
2. 정확한 답을 계산했다.
3. 사용한 전략을 명확히 설명했다.

문제해결 평가 항목 :
4점 : 적절한 전략을 사용했고, 정확한 답을 구했으며, 답을 정확하게 설명했다.
3점 : 적절한 전략을 사용했고, 정확한 답은 계산했지만, 전략에 대한 설명은 명확하지 않다.
2점 : 적절한 전략을 사용했지만, 정확한 답을 찾아내지는 못했고, 전략을 설명할 수 없다.
1점 : 문제를 해결하려는 시도가 있었지만, 그 시도가 부정확하다.
0점 : 문제해결을 시도하지 않음

2점 혹은 그 이상의 점수를 얻기 위해서 학생들은 적절한 전략을 사용해야 한다. 적당한 전략을 선택하는 것은 훌륭한 문제해결을 위한 기초가 된다. 만약 한 학생이 문제 장면을 명확히 파악하는 능력과 문제해결 계획을 세우는 능력이 부족하다면, 정확한 답을 얻는 것은 불가능하다. 정확한 답을 발견할 수 있는 학생은 적절한 전략을 선택하고 그 전략의 유효·적절성에 대해 설명할 수 있을 것이다.

참고 자료 2 ·· 훌륭한 문제해결자 되기

학생들에게 문제해결을 기르기 위한 전통적인 지도 방법은 학생들에게 문제를 제시하고, 문제해결에 필요한 지식과 기능 및 전략을 안내, 또는 시범을 보여주고 이를 답습 내지는 모방할 것을 권유해 왔다. 그러나 이러한 전통적인 지도 방법의 효과에 대해서는 아직도 의문점을 많이 내포하고 있다. 그 증거로써 전통적인 지도법에 따라 학습해 온 많은 학생들은 아직도 수학에 대한 불안감과 심한 경우는 수학학습 기피현상을 자아내고 있기 때문이다. 이렇게 볼 때, 지도하는 데 다소 시간이 걸리고 어려움이 따르더라도 문제를 해결하는 데 필요한 기능들을 가르치기보다는 문제해결에 필요한 그들의 생각을 조직하는 데 도움이 될 수 있는 전략을 가르치는 것이 효과적일 것이다. 옛말에도 있듯이 고기를 잡아주기보다는 고기 잡는 방법을 깨우치도록 도와주는 것이 더 가치 있는 일이기 때문이다. 학생들과 공유할 수 있는 전략들이 많으면 많을수록 성공적인 문제해결자가 될 것이다. 학생들에게 그들 수준에서 이해하고 활용할 수 있는 다양한 전략과 각 전략의 특징을 소개하고 이를 활용해볼 수 있는 환경과 기회를 제공하는 일, 그리고 구체적 조작활동과 시각적·영상적 조작활동 및 이를 정신적 조작활동과 연결시킬 수 있는 환경과 기회를 제공하는 일은 문제해결 능력의 향상에 도움이 되리라 생각된다. 아울러 문제해결에 가장 효율적인 전략을 선택하는 일 못지않게 각 전략들을 능숙하게 사용하는 능력도 필요하다. 즉 학생들이 각 전략들을 적용하여 문제를 풀어보는 경험이 풍부할수록 문제해결에 자신감이 생길 것이며, 이는 문제해결력 향상에 긍정적인 영향을 미칠 것이다.

참고문헌

- 강완 외 공역(1997). 문제해결 과정의 평가기법. 서울: 동명사.
- 강완, 백석윤(1998). 초등수학교육론. 서울: 동명사.
- 강옥기(2000). 수학과 학습지도와 평가론. 서울: 경문사.
- 강옥기 외 공저(1985). 수학과 문제해결력 신장을 위한 수업방법 개선 연구. 한국교육개발원.
- 강인애(1998). 문제중심학습: 또 하나의 구성주의적 교수-학습 모형, 구성주의 교육학, 서울: 교육과학사.
- 교육부(1997). 수학과 교육과정. 서울: 대한교과서주식회사.
- 김언주(1993). 인지심리학. 서울: 정민사.
- 남승인, 류성림, 이종학(2013). 수학 문제해결 교수학습법. 서울: 경문사
- 방정숙(1994). 문제설정(problem posing)을 통한 국민학생의 문제해결 지도. 청람수학교육 제 4집. 한국교원대학교 수학교육연구소.
- 신현성, 김경희(1997). 수학적 문제해결. 서울: 경문사.
- 양인환(1990). 수학적 문제해결에서의 소집단 활동의 인지적 효과분석. 한국교원대학교 대학원 박사학위 논문.
- 이용남 외 공역(1993). 인지심리와 교수-학습. 서울: 교육과학사.
- 이용률 외 공저(1997). 초등수학교육론. 서울: 경문사.
- 임문규(1992). 수학교육에서 문제설정과 문제해결의 관련에 관한 연구. 日本 廣島 大學 教育學 博士學位 論文.
- 전평국(2001). 정보처리이론. 수학사랑 2001년 6/7월호 통권 27호. 서울: 디딤돌.
- 전평국, 박성선(1991). 정보-처리 이론과 문제해결. 한국교원대학교 청람 수학교육 제1집.
- 전평국, 양인환, 류희찬(1994). 초등학교 수학과 교수법 및 평가. 한국교원대학교.
- 조재영(1996). 수학 교수활동 과정에서 학생의 메타인지적 능력 신장 방안 탐색. 한국교원대학교 대학원 박사학위 논문.
- 황혜정 외 공지(2001). 수학교육학신론. 서울: 문음사.
- 古 伶(1985). 問題解決의 指導. 東京: 明治圖書.
- 石田淳一 外(1986). 樂學算數問題解決. 東京: 東洋館出版社.
- 新算數教育研究會(2000). 問題解決總合的學習發展. 東京: 東洋館出版社.
- 片桐重男(1988). 數學的考方具體化. 이용률 외 공역(1992). 수학적인 생각의 구체화, 서울: 경문사.
- 片桐重男(1988). 問題解決過程發.問分析. 이용률 외 공역(1992). 문제해결과정과 발문분석, 서울: 경문사.
- Ashlock, R.B., Washbon, C.A. (1978) Games : Practice activities for the basic facts. in developing computational skill(1978 yearbook). Reston, VA: The National Council of Teachers of Mathematics.
- Brown, S. I., Walter, M. I. (1983). The Art of Problem Posing. Philadelphia: Franklin Institute Press.
- Brownell, W. A. (1942). Problem Solving. Psychology of Learning. The 41st Yearbook of the National Society for the Study of Education, Part Ⅱ, Chicago.
- Bruner, J. (1966). Toward a theory of instruction. MA: Harvard University Press.
- Charles, R. I., Lester, F. K. (1982). Teaching Problem Solving-What, Why & How. Palo Alto, C. A.: Dale Seymour Publicating.

- Copley, J. V. (1999). Mathematics in the Early Years. Reston, VA: The National Council of Teachers of Mathematics.
- Hadamard, J. (1954). The psychology of invention in the mathematical field. NY: Dover Publications, Inc.
- Hiebert, J. (1999). Relationships between research and the NCTM Standards. Journal for Research in Mathematics Education.
- Kaye, P. (1987). Games for math: Stratege Games. NY: Pantheon Books.
- Kohl, H. R. (1974). Math, Writing and Games in the Open Classroom. Random House.
- Krulick, S. (1980). Problem Solving in School Mathematics, 1980 Yearbooks. Reston, VA : The National Council of Teachers of Mathematics.
- Krulick, S., Rudnick, J. (1984). A Source for Teaching Problem Solving. Allyn and Bacon, Inc.
- Krulick, S., Rudnick, J. A. (1989). Problem Solving. Allyn and Bacon, Inc.
- Krulick, S., Posamentier, A. S. (2008). Problem-Solving Strategies for Efficient and Elegant Solutions, A Resource for the Mathematics Teacher. Sage Pubns.
- Krulick, S., Posamentier, A. S. (2009). Problem Solving in Mathematics, Grades 3～6. Sage.
- Lenchner, G. (1983). Creative Problem Solving in School Mathematics. Roston MA: Hougton Miffilin Co.
- Lester, F. K. (1978). Mathematical Problem Solving in the Elementary School: Some Educational and Psychological Considerations. In L. L. Hatfield & D. A. Bradbard (Eds.), Mathematical Problem Solving: Papers from a Research Workshop. Columbus, Ohio: ERIC/SMEAC.
- Maurer, S. B. (1998). What is an algorithm? What is an answer?. Reston, VA: National Council of Teachers of Mathematics.
- Mayer, R. E. (1983). Thinking, Problem Solving, Cognition. N. Y.: W. H. Freeman and Company.
- Musser, G. L., Burger, W. F. (1994). Problem-Solving Study Guide. Prentice Hall Inc.
- Musser, G. L., Burger, W. F. (1997). Mathematics for elementary teachers: a contemporary approach. Prentice Hall Inc.
- NCTM (1989). Curriculum and Evaluation Standards for School Mathematics. Reston, VA: The National Council of Teachers of Mathematics.
- NCTM (1991). Professional Standards for Teaching Mathematics. Reston, VA: The National Council of Teachers of Mathematics.
- NCTM (1995). Assessment Standards for School Mathematics. Reston, VA: The National Council of Teachers of Mathematics.
- NCTM (1999). Reflecting on Practice in Elementary School Mathematics. Reston, VA: The National Council of Teachers of Mathematics.
- NCTM (2000). Principles and Standards for School Mathematics. Reston, VA: The National Council of Teachers of Mathematics.
- Polya, G. (1957). How to Solve it?. N. J: Princeton University Press.

- Polya, G. (1962). Mathematical Discovery. NY : John Wiley & Sons, Inc.
- Reys, R. E., Lindquist, M., Lambdin, D. V., Smith, N. L. (2008). Helping Children Learn Mathematics / Edition 9. Wiley.
- Schoenfeld, A. H. (1985). Mathematical Problem Solving. NY: Academic Press.
- Schoenfeld, A. H. (1992). Learning to Think Mathematically: Problem Solving, Metacognition, and Sense Making in Mathematics. In D. A. Grouws (Ed.), Handbook of Research on Mathematics Teaching and Learning. NY:MacMillan.
- Silber, E. A. (1982). Teaching and Learning Mathematical Problem Solving. Hillsdale, N. J.: LEA.
- Souviney, R. J. (1981). Solving Problems kids Care About. Scott, Foresman and Company.
- Suydam, M. (1984). Research report: manipulative materials. The Arithmetic Teacher.
- Trafton, P. R, Thiessen, D. (1999). Learning Through Problems: Number Sense and Computational Strategies. Heinemann.
- Van de Walle, J. A. (1998). Elementary and Middle School Mathematics: Teaching Developmentally. Addison-Wesley Pub Co.

교사를 위한 십계명

Polya는 1887년 헝가리에서 태어났다. 그는 부다페스트 대학에서 박사학위를 받고, 1942년부터 스탠퍼드 대학에서 재직하였다. 그는 문제해결이라는 수학교육적으로 중요한 연구 업적을 남기고, 1985년 세상을 마감했다. Polya가 생각한 교사로서 지녀야 할 태도를 보여주는 그의 '교사를 위한 십계명'은 다음과 같다.

1. 자신이 가르치는 교과에 관심을 가져라.
2. 자신이 가르치는 교과에 대한 풍부한 지식을 쌓아라.
3. 학생의 표정을 읽도록 노력하고 그들이 기대하는 바와 어려움을 느끼는 것이 무엇인지 알도록 노력하며 학생들 입장에 서서 생각하라.
4. 배우는 가장 좋은 방법은 스스로 발견하는 것이다.
5. 학생들에게 지식뿐만 아니라 방법, 태도, 일을 질서정연하게 하는 습관을 가지도록 하여라.
6. 학생들로 하여금 추측하는 것을 배우도록 해라.
7. 학생들로 하여금 증명하는 것을 배우도록 해라.
8. 문제를 해결하는 데 필요한 문제의 특징을 찾도록 하고 구체적인 상황 하에서 일반적인 패턴을 찾도록 노력해라.
9. 한꺼번에 모든 정보를 제공하지 마라. 교사가 가르쳐주기 전에 학생들이 스스로 추측하도록 하고 가능하다면 학생들이 스스로 발견하도록 해라.
10. 학생들에게 강요하지 마라.

찾아보기

학생과 교사를 위한
수학 문제해결 전략 학습법

지은이 이종학·류성림
펴낸이 조경희
펴낸곳 경문사
펴낸날 2014년 12월 20일 1판 1쇄
등 록 1979년 11월 9일 제313-1979-23호
주 소 121-818, 서울특별시 마포구 와우산로 174
전 화 (02)332-2004 팩스 (02)336-5193
이메일 kyungmoon@kyungmoon.com

값 10,000원

ISBN 978-89-6105-851-3

★ 경문사 홈페이지에 오시면 즐거운 일이 생깁니다.
http://www.kyungmoon.com

한국과학기술출판협회 회원사